女人受用一生的口才课

第2版

金萍◎编著

中国纺织出版社

内 容 提 要

现代社会女人的压力越来越大，但如果能拥有一张巧嘴，一切的问题都能在春风化雨般的言谈间迎刃而解。一个看似平凡的女人，可以用出色的表达能力让自己脱颖而出，获得他人的青睐。

本书全面解析了在种种场合与情境下，身为一个女人如何面对不同的人说出最恰当、最合人心的话语，从而让自己无论何时都能百无一失，扭转乾坤，成为一名人见人爱的巧嘴女人！

图书在版编目(CIP)数据

女人受用一生的口才课/ 金萍编著. —2版. —北京：中国纺织出版社，2015. 1（2023.5重印）

ISBN 978-7-5180-0974-9

Ⅰ. ①女… Ⅱ. ①金… Ⅲ. ①女性—口才学—通俗读物 Ⅳ. ①H019－49

中国版本图书馆 CIP 数据核字(2014)第 214852 号

责任编辑：闫 星　　责任印制：储志伟

中国纺织出版社出版发行

地址：北京百子湾东里 A407 号楼　邮政编码：100027

销售电话：010—67004422　传真：010—64168231

http://www. c-textilep. com

E-mail:faxing@c-textilep. com

中国纺织出版社天猫旗舰店官方微博

http://weibo. com/2119887771

永清县晔盛亚胶印有限公司印刷　各地新华书店经销

2012年5月第1版　2015年1月第2版　2023年5月第5次印刷

开本：710×1000　1/16　印张：21

字数：200千字　定价：88.00元

第1版前　言

口才对于女人来说是十分重要的，尤其对于现代社会的女性来说，拥有傲人的口才可以让你在这个沟通无处不在的时代脱颖而出，在自己的一方天地中站稳脚跟。

当然，不要以为能说、能聊就是有口才，更不要把滔滔不绝、口若悬河这样的词当褒义词。“口才”并不能简单地用“会说话”来替代，好口才有很多方面的意思，比如诙谐、幽默，比如可以三言两语或者旁敲侧击地达到自己的目的。

作为女人，适当展现口才可以增加自己的魅力。女人的外表很重要，美丽的女人让人赏心悦目，容易给人留下完美的印象，而好的口才不仅可以锦上添花，很多时候更可以让人重新认识你。要知道，语言往往是内心情感或者思想意识的一种表达，人们不仅可以通过语言展现自己的内心，还可以通过语言看到他人的内心。口才更是一个人内在涵养的体现，没有强大的内在和足够丰富的知识，很难拥有出众的口才，所以口才体现的也是一个人的学识和气度。

女人是温柔的，因而与人相处时，女人喜欢用自己温柔的声音打动他人。殊不知，声音再好听也要有好的言语来配合，如果一副动人的嗓音配上磕巴的表达或者词不达意的叙述，再好听又有什么用呢？毕竟语言最主要的功能在于交流，而好听只是其次。

女人在处理感情的时候，不妨也运用一些口才技巧。女人应该让男人知道，你所具有的不仅是美貌，还有丰富的知识和过人的智慧。

语言是人与人之间传递信息、表达情感的重要途径之一，它直接决定了你的人际关系和谐与否，前进的道路顺畅与否。有卓越口才的女人，不仅可以使事业稳步提升，更能够让自己的爱情、婚姻、生活都能有足够的保障。所以，从现在开始培养自己的口才和说话的能力吧，让口才成为自己交际场上的法宝，让幸福和成功在三言两语中翩然而来！

编著者

2012 年 1 月

第2版 前 言

亚里士多德说："漂亮比一封介绍信更具有推荐力，也更容易被人们所接受。"在生活中确实是这样的道理，有资料显示，那些外表出色的女性比一般女性更容易获得成功，尽管在某些时候，美貌也是女人的一种竞争力。不过，美貌终抵不过岁月的腐蚀。

女人，可以长得不漂亮，但一定要说得漂亮。得体的谈吐、动听的声音、巧妙的沟通，精彩的表达，都可以帮助女人在生活中大放异彩，在职场上八面玲珑，让女人凭借口才而魅力四射。

假如一个女人足够漂亮，却不具备撩人心扉的口才技能，那她不过是大家眼里的花瓶—中看不中用。与美貌相比，良好的口才更是女人脱颖而出的资本，因为它比美貌更具有优越性。现代女性，早已经不只是在家相夫教子，或围着灶台转，她们开始出入各种交际场合，成了职场中的一支支靓丽的鲜花，而这无形之中对她们的口才能力就有了较高的要求。

什么样的女人才能算是一个成功的女人？事业的成功、家庭的幸福、友情的牢固……要如何拥有这些？那就要让能为女人带来成功、幸福、友情的人先喜欢她，要打开他们的心房，就要先敲开他们的耳朵。女人不需难为情，那些同事、老板、家人、朋友都在等着你的"甜言蜜语"呢！

语言表达是女人形象和能力的一个重要组成部分，女人若想自己得到他人的认可，当然不要放过这个好帮手。一个聪明的女人懂得拿起语言的工具并善加利用，让自己成为一个吐气如兰、妙语连珠的新时代女性。

如果你是一个容颜美丽的女人，优雅的谈吐可以让你变得更加迷人；如果你长相平平，那得体的言语更可以让你大放光彩。对女人而言，卓越的口才是增加自身魅力的砝码，是她们在生活、工作中驰骋而行的有力武器。

本书结合女性的特点，从各种场景、不同人群等角度生动而形象地叙述了提高说话水平、改善沟通能力的方法和技巧，揭示了练就卓越口才的全部秘密。本书将助你成功赢得老板、同事、客户、家人、朋友的青睐，在生活中获得好人气、好运气、好福气！

本书在再版过程中，对文字进行了进一步调色和提出，结合现今女性关注的话题，调整了部分内容，让女性朋友从中更加受益。

编著者

2014 年 8 月

目 录

CONTENTS

第一章
话语生香，平凡女人因口才而魅力不凡

在生活中，只要你仔细观察周围的人，你就会发现，有些女性朋友虽然外貌艳丽，身材苗条，声音甜美，但是说的话却与她天生的丽姿格格不入，总提不起旁人的兴趣；相反，有些女性朋友虽然相貌平平，但是却有一副伶牙俐齿，让听众为之倾倒。难道伶牙俐齿也是天生的？难道没有超凡出众的靓丽外表的女人就无法展示女人独有的魅力？其实不然，伶牙俐齿是可以后天培养的，平凡的女人同样可以展现不平凡的魅力。那么，对女性朋友来说，如何才能练就一副伶牙俐齿呢？请看本章节的详细介绍。

女人把话说漂亮，更受人欢迎

对于现代女性而言，外表漂亮也许对你获得幸福、取得成功有很大的帮助，但更重要的却是你应情应景的语言表达能力。通俗一点说，一个“会说话”的女人，必定能够将自己的智慧、优雅、博学通过自己的口才展示在众人面前，从而使自己更容易受到周围人的喜爱。

某大型旅店贴出了招聘服务员的广告。由于有较高的工资待遇和良好的福利，很多大学毕业的女孩子前来应聘。经过一系列的淘汰选拔，招聘方的眼光聚焦在两个相貌较好而且谈吐不俗的女生——慧琪和美伦的身上。由于她们两个各方面的条件不相上下，所以，最终的决定权落到了旅店的总经理关某身上。

关某带着两人来到了旅店，让她们实习。

很快，进来了一位旅客。慧琪迎了上去，面带微笑地说：“先生，有什么需要我帮助的？”旅客点点头笑着说：“给我开一间标间。”随后慧琪替客户开好了房，并且替客户拿着行李，将对方送到了房内。

第二位旅客进来了，美伦冷冰冰地说：“你要开什么价位的房间，普通间还是标准间？”当旅客问及相关价格的时候，美伦并没有耐心地给客户解释，而是递过去一张价格单，冷冷地说：“你自己选吧。”

第二天，当旅客离开的时候，美伦走上去说：“对不起，先生，我得去检查一下您的客房。确认没有东西丢失之后，您才能离开。”很快，她发现房间内的浴巾不见了，于是说：“先生，我发现房间内的浴巾不见了。按照我们的规定，客人不能将房间配置的任何东西带走。请你尽快还给我们，否则我要叫保安了。”客户显得非常尴尬，留下了浴巾，匆匆离开了。

当另一位旅客离开的时候，慧琪走上去，说：“先生，在您离开之前，我需要到您住过的房间内去看看，看您是否有东西落下了，免得您花时间回来取。”

当她发现旅客带走了酒店的浴巾之后，笑着对旅客说："您好，先生，很高兴您收藏我们酒店的浴巾，以此来纪念这次旅行。对于您的厚爱，我们深感欣慰。希望能给您带去美好的回忆。对于此，我们会象征性地收取一些基本费用。"客户问询了价格之后，付了钱，微笑着离开了。

第二天，慧琪得到了这份工作，而美伦离开了。

故事中的慧琪因为将话说得漂亮，而让旅客感觉到非常舒服，既照顾了对方的面子，又维护了旅店的利益，所以最终获得了经理的肯定，得到了这份工作。同样是一句话，说得漂亮一些，听的人听着舒服，自然就会更加喜欢你。当然，并不是每个人都能将话说得漂亮。那么，对于女性来说，要想把话说漂亮，就要注意以下几个方面。

1. 说话时含蓄一些

很多人觉得自己性格耿直，心直口快，所以说话的时候不经过思考，直接往外说，很多时候，让别人受不了。因此，在说话的时候不妨含蓄一些，既不要把话挑破，又要让对方明白你的意思。女性情感更加细腻一些，所以更加需要含蓄一些。这样，你所说出来的话就能很中听，别人听着很舒服。

2. 顾及他人的面子

说话的时候要顾及别人的情感，要给对方留面子。就像故事中的慧琪，将对方试图偷走旅店浴巾的行为说成是对方想要留作纪念。这样既给对方留足了面子，又不至于造成经济上的损失。旅客找着了台阶，自然顺着下了。将话说得漂亮一些，就要考虑给对方留足面子，将对方的行为说成是有意义和值得肯定的事。

3. 多为别人考虑

说话的时候，女性要发挥自己心思细腻的优势，多为别人考虑，使对方觉得你善解人意。故事中的慧琪将"检查房间"说成"看旅客是否有东西落下"，从而让旅客感觉到她的善解人意。这样，旅客内心就会多几分温暖和感激。

聪明女人先学会“听话”，再懂得说话

俗话说“打鼓听音，说话听声”，有些人说话的时候往往比较含蓄，不会说得那么直白，这时候就要我们学会听懂话外之音。只有听明白了对方的意思，交谈时才能说到点子上去。女性比较敏感一些，认真听，善于感受对方的言外之意，这样的女人，更能得到别人的喜欢和欣赏。

婉君到公司已经超过三个月了，按理说已经过了试用期。可是公司领导既没有给她转正，也没有说要辞退她。为此，婉君内心深处总有一些忐忑不安。

这天，公司人事部的经理王虎找到了婉君，跟她聊起来。婉君以为王经理要向她谈工作上的事呢，结果王虎并没有聊工作，而是聊起了之前的员工大A和小B。

王虎说：“大A和小B是同一时间来的公司，大A工作能力强一些，但是他却不吃苦，而且工作非常粗心，尽管做了几个大案子，为公司赚了很大一笔钱，但是最终公司还是将他打发走了。相比之下，小B的工作能力较有限，但是他却非常努力，一段时间之后，就晋升为公司的部门主管。”

说完后，王虎笑着问：“婉君，你说为什么大A能力那么强，却最终离开了公司，而小B这样的人却升任领导了呢？是不是公司的决策失误呢？”

之前，婉君一直没有听明白人事经理的意思，当对方问她这个问题的时候，她慢慢琢磨明白了。在大A和小B之间有一个人是自己，而且以她现在的状况，只能更像小B，那就意味着经理在批评她能力不行，但是认为她还算勤奋努力，并对她抱有希望。想到这里，婉君笑着说：“可能主要是小B肯努力吧。”

王虎笑着点了点头，没有再说什么，离开了。

事实上，王虎这么问她，就是看她是否听懂了自己的意思。

故事中的人事经理通过两个假想的人物，将对婉君想说的话，通过故事暗示给了她。婉君听懂了人事经理的意思,最终适当地回答了王虎的问题,足见她的聪明机智。在生活中,没有人闲得没事,一天到晚给你讲故事。要领会对方暗含的意思。对于女性来说,更要细心一些,揣摩明白别人所说的每一句话背后的意思,不要做头脑简单的"傻二姑"。那么,如何才能听明白别人的"话外之音"呢?

1. 搞明白"话"与你之间的联系

别人既然跟你说话,那么不可能平白无故地和你说一大堆废话和瞎话,尤其是一些只能对你讲而不对别人讲的话。这时候,一定要多留个心眼,搞明白对方所说的这些"话"与你之间到底有什么关系。比如人事经理通过两个假想的人,以此来暗示婉君,要她脚踏实地,不断努力,否则就会离开公司。只要将自己和故事联系起来,就不难听懂对方的话。

2. 想一想"话"与对方的关系

别人既然对你有所暗示,如果这时候你听不明白,那么就想想对方说的话跟他有什么关系。若没关系,他自然不愿意多废话了。比如,老爷子看了老年人再婚的广告后发出感慨,儿女们一想,猜到老人也有这样的想法,随即帮助老人找到了另外一半。女性朋友要仔细一些,细心一些,通过分析对方说"话"的原因,揣摩对方的心思。

3. 听懂"话语"中所含的褒贬成分

有些话听上去是赞扬人的,可是对方表达的却是抱怨和不满。这时候,如果你听不明白,还在一个劲地感谢对方,那可真是大傻蛋了。所以,当对方对你进行评价的时候,要注意话里到底是赞美还是批评。比如小强练习钢琴很晚了,第二天邻居王阿姨串门来了,对小强说:"孩子,你真刻苦,练习钢琴都练到 11 点多了。"事实上,表达的是不满和抱怨。如果不仔细揣摩,还以为是赞扬呢。

用动人的声音“照亮”前方

人们都喜欢看漂亮的风景，听美妙的声音。作为女人来说，好看的相貌和动听的声音将会使女人得到更多人的喜欢，给女人带来更多发展的机遇，甚至还会影响女性的婚姻和事业。由此可见，声音的动听与否对于女性来说多么重要。

乔羽和枫甘的认识多多少少有些戏剧性，或许是他们今生的缘分吧。

那是一个冬日阴沉的下午，枫甘独自一个人走在北方小城的水泥路上。突然电话铃声响了起来。他拿出了手机，一个陌生的号码跃到了眼前。他按了接听键。

“喂？”枫甘听到了一个女人的声音。声音中带着宁静和安详，宛如一潭清澈流水的声音。仅仅是这么一个字，竟然迅速到达了枫甘的中枢神经，在片刻让他忘却世界。他对这声音似乎期待了太久太久。

“喂？”电话的那头又传来了打招呼声。很显然，枫甘的沉默让对方有些莫名其妙。对方的再次呼叫，让枫甘迅速回过神来，这时候他才意识到自己似乎并不认识她。于是他木讷地问：“你，你找谁啊？”

“是刘文吗？”听到刘文这个名字，枫甘的心一下子跌落到了最低点，尽管这结果在他的预料当中，但他依然为此而难过。电话很快挂断了。枫甘失落地又看了一下号码，将手机装进了口袋。

那天晚上，枫甘在梦中见到了一个风韵卓著的女子。在凌晨5点的时候，他突然醒来，并开始想念。他拿出手机，想打过去。可是找个什么理由呢？他没有理由，在犹豫了片刻之后，他发了一条短信：“你的声音震撼了我。”他认为她此时正在酣睡，即使醒着也不会回复一个陌生号码。因此，在他的内心深处并没有对此有太多的期许。

一声脆响打破了夜的宁静，是她。枫甘有些难以置信，他拿起手机，迫不及待地想知道对方说些什么。

……

她就是后来枫甘妻子的乔羽。当日她和他在同一个城市，甚至相距不到几公里。

枫甘被一个陌生电话里的女人的声音所征服了，并且戏剧化地做了她的丈夫。可见一个女人动人的声音对别人有多么大的吸引力。因此，对于女性朋友来说，说话的时候声音动听一些，将会给自己带来意想不到的奇迹。那么，女人如何才能让自己的声音更加动听一些呢？

1. 说话的时候要富有感情

女性朋友要想让自己的声音动听一些，那么在说话的时候就要带有感情。语言的作用不仅仅是传递信息，更主要的是交流情感。很难想象干巴巴的言语会给别人带去优美和悦耳的听觉享受。让听众感受到你内心的情感，别人才会愿意听你说话，才会和你交流，才会愿意和你交往。在交往当中，或许会有你意想不到的奇迹发生。

2. 语气不妨稍微婉转一些

有些女性说话的时候非常直接，比如接到陌生人的电话，直接一句“你找谁”“没这个人，你打错了”。这样，对方怎么会感受到你的声音是悦耳的，动听的呢？因此在说话的时候，语气不妨婉转一些，让别人听到你的声音后感到温暖，感到留恋，你的声音才会打动别人的心。

3. 把你的关怀和温暖送出去

女人天性中就有温柔可亲的一面。因此，女性在说话的时候，要把你的关怀和温暖送出去。即使对方是一个不认识的人，也要表达出你发自内心深处的关怀。这样，别人会感觉特别的亲。即使你拒绝了别人，对方也会感受到你的温暖。说不定，你的一句关怀，在关键时候会给你带来意想不到的机遇呢。

女人言语真挚，容易令人亲近

很多情况下，真挚的言语往往能获得别人的信赖。但是男性不会轻易地和别人掏心窝子，更不会在言语中饱含真情，尽管所说的是真实的，但是却让别人在信任度上大打折扣。因此，女性的亲和力更高，更容易被人接近，甚至更容易获得别人的认可。

慧珍刚做销售不到一年，可是最近却拿下了几个老销售员拿不下来的客户。不是因为她有多么好的口才，而是因为她一番真挚的言辞，让客户最终选择了和她合作。

这天，她去拜访客户王某。见面之后，很显然，王某对慧珍的拜访不是很欢迎，冷冷地丢了一句“我很忙”。慧珍真诚地说：“王总，我只需要 5 分钟。如果 5 分钟之内你还是不看好我们，那么我立刻走人，绝对不会再打扰您，您看可以吗？”

王总转过身来说：“那你抓紧时间，现在已经过去 1 分钟了。”

慧珍接着说：“首先，我要说的是我来是为您解决问题的，不是来推销产品的。据我所知，你们公司销售的同类产品品种比较单一，满足不了客户的多方面需求，丢了很多客户，我说得对吧，王总？”

王总点了点头，没有说话。

“即使是别的型号的产品，我们公司所销售的质量也是绝对可靠，价格也是最合理的。而且，我们是大公司，售后服务做得非常好。产品到了你这里，如果在销售中出现质量问题，我们全部包换包退。你没有任何的后顾之忧。”

王总说：“这一点我们绝对可以相信，但是别的公司提供的产品和服务也非常好。”

慧珍：“当然，您如果不选择我们，也没有关系。您要是有关于产品方面的任何问题需要了解，我都会在第一时间为您服务。我想即使合作不了，我们也可以做好朋友的，你说是吧？”

王总：“呵呵，你说的没错。”

慧珍离开了，但是第二天她却接到了王总打来的订货电话。在签合同的时候，王总笑着说：“你知道我为什么选择和你合作吗？”

慧珍摇了摇头。

王总说：“就是因为你最后的那句话，让我感觉到你很真诚。和你合作没错。”

慧珍在和王总的沟通中，言辞恳切，饱含真情，让王总觉得很亲近，值得信赖。最终实现了合作。由此可见，女性在说话的时候，言辞要真诚一些，让别人感觉到你的亲切，这样，别人才会和你合作。那么，对于女性来说，如何在说话时把你的真挚情感表达出来呢？

1. 说话时语速慢一些，声音柔和一些

一般情况下，说话的语速慢一些，声音柔和一些，会让对方觉得你是在和他商量，而不是在勉强他。这样，对方的反抗心理就会弱化很多。同样，对方会在你的柔和语气中感受到你的真诚。对于女性来说，语速慢一些，声音柔和一些，更能让别人接受你，而不是拒绝你。

2. 说话时用眼睛注视对方

眼睛是心灵的窗户，当你注视着对方眼睛的时候，就意味着你将心向对方打开了。对方从你的眼神中看到了你的真诚，从而感觉和你更加亲切，进而接近你。因此，对于女性来说，说话的时候用眼睛注视着对方，更能走进他的心里。但是一定要注意，别盯着对方看。对于男人来说，女人盯着自己的眼睛看，就是诱惑。

3. 说话时适当征求对方的意见

在和对方进行沟通和交流的时候，要多征求对方的意见。比如，表达了自己的想法和看法之后，要询问对方的感受和想法，这样才能让交流更加到位。你的询问让对方感受到了应有的尊重，别人会觉得你很亲切。尤其是女性，适当征求别人的意见，才不至于让自己过于强势，别人才会更加容易地接近你。

开口的称呼恰到好处，先入为主留好印象

在人际交往当中，如果恰如其分地称呼对方，会给对方留下好印象，这就是心理学上著名的“首因效应”。对于女性来说，热情亲切的一声问候，更能温暖别人的心，这在一定程度上能弥补相貌、气质以及能力上的不足。你的好印象会先入为主地占领对方的心，为你营造良好的人际关系奠定了基础。

文琪和沐阳是一对恋人，他们从相知相恋走过了整整三个年头。而今已到谈婚论嫁的阶段，因此沐阳的父母想要见见未来的儿媳妇。这天，沐阳带着文琪来家，前来开门的是沐阳的父亲。文琪见了老人家，深深地鞠了一躬，甜甜地叫了一声：“伯父，您好。”沐阳的父亲见文琪如此礼貌，心里像吃了蜜一样甜。

文琪紧挨着沐阳的爸爸坐了下来，说：“伯父，我常听沐阳提起您，总是渴望早点见到您，可是沐阳总是不带我来。今天能够见到您，我真是太高兴了。您太辛切了，就跟我的亲爸爸一样。”

沐阳爸爸越发高兴，笑呵呵地说：“那你就把我当成你的亲爸爸啊。”

吃过饭之后，沐阳的母亲说：“文琪啊，你和沐阳谈了这么久了，我想了解一下你的一些情况，你不会介意吧？”文琪笑着说：“伯母，您就问吧，我一定知无不言，言无不尽。”沐阳妈妈见文琪善解人意，对她的好感又多了几分。

沐阳的母亲说：“文琪，你上的是什么学校啊？”

文琪回答说：“阿姨，我学外语的，我的学历是大专。”

沐阳的母亲又问：“那你们家里有哪些人啊？”

文琪说：“我爸爸很早就去世了，我还有个弟弟。”

……

文琪走后，沐阳的母亲说：“文琪学历有些低，而且没有父亲，我怎么觉

得有些不合适啊?”

沐阳爸爸说:“我这姑娘挺懂礼貌,也善解人意,对我们二老也非常尊重。我挺喜欢她的。我觉得挺合适。”

这时,坐在一边的沐阳说:“是啊,我们两个人感情很好,她对我特别的好。我就是喜欢她。妈妈,难道你不喜欢她吗?”

沐阳妈妈说:“我也很喜欢她。可是……”

文琪爸爸说:“别可是了,我非常看好文琪,更重要的是你儿子很着迷。你啊,就别在这里可是了。”

这年年底,文琪和沐阳携手踏上了红地毯。

文琪在第一次见沐阳的爸爸妈妈时,嘴上像抹了蜜一样,给对方留下了良好的第一印象。尽管她的学历有些低,尽管家庭条件不怎么好,但是意外地得到了青睐。由此可见,开口的称呼恰到好处,先入为主地给对方留下好印象,在一定程度上能弥补不足。因此,为了能给别人留下好印象,在开口的称呼上一定要拿捏好。那么,在称呼别人的时候要注意哪些方面的因素呢?

1. 要懂得礼貌用语

在第一次见面的时候,一定要注意礼貌用语。一般情况下,要向对方问好。如果对方是长辈,要用“您”,要说“您好”,把你的尊重表达出来。如果对方是平辈,则说“你好”就可以了。当然,也要“伯父伯母,叔叔阿姨,大哥大嫂”地叫,这样更显亲切。对于女性来说,嘴甜一些没坏处。因为你的尊重,对方自然对你有了良好的第一印象。

2. 称呼要准确

称呼对方的时候要根据年龄、身份以及所处的环境而有所区别。见到年龄60岁以上的,要叫伯父伯母,或者大叔大妈,更显尊重;见了50岁以上的要叫“叔叔阿姨”则显得更加亲切;见了40岁上下的则要叫大哥大姐。当然这是以你为20到30岁之间的人合适。如果见了你朋友的亲戚或者长辈,要随着朋友叫。除此之外,如果在公众场合,适合称呼对方的职位,在家中,则大可不必。

3. 尽显热情和温柔

对于男性来说，女性天生情感奔放和性格温顺。因此，在称呼对方的时候，要把你的热情和温顺展现出来。这样一来，不但会减弱对方的心理防备，同时还很容易走进对方的心里，让别人喜欢上你。

智慧女人说话不只用嘴而更用心

生活中，我们常常能听到这样的话："那个女人说话不经过大脑。"事实上，这是在批评某人只用嘴说话，而没有用心去思考。在一般人看来，如果女性考虑问题不够周全，说话的时候口无遮拦，没有想过有些话该不该说以及什么场合下说，说出去会有什么样的后果，往往会给人留下不好的印象。

小满的姑姑得了严重的风湿病，花了很多钱，总是治不好，于是小满想要把姑姑接到城里来治疗。可是，小满知道，家里突然多一个人，丈夫阿彪肯定不会同意的。

这天下午，小满早早下班回家后，用姑姑带来的红豆精心熬了一锅粥。阿彪回家后，尝到美味可口的粥，非常开心。

吃完饭，阿彪问："老婆，这是哪里买的红豆啊，熬出来的粥这么香，你说一下，我多买点去。"

小满趁机说道："这个红豆可是世上独一无二的，花多少钱也买不来的。这是姑姑上次看我的时候带的。"

阿彪说："也确实难为她老人家了。等下次见到姑姑，我一定得好好谢谢她老人家。"

小满说："是啊，老人挺不容易的。"说着，小满又说起以前的伤心往事，只说得阿彪心里酸酸的。想想妻子这么多年来，过得实在太辛苦了，多亏了姑姑的精心照顾。阿彪他问道："姑姑最近生活还好吧？"

小满说："生活起居都还行，就是她那病，治疗了这么久了也不见起色，而我这个做侄女的，却什么忙也帮不上，想想心里就难受得不行。"

阿彪不假思索地说:“那让姑姑来城里治疗吧,城里的医院设备好,有好大夫。而且,到时候住在我们家里,也让我们有机会好好伺候伺候她老人家。”

听了阿彪的话,小满感动地握住他的手,点了点头。

小满想要把姑姑接来,但是她没有直接跟丈夫阿彪说,而是通过姑姑带回来的红豆,把丈夫的情感和姑姑联系了起来,再顺水推舟,谈到了自己和姑姑的深厚情感,继而谈到了姑姑的病,把意思表达了出来,最终获得了丈夫的认可和同意。对于女性来说,说话之前一定要多考虑后果,要达到既表达了意思,又能避免不必要的麻烦的效果,这样的女人才是有头脑、有智慧的女人。那么,如何做个说话用心的智慧女人呢?

1. 说话前多考虑考虑

在说话之前,要多考虑清楚话说出去后有什么样的效果,同样一句话如何表达得更完美,什么话该对什么人说,哪些话适合在哪些场合说。在说话之前,要进行再三地斟酌,这样就会避免话说出去引起别人的反感,或者是泄漏不该泄漏的情况。尤其是女性,感情比较丰富,也喜欢用言语来表达,稍不留神就会招来别人的反感和厌恶。

2. 把话说得委婉一些

有些话说得太直接,往往会驳别人的面子,伤害别人的感情。这时候就要把话说得委婉一些。比如你看到有人太胖了,你可以说:“你身体真棒。”你的女顾客的一只脚有些大,你可以说成:“你的另外一只脚有些小。”这样,既表达了自己的意思,又顾全了别人的面子,别人会因为你的善良而对你产生好感。

3. 点到为止,不要把话说透

俗话说:“说话听声,打鼓听音。”同样,在说话的时候,通过暗示让对方理解你的意思就行,不要把话说得太透。比如你想让男朋友为你买包,你可以夸这个包很漂亮,质量好,价格不贵。这样对方明白了你的心思,自然会有所行动。如果你直接说“我想要这个包”,那么,遭到拒绝的可能性会大大增加。

多说赞美悦耳的话，用甜嘴造就甜心美女

通常，一个容貌姣好的女性，会给人留下美好的印象，但是如果她不会说悦耳的话赞美别人，大家对她的好印象就只停留在浅层。相反，一个相貌平平的女性，如果爱说赞美别人的话，则会把好印象留在别人的心里。因为你的甜嘴，会让别人觉得你的心一样是美好的。

芳芳和笑笑是非常要好的朋友。芳芳长得非常漂亮，而笑笑相对来说相貌平平。或许也正是这个原因，芳芳不论走到哪里，都能得到大家的赞美和夸奖。或许是这种先天的优势，让芳芳学会了享受赞美，从来不会去赞美别人。

这天，芳芳和笑笑一起去逛街，无意中她们发现了新开的一家专卖女性服饰的商店，于是两人决定进去看看。店主的打扮非常时尚。他看到芳芳和笑笑走进了店，于是笑着打招呼说："欢迎光临，美女。"

芳芳觉得老板在拍马屁，没有理睬，而笑笑却笑着说："老板，你这件衣服太漂亮了，还有你这顶帽子，穿在你身上实在太洋气了，宛如一道亮丽的风景线。"

老板高兴地说："谢谢夸奖。只要你喜欢，我一样可以帮你选择和搭配一套适合你的服装，让你也像一道亮丽的风景线。"

就在笑笑和老板的谈笑中，不一会儿，老板为笑笑选择搭配了几件衣服和配饰，顿时笑笑漂亮了很多。而一贯自信的芳芳相比之下，倒是逊色了很多。看着高兴得合不上嘴的笑笑，芳芳也请求老板为自己挑选适合的衣服搭配。

可是无论芳芳怎么挑选，就是觉得比不上笑笑。最终她什么也没有买，跟在靓丽的笑笑身后离开了商店。临走的时候，老板还送给了笑笑一些非常精致的小装饰品，因为他觉得笑笑是位甜心女孩。临出门时，他对笑笑说："美女，只要你喜欢，就常来。在我这里，我保证你永远都是亮丽的风

景线。”

笑笑相貌平平，但是她用悦耳的声音，夸赞老板是一道亮丽的风景线，赢得了老板的好感，获得了最大限度的帮助和馈赠。多说些赞美别人的话，以此来最大限度地满足对方内心深处的虚荣感，别人会因为你嘴甜，而觉得你心甜。那么，如何用自己的甜嘴来造就甜心美女呢？

1. 用欣赏的眼光去看别人

很多女孩子觉得，别人实在是太普通了，没有什么可值得赞美的地方。事实上，不是别人的亮点少，而是因为你没有以欣赏的眼光去看别人，所以发现不了别人的亮点。用仰视的角度去看别人，你会发现值得你赞美的亮点实在太多了。当你懂得欣赏别人之后，你自然就会因为甜嘴而造就甜心美女。

2. 打消自己的嫉妒心理

很多女孩子的心眼小，如果发现别人比自己美、比自己强，心中或多或少会有种嫉妒心理，在这种嫉妒心理之下，很难去赞美别人，反而恨不得对方立即出丑。女性在发现别人比自己美、比自己强的时候，要打消内心深处的嫉妒情感，应真诚地去赞美对方。

3. 不要担心受冷遇

很多人不敢赞美别人，担心赞美之词受到别人的冷遇。事实上，大可不必为此而担忧。没有人不喜欢欣赏自己的人，尤其是虚荣心比较强烈的女性，受到同样是女性的赞美，心中的甜蜜可想而知。

彻底纠正错误的发声习惯与说话方式

对于女性来说，不管你相貌有多出众，头脑多么聪明，多么有才华，一旦说话时发音出现严重的错误以及说话方式不合适，都会给人留下极其不好的印象，让你的形象大打折扣。甚至在一些关键时候，毁了你的形象。

娟子来自四川，长得非常漂亮，在这次空姐选拔中，独占鳌头，第一个被负责招聘的领导选中。当然这还归功于她良好的气质和考试中的不俗表现。但是，让所有人都没有想到的是，如此出色的她，在最终的决赛中却被淘汰出局。

在顺利通过了一系列考核之后，招聘方让每一位入选的选手进行简单的自我介绍。由于之前的表现非常出色，娟子非常自信，但当她介绍完自己之后，负责招聘的老师却一个劲摇头，因为她说话的时候带有严重的四川口音，很多字发音不标准，甚至有些话并没有转化成普通话，而是地道的四川话。对于在飞机上负责服务的空姐来说，这是万万不能的。

但是由于娟子之前的表现非常出众，再加上她相貌良好，气质极佳，淘汰出局的确是有一些可惜。最后，招聘方决定再给她一次机会。出了几个紧急问题，来查看娟子处理问题的能力。

负责招聘的刘主任说："吴娟，现在假设有乘客带走了飞机上提供的餐具，你该如何处理？"

娟子说："您好，请您将餐具放回去，否则我会向机长报告，有必要的话我会打110。"

接下来，刘主任说："那让我们的工作人员告诉你该如何处理。"说完后示意一旁的空姐作答复。

空姐站起来说："您好，先生，很高兴你对我们的餐具感兴趣，你要是喜欢，我们可以赠送，我们会相应地收取一些成本费。谢谢您的合作。"

……

就这样，娟子与自己梦寐以求的空姐职位擦肩而过。

娟子因为说话时发音不标准以及回答问题的时候说话方式不合适，最终与自己理想的工作失之交臂。由此可见，说话时发音不标准会直接影响一个人的形象。尤其是对于女性朋友来说，不标准的发音和不恰当的说话方式会严重影响你的人际关系，甚至会影响你的前途发展。那么，女性如何纠正不标准的发音以及不合适的说话方式呢？

1. 对于错误的发音习惯要加强纠正

对于女性朋友来说，可以通过打扮提升整体的气质，但是说话的口音在短时间内很难改正过来。因此，对于一些因为地域的原因造成的不标准发音要加强纠正。比如四川人说话“n”和“l”不分，东北人说话平舌、卷舌不分等。只要多加注意，勤加练习，是完全可以纠正过来的。

2. 平时多说普通话

平时说话的时候要多用普通话，普通话说得时间久了，发音上的缺陷慢慢就会得到纠正。很多人平时不注意，发音的错误得不到及时的纠正，一张嘴，南腔北调，让人“刮目相看”。对于追求美的女孩子来说，这无疑是在美丽的面孔上抹了黑一样。

3. 尽量把话说得含蓄一些

有些女孩子性格豪爽，说话的时候非常直接，常常不顾别人能不能接受得了而一股脑地说出来。这样，即使别人平时对你印象良好，此时也会对你产生厌恶之情。因此，女孩子说话的时候不妨含蓄一些，让别人因为你的善解人意而对你产生好感。

语言有魔力，可以迷住身边的人

我们不得不承认，生活中一些女性说出来的话似乎有一种无形的魔力，使听者很容易听信和认同。并不是她们专于修辞，也不是因为她们口才有多么好，而是因为她们说话的时候赋予语言以灵魂，不知不觉地钻进了人的心里，从而迷住了身边的每一个人。

阿美是公司的会计，每天做着枯燥乏味的工作，在公司里是个不起眼的小角色。但是最近她却成了公司里举足轻重的人物。

原来，公司费了很大劲做起来的市场，因为销售人员和客服人员的不协调，大量重要的客户被竞争对手抢走了。失去了这些重要的客户，公司的销售额迅速下降。公司几乎到了破产的地步。这时候，阿美站了出来。

她找到了竞争对手的老总陈某，说：“陈总，我们的老客户被你们抢走了，应该说你们很高兴吧。”

陈总笑呵呵地说："是啊，这些客户的到来增加了我们的效益。"

阿美说："但是，他们同样会给你们带来风险。"

陈总不解地说："为什么啊？"

阿美："我们公司是你们强大的对手，也正是有我们的存在，你们才会不断进步，以免被我们超越。如果没有了我们，你们还会像以前那样的小心谨慎吗？还会像以前那样斗志昂扬吗？如果缺少了这些，你们公司如何发展？从这个角度上来说，我们在促进你们发展，同样你们也在促进我们发展，谁也离不开谁。"

陈总点了点头，说："你说的有道理，那你希望我们怎么做。"

阿美："为了长远的发展，我希望共享客户，我们携手共进，才能走得更远啊。"

经过阿美的一番劝说，陈总最终同意了。

关键时候，正是阿美的一番努力，拯救了公司，她也由一个不起眼的小角色变成了公司里举足轻重的人物。

故事中的阿美，在关键时候站了出来，一番陈词，澄清了利弊，最终征服了陈总，力挽狂澜拯救了公司。并不是她口才有多么的好，而是因为她给语言赋予了灵魂，让陈总不得不为之折服。由此可见，语言有魔力，就能征服人心。而这一切，恰恰是别的人，尤其是公司的那些男人们做不到的。那么，作为女人说来，如何让自己的语言有魔力呢？

1. 说话的时候思路要清楚

在大多数人看来，男人的思维更加成熟一些，而女性相对来说不够沉稳。但是，实际上，女性思维能力并不比男人差，女人说出的话往往更加有条理，更富有逻辑性。因此，女性要想让自己说出的话有魔力，那么首先在说话前，一定要有清晰的思路，只有思路清晰了，语言才会更有逻辑，才不至于东拉西扯。

2. 说话的时候要饱含真情

没有人喜欢干巴巴的说教，同样一句话，如果饱含真情地表达出来，比干巴巴的说教更具有影响力。女性情感比男性更丰富，说出来的话也更有感染力，如果能发挥自己在语言上善于表达情感的优势，那么男人做不到的事情，女人则能轻而易举地做到。

3. 说话的时候要切中要害

如果说话的时候不能言简意赅，切中要害。那么对于女人来说，富有感染力的语言则会变成混乱不堪的啰嗦之词，不但达不到迷住旁人的目的，还会让他们觉得你是在无理取闹，浪费大家的时间。所以，说话的时候不妨多思考，言简意赅，这样，人们势必会为你的聪明、干练和好口才而折服。

有心女人说话先注入感情

人是情感的动物，需要情感的交流。而事实上，语言除了传递信息之外，还有交流感情的功能。女性天生比较感性一些，如果在说话的时候先注入感情，则会让你身边的人因为你富有人情味而喜欢和你交往。

大学毕业之后，惠美和别的女孩子一样拿着简历四处寻找工作。这天中午，她终于接到了一家大型企业的面试通知，惠美非常高兴，一番精心准备之后，前去面试。

等她到了面试现场，顿时傻眼了，前来面试的人早已排成了一条长龙，其中不乏高学历者，这对于本科毕业的惠美来说无疑是个巨大的打击。惠美本想就此放弃，但是转念一想，不能白跑一趟，于是排在了队尾。

两个小时过去了，终于轮到惠美。她坦然自若地走进了面试办公室。入座之前，她递上了随身携带的简历，还没等面试官询问，惠美抢先对面试官说："感谢您在百忙之中阅读我的求职简历，同时也感谢您给我这个面试的机会。"

惠美的一番话，让面试官心头一热。在随后的沟通中，面试官非常和蔼，始终面带微笑地和惠美进行交流。临走时，惠美深深地给面试官鞠了一躬，并且真诚地对面试官说了一声"谢谢！再见"。

第二天，惠美意外地接到了上班的通知。按理说，以她的资历是根本不可能被录用的。当惠美满怀惊喜前去报到的时候，正是那位面试官接待她。当她把自己的疑问说出来之后，面试官笑着说，在一开始面试时，你说的话让我感受到你内心深处的真情，从那一刻开始，我就决定选择你了。

惠美因为一句真诚的感谢，将内心深处的感谢之情表达了出来，最终赢得了面试官的青睐。由此可见，在说话的时候注入感情，能拉近和对方之间心的距离。对于女性来说，如果能将丰富的感情注入言语之间，更能赢得别人的喜欢和接纳。那么，作为一个有心的女人，如何在说话之前注入感情呢？

1. 要考虑交流的语言环境

在说话之前，要考虑沟通的语言环境，要弄明白交流当中需要什么样的情感。如果是有求于人，那么在说话的时候不妨多带一些恭维对方的词语，言辞恳切一些，情感真挚一些，让对方最大限度地感受到愉悦。女性善于表达情感，表达出来也更为真切，更能打动对方的心。

2. 善于酝酿情感

善于酝酿情感，才能将情感表达得更为真实。女性是感性的，酝酿情感更为迅速。比如你的朋友受了伤害，需要你的安慰。这时候如果你能迅速地酝酿情感，说一些温暖对方的话，则能让对方觉得你能理解他的感受，从而更加信任你。如果这时候，你说一些干巴巴的言辞，对方会觉得你是在说教，对你的厌恶之情油然而生。

3. 说话温柔一些

相对于男性来说，女性更为温柔一些。事实上，一个说话温柔的女性，更容易获得别人的认可和接纳，因为你的温柔言语中饱含了真挚的情感。

知人心思解人意，才能把话说到点子上

在人际交往当中，能洞察对方的心思，才能把话说到对方的心坎上去，说出来的话才能被别人接受。女性性情柔和，善解人意，更能站在别人的立

场上想问题。思考问题更加全面,才能把话说到点子上,说出来的话才能更加容易被别人接受。

最近,夕阳和好朋友军辉合作做生意,两个人起早贪黑地干了半年多,利润渐渐多了起来。可是在最终分红上,他们产生了严重的分歧。夕阳觉得自己付出多一些,应该多分一些,但是军辉则觉得自己投资多一些,也应该多分一些。为此两人争吵不断,影响了生意的发展。

阿娇是夕阳的妻子,这天她来到店里,看到夕阳和军辉为这事争吵不休,于是她对夕阳说:"军辉投资多,确实应该多分一些,这本身没有什么不对的。因为他承担的风险比较大。"

夕阳见妻子帮着外人说话,没好气地说:"你掺和什么啊,该干什么干什么去。"

对于丈夫的讽刺,阿娇并没有退却,她转过身对军辉说:"但是我们家夕阳没日没夜地干活,一心扑在生意上,提出要多分一些的要求似乎也不过分。"

军辉点了支烟,没有说话。

阿娇接着说:"这样吧,你们既然能合作,那么肯定是彼此非常的信任,也不可能拿钱来开玩笑。我提个建议,你们俩看可行不可行。"

夕阳和军辉相互看了一眼,没说话。

阿娇说:"你们两个各让一步,就五五分成吧,这样谁也不会吃亏。"

军辉沉默了一会,首先说:"嫂子既然这么说了,那就这么办吧,兄弟,你觉得咋样?"

夕阳点了点头说:"行吧,那就五五分成,这样既能继续合作,又不伤兄弟之间的和气,是最好不过的事情了。"

……

阿娇站在军辉的立场上,道出了他内心之中的不平,让军辉感觉阿娇非常善解人意,她所说的话也非常中听,最终接受了她所提出的提议。对于夕阳来说,妻子的一番话说得很到位,既维护了自己的利益,又保全了朋友之间的情感。由此可见,多站在别人的立场上考虑,多理解别人的情感,说出来的话才能赢得别人的认可。那么，对于女性来说，如何才能知人心思解人意，把话说到点子上呢？

1. 细心观察对方的言谈举止，洞察他人内心所思所想

相对于男人来说，女人更加细心，更善于观察，因此，女性要发挥自己的性格优势，从对方的表情中了解他人的心思。只有理解了对方的情感，才能更好地接近，说出的话才会更有分量，否则乱说一通，不但说不到点子上去，还会让别人觉得你在胡搅蛮缠，从而对你产生厌恶。

2. 站在对方的立场上考虑问题，用你的善解人意赢得尊重

女性的心比男人更加细腻柔软，因此也更容易理解别人。当然，这要以站在对方的立场上、为对方考虑为前提。因为你的善解人意，往往会让别人心存感激，相信你不会让他受委屈。多站在对方立场上考虑问题，只有这样，才能知人心思解人意，才能把话说到点子上，说得更加到位。

2. 说话时摒弃个人情绪，要做到公平、公正

女性比较感性一些，很多时候说话时，带着个人的情绪，这样会给别人留下不好的印象，觉得你并没有把话说得公平、公正。实际上，当你带着情绪说话的时候，是不可能把话说到位的。

第二章
优雅言谈，女人用自信展现无限风情

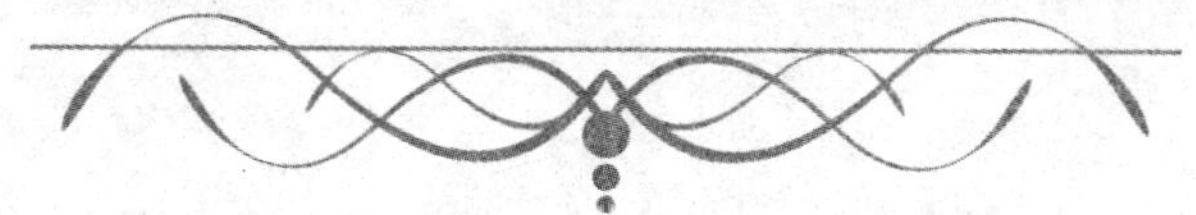

在生活中，面对同样一个话题，有的女性总是谈吐乏味，言谈中顾左右而言他，表现出极大的不自信，让听者都为之捏一把汗；相反，有些女性却能侃侃而谈，举止优雅，充分展现出女人自信的一面，展示无限风情，让听者为之倾倒。为什么两者之间会有这么大的差别呢？是运气使然，还是听者偏心？其实都不是，根本的原因是前者没有掌握好发言的技巧。如何才能成为像后者一样的女人呢？请看本章的详细解密。

自信的女人说话才可信

自信是自我肯定与承认的一种表现。作为女人,美貌也许可以让她荣耀一时,优雅、自信的气质却可以让一个女人魅力无穷。自信是成功的基石,只有拥有自信的女人才能在事业、甚至家庭生活中立于不败之地。如果漂亮的脸蛋让你获得了魅力人生的入场券,自信会让你获得永久的通行证。

自信的女人,有一种由内而外的从容和淡定,她不会轻信别人的流言蜚语或者挑拨离间。因为自信的她明白:只有那些自卑者才会使出这样的伎俩。自信不仅让女人仪态大方,还会让人觉得这是一种成功者应有的风范和气质,这也会为她赢得更多的机会。

佳佳是公司一个不甚起眼的员工,最近公司出了一点问题,上上下下忙得一塌糊涂。最糟糕的是,以前谈过的一个重要客户,也因为佳佳公司的这一问题打算取消合作,这让公司的情况雪上加霜。经理打算派人去商谈,于是佳佳毛遂自荐,鉴于情况特殊,经理也只好同意她去"拼死一搏"。

这天上午,佳佳收拾完毕,早早地就来到了约好的地点。等客户来了以后,经过一番介绍,双方立即进入了主题。

那个客户问道:"你们公司濒临破产,我们还有商谈的必要吗?"

佳佳从容不迫地回答:"请问您是怎么知道我们公司要破产了呢?"

客户继续说:"外面不都这样说吗?"

"原来您居然也会听信外面那些流言。不错,我们公司是出了一些小问题,但绝不是您想象的那样。"佳佳不卑不亢地向这位客户说道。

看到佳佳这样的态度,这位客户倒是来了兴趣,他让佳佳具体介绍了公司的现状和所谈项目的一些情况。佳佳凭着对公司的熟悉和了解,同时还讲到了一些与客户公司联系紧密的项目。这样,客户渐渐觉得合作还是可以考虑的,于是答应前去考察,如果佳佳所说属实,就继续商谈合作之事。

很快，合作就顺利进行，佳佳的公司也很快渡过了难关，走上了正轨，佳佳自然而然地也受到了领导的赏识。在后来的合作中，佳佳又遇到了那位客户，他告诉佳佳："是你的自信和气度让我重新决定和你们公司合作，一个人能够在严峻的环境下不卑不亢，自信从容，公司能有这样的人才，还怕企业会垮吗？"

佳佳让我们看到了一个自信的女人所拥有的魅力，这种魅力是她走向成功的法宝。德国哲学家谢林就曾说过："一个人如果能意识到自己是什么样的人，那么，他很快就会知道自己应该成为什么样的人。他首先在思想上相信自己重要，很快，在现实生活中，他也会觉得自己很重要。"相信自己的能力对一个人来说是迈向成功的第一步。谦逊固然是一种品质，自信却是一种气度，更是一种高度。自信的女人会因此而拥有经久不衰的魅力。自信的女人说话不会畏缩，她总能用自己的方式找到合适的理由来说服对方。

那么怎样才能成为一个自信的女人，让自己魅力无穷呢？

1. 多读书，增加自己的学识

一个女人长得再好，没有好的学识也会被人当做"花瓶"。读书可以增长见识，锻炼思维，提高自己的道德修养和内涵。做一个智慧的女性，让自己时刻充满知性的光彩。

2. 正确对待失败

失败并不可怕，可怕的是失败后一蹶不振。一个自信的女人不会因为一次的失败就对生活、对未来失去信心。自信的她明白，只要努力，明天照样精彩。

3. 多接触外面的世界

不要把自己局限在狭小的范围之内。古人云：读万卷书不如行万里路。一个女人只有多了解外面的世界，增长自己的见识，与人交谈才能游刃有余、谈笑自如。

不焦躁，让声音更加恬淡可亲

焦躁是缘于内心的不自由，内心的不自由是因为有太多的困扰。女性天生是一个较敏感的群体，比男性更容易产生焦躁不安的情绪，从而引发更多的问题。因此，作为女性，更应该保持平常心，把一切看得淡一些、再淡一些，也许我们的生活会因此而更加美好。不焦躁，能够使一个女人恬淡自如，说出的话温暖可亲，自然会吸引别人，使她魅力大增。

小李最近和男朋友闹分手，致使两个人都疲惫不堪。其实在外人看来并没有多大的事情，然而就是在别人看来微不足道的事情，竟然使一对两情相悦的年轻人闹得不可开交。

原来，前几天小李发现男朋友小王和以往有些不同，有时打电话也会避开小李，短信也多了起来。起初小李并没在意，时间久了小李就觉得不太对劲。小李觉得小王一定有什么事情瞒着她。在小李的再三追问之下，小王坦白地告诉小李，是他前任女朋友失恋了，向他倾诉，因为怕小李误会，就一直瞒着她。但小李却不干了，说小王不信任她，这样的爱情还有什么意义。小李觉得自己受到了很大的委屈，心情也变得极度不安，每天都活在焦虑当中，惶惶不可终日。

这天，小王又背着小李去接电话，小李终于忍不住了，大声地说："你有什么话是不能在我面前说的吗？既然这样，我们还有在一起的必要吗？"说完这些，小李已经哭成了泪人。

小王说："不是跟你解释过了吗？在一起靠的是相互信任，我知道你太敏感，所以不想让你操心。为什么你就不相信我呢？"说完也夺门而出。

两人最终在朋友们的劝解之下又和好如初，但是却引发了很多值得我们深思的问题。作为女人，该如何处理好这种不安的情绪？尤其是恋爱中的女人，该怎么控制自己情绪，让自己不焦躁，做一个可心温柔的女人来赢得男人的心呢？

1. 要相互信任

没有信任的感情是充满危机的，既然选择了在一起，就应该相互信任，就应该相信你的他会给你幸福。即使他有什么你认为不对的地方，也该想想，也许他是为了你好。

2. 参加体育锻炼或者进行其他有益于身心健康的活动

一些户外活动不仅能起到锻炼身体的作用，同时还能缓解女性焦躁的情绪，可谓是一举两得。

3. 多沟通

很多人就是因为不能及时抒发内心的苦闷才出现心理问题的。作为天性敏感的女性，更应该懂得与人交流，及时排遣自己焦躁不安的情绪，做一个健康、迷人的女性。

该说话时就说话，扭捏做作必失利

含蓄是中国人的传统，但过分的含蓄就显得做作、不真实，甚至让人反感。一个优雅的女人懂得在什么场合说什么样的话，懂得什么时候该说、什么时候不该说。有些女性却不明白这个道理，在不该说话的场合大肆发表言论，需要她发言的时候却唯唯诺诺，这样的女人能有什么作为呢?

无论何时何地，要想让别人知道你的想法，你就要说出来，否则就不会得到别人的理解，更无从谈起赏识和机会。

一位刚从管理系毕业的女大学生小陈去见一家企业的总经理，试图向这位经理推销自己。这是一家很有名气的大公司，总经理见多识广，根本没把这个初出茅庐的小女孩看在眼里。没谈上几句，总经理便以不容商量的口吻说:“我们这里没有适合你的工作。”小陈并未知难而退，而是话锋一转，柔中带刚地向这位总经理发出了疑问:“总经理的意思是贵公司人才济济，不需要外人的帮助就能使公司在商场上立于不败之地? 外人纵使有天大的本事也不能入了您的法眼，何况是像我们这样刚刚毕业的学生，与其冒这个险还不如拒之于千里之外，是吗？”

总经理沉思了几分钟，终于开口了：“那能将你的想法、计划跟我讲一下吗？请不要客气。”

听了小陈的讲述，总经理态度变得和蔼了，当即说：“你被录用了，明天就可以来上班。但请一直保持你的热情大方和坚持。相信你在我们公司会有用武之地的。”

在职场上，如果不能在关键时刻冷静地说出自己的想法，很可能会错失良机。所以该说话时就说话，让他人了解你的想法也是给自己一个机会。或许在某种场合之下，沉默谦逊是一种美德，但这并不是金科玉律。要想打动别人、要想赢得别人的尊重，就要看清形势，因时而语，因境而动。在适当的时候给自己一个展示的机会，也许会有意想不到的收获。

不可否认的是，我们身边还是不乏这样的女性：过于害羞，扭扭捏捏，显得很是做作。或者说话总不尽如人意，不是不注意场合就是不注意说话的方式，给人一种不自信甚至不礼貌的感觉。那么该如何克服这一缺点呢？

1. 要有自信

很多女性在一些场合不敢开口说话，就是因为她们缺乏自信，觉得别人的话语总比自己高出一筹。长期这样唯唯诺诺，就难以再在人前自信地开口讲话了。所以，要战胜自己的胆怯，大胆地说出自己的想法，只要你说得合理，那你就是对的。自信心对一个人的重要性不言而喻，所以在平时要有意识地培养。

2. 要加强自身修养

女性只有具备应有的能力，才能有足够的自信和勇气在公众场合发表自己的言论，说出自己的心声。这就要求还不能够完全自如地游弋于职场的女性通过加强自身素质的培养，建立自信，做一个有勇有谋的自信女人。

3. 打破传统观念

很多女性接受的传统教育都是做一个娴静淑女，不要过于张扬自己。但是，社会在变化，人们的观念也在变化，男女的社会地位也和过去大相径庭。女人也是半边天，也肩负着社会生活的重担。女人要踊跃地参加到纷

繁的交际中来，就要打破传统，说自己的话，做自己的事，大胆自信，从而赢得更多的机会和社会的认可。

率真直言要适时，不失优雅更合人心

女人的魅力很大程度上表现在她的举止和谈吐上面，比如能够在合适的时机优雅地说出自己的想法，指出别人的过错。有谁能拒绝优雅的批评呢，更何况它出自一个优雅的女人之口。

说话是一门艺术，说话得当与否产生的效果是截然不同的。说话不仅要讲究分寸，还要讲究场合，既要考虑到他人的情绪，还要不失时机地抓住重点，指出问题的要害。作为女人能够在适当的时候指出他人的错误又不失礼貌，也算是一门学问。能否把这门学问做好，直接影响着她的工作和生活。

乐乐是个心直口快的女孩，心里总是藏不住话，有什么话从来不藏着掖着，很多时候都能犀利地向别人指出问题的所在和错误所在。乐乐在公司业绩虽然很好，但是就因为她这种性格，不注意场合和时间说些同事的错误或指出他们的缺点，经常弄得同事下不来台，因而也得罪了不少人。甚至很多人都对乐乐敬而远之。

这不，刚才经理和几个员工在一起谈着什么，乐乐就走了过去。还没弄清是怎么回事，乐乐就大声地对经理说："经理，您太太来找过您，说要跟您算账，您可得小心点。"经理面对这么多员工，顿觉尴尬不已，但也不好说什么。大家也只好找借口走开。笑笑却是浑然不觉。这件小事让经理感觉到笑笑留在公司不是很合适，于是不久，笑笑就被解雇了。

要想赢得别人的好感并在事业上有所成就，不仅需要过硬的专业素养，更应该懂得为人处世的道理和技巧。本来是一句善意的提醒，到了笑笑的嘴里，怎么想都感觉变了味。就是因为笑笑没有在适当的场合说出这番话，让经理觉得有失颜面，才使她丢掉了工作。

作为女性，适时率真地提出自己的看法和问题，会让人觉得你是一个有思想、独立的女性，同时也能赢得别人的好感。但如果一个女人不注意场合，不注意说话的方式，就不仅让人觉得肤浅庸俗，还会让人产生“和这样的女人在一起，自己还有什么秘密和隐私可言，说不定哪天就毁在她手上了”的想法，久而久之，就会敬而远之。那么，作为女性，该如何做到适时的直言又不失优雅呢？

1. 要注意场合

在什么场合就说什么样的话。比如，在庄重的场合就不该说一些有低级趣味的话语，更不该拿别人的隐私开玩笑。不该说的不说，不该问的不问，懂得尊重别人。只有相互尊重，才能和谐发展。

2. 要注意对象

如果谈话的对象是你的上级，你就不该在有其他下级在的场合说出有伤上级自尊的话来。对长辈要有礼貌，对晚辈也要和蔼可亲。只有这样才能处理好人际关系，让你成为魅力女人。

3. 说话要诚恳，不虚情假意

只有真挚的话语才能真正打动别人。在指出别人错误或不足之处时也应该真诚，只有这样别人才易于接受，没有人会拒绝优雅的女性诚恳的建议甚至是批评。

不好说不必说，一个微笑足以回应

很多时候，女性要面对生活中各种各样的抉择，如果直接拒绝了，势必会伤害到对方的情感，给工作和生活带来很多不必要的麻烦；但是如果不拒绝，自己又不愿意接受和屈从。这时候，不妨报以一个微笑。因为这时候拒绝的话不好说，事实上也不必说，一个微笑已经足以说明问题了。

经过她的不懈努力，鱼雯在部门经理岗位上已经做了整整三年。由于鱼雯长得非常漂亮，气质又好，再加上工作做得出色，因此成为男人眼里的焦点在所难免。

阿辉是鱼雯的客户，因为几个项目合作的原因，阿辉和鱼雯常常一起工作，时间一长，阿辉喜欢上了鱼雯。他常常利用工作之余请鱼雯用餐。刚开始，鱼雯并没有觉得有什么不妥，可是时间一长，鱼雯渐渐感觉到阿辉的心思。但是她并没有因此而拒绝，而是也找机会请阿辉吃饭。

阿辉没有感觉到鱼雯的暗示，他觉得因为鱼雯对自己也有意思，所以才加强交流和沟通的。一次，他找了个合适的机会，问鱼雯："你觉得我怎么样啊？"鱼雯知道阿辉的意思，但是她故意装糊涂，说："挺好的啊。"见鱼雯没有正面回答，阿辉开门见山地说："我是说，如果我做你男朋友的话，你觉得怎么样啊？"鱼雯抬起头，看着阿辉，露出了一个真诚的微笑，径直走开了。

鱼雯的微笑让阿辉有些琢磨不透，他觉得鱼雯没有直接回答他，说明对他有意思？还是在拒绝呢？当晚，阿辉再次邀请鱼雯一起吃饭，鱼雯并没有拒绝，只是她抢在前面付了账。

当阿辉再次找机会向鱼雯表白的时候，鱼雯依旧没有正面回答，而是报之以微笑。这次，阿辉彻底明白了，鱼雯是在拒绝她。他知道，如果鱼雯直接拒绝他，那么在接下来的合作中势必非常尴尬。至此，他不得不佩服这个女人的聪明和机智。

鱼雯以一个微笑拒绝了对方，这样既保护了对方的情感不受伤害，同时，又不违背自己的心愿，让自己受委屈。有些时候，话语不好表达，事实上更没有必要表达，一个微笑已经足以表达清楚了。那么，在用微笑来表达不好说、更没有必要说的话时，要注意哪些方面的细节呢？

1. 要真诚自然

用微笑来拒绝对方的时候，要真诚自然。因为对方很认真，你的敷衍会让对方觉得你不尊重他。微笑的时候，脸部的表情要高兴一些，切不可似笑非笑，皮笑肉不笑，否则对方会产生心理压力，觉得给你的生活和工作带来了不舒服，有了这样的心理，在接下来的交往中就会非常不舒服，这样就不能达到既拒绝了对方又不伤害感情的目的。男人在这时候情感最脆弱，女性一定要学会保护他们。否则对方受了伤害，就会躲避着你，增加了更多的尴尬。

2. 别再做过多的解释

当你给对方报以一个真诚的微笑之后，不要再做过多的解释和说明，事实上你再做过多的解释没有意义，反而可能会一不小心而说出让对方受伤的话，或者会给别人留下希望，那么就达不到微笑拒绝别人的目的。女性生性善良，不忍心拒绝，但拖延下去只能增加对对方的伤害。因此，在你给对方一个微笑之后，要管好自己的嘴，不要再多说什么。

3. 要及时转移话题

如果对方不明白或者纠缠，那么这时候就要赶紧转移话题，不要再在“同意和不同意”上纠缠。就同一个话题再聊下去，要么话不投机，要么较真，避免不了伤害和尴尬。及时转移话题，对方自然不好意思再刨根问底。因此，作为女性要聪明一些，机智一些，不要给自己带来麻烦。

说话不摆架子，谦逊更显女人自信优雅

据心理学研究表明，一个说话爱摆架子的人，是因为内心深处对自己极度不自信，总是希望通过别人来证明自己。尤其是一些女性，为了证明自己并不比男人弱，总是在男人面前摆出一副高高在上的姿态。却不知，这正好告诉身边的男人们，她很脆弱，她很不自信。因此，对于女性朋友来说，如果想要告诉男人你比她强，那么不妨谦逊一些，用你的低姿态来展现你的自信和优雅。

在这次的部门经理的竞选中，美丽落选了。事实上不是她的实力比别人弱，而是输在了心态上。她的竞争对手是一位能力平平、沉默寡言的人。

在前面的一系列比赛中，美丽凭扎实的业务基础完成了公司领导层交代的任务，可以说完成得非常出色，而对手相对来说要弱一些。公司的领导都觉得这个岗位非她莫属，但是最终她却被淘汰了，问题就出在最后的就职演说上。

在台上，美丽说："我相信我是有能力胜任这个岗位的。去年5月份，因为我们公司业务员的粗心，和我们有稳定合作关系的客户被对手抢走了，关键时候，是我不远千里跑去深圳，把客户抢了回来。再比如说今年年初，公司惹上了官司，在关键时候，也是我为公司挽回了巨大的损失，所以，我觉得我最有能力胜任这个岗位。"

公司领导你望望我，我望望你，没有说话。

接下来是他的对手的发言："我来公司已经好几年了，我没有像美丽那样做过多么大的贡献，我做的都是一些最普通、最基础的工作。如果我侥幸当上了这个部门的经理，我一定全力以赴，将这个部门的工作做好，在保证我们部门不亏损的前提之下，尽可能地赚取利润。相信我能让这个部门成为公司效益最好的部门。"

发言结束了，美丽并没有如她所希望的那样当上部门经理。当她跑去向领导询问的时候，领导语重心长地说："美丽，你很优秀，能力也很强，但是你不自信，是没有办法堪当大任的。"

听了领导的话，美丽似乎明白了自己输在什么地方了。

美丽在演说中一再强调自己做出的贡献，无疑是想告诉领导自己多么有能力。但也正是因为她摆架子，让别人觉得她并不自信。相反，她的对手用谦逊向别人展现了他的自信和成熟，赢得了领导的认可。由此可见，作为女人，千万不要通过摆架子来证明自己。谦逊一些，更能展现出你的自信和优雅。那么，女人如何才能在言语上表现得谦虚一些呢？

1. 说话温柔一些，不要展现自己的强势气势

有些女性确实能力非常强，高效率的工作习惯，让她们说话非常简洁，办事非常干练。但是正因为如此，在和别人的交谈中，她们往往气势非常强，让交谈的对方感觉到压力很大。这是她们通过表达强势，来让别人感受到自己很强，事实上，是她们内心不自信的表现。说话的时候谦逊一些，这样，才能彰显你的自信和优雅。

2. 别总是把自己的业绩挂在嘴上

很多女性确实也做出了非常不错的成绩，但是她们经常把这些成绩挂

在嘴边，逢人便说，让别人知道她们多么有本事。事实上，正是因为她们内心不自信，才会拿过去的成绩炫耀。如果真有能力，还需要向别人炫耀吗？所以，谦逊一些，这样才能显出你的自信。

3. 心态放平和，多去肯定别人

当别人在某些方面超越自己的时候，自信的女人会去肯定别人，因为她们相信自己，而不自信的女人则会对他人冷嘲热讽，因为她们内心恐惧和担忧。由此可见，谦逊一些，多去肯定别人，你的自信和优雅才会展现出来。

夸夸其谈只会显示虚荣和心虚

是金子总会发光，埋藏得再深，也会有重见天日的一天。人也是如此。只要有能力，一定会受到别人的赏识。但是我们身边不乏这样的女性：她总会为了一时的虚荣，或者因为做了什么心虚的事而在别人面前夸夸其谈，试图掩饰自己的心虚，但结果往往适得其反，不仅不能够得到别人的认可，反而会让人觉得虚伪、不可信。

惠子和小张是同事，两人经常一起上下班，关系还算不错。惠子是个很活泼的女人，心直口快，为人也很大方，很少与人计较。更重要的是，惠子经常跟小张说她家境不错，有什么需要帮忙的地方尽管开口。这让小张觉得惠子真是个好人。

惠子还喜欢在别人面前谈论其他话题，比如艺术什么的。这天，惠子看到几个同事在谈论着什么，她走过去才知道，原来，他们是在谈论毕加索的画。于是惠子忍不住了，开始发表她的言论，谈了毕加索画的意象，还谈了毕加索的生平等。

听完她的谈论，大家还真是有点小小的佩服。只是惠子经常打断别人的谈话，发表自己的演讲，让一些同事多少有些不满。

其实，惠子也有很多难言之隐，只是她不想让人知道。原来惠子的父母因贩毒，在惠子很小的时候就进了监狱。因为这个原因，惠子一直很自卑，她不想让别人知道自己的过去，更不想让别人看不起。于是惠子常常会看一些高雅的艺术作品，试图来提高自己的水平，更想让别人觉得她出身不凡。于是，只要有人谈论一些貌似高深的问题，她都会积极参与。正是由于她的这种行为，让大家觉得她有什么问题。世上没有不透风的墙，惠子父母的事大家还是知道了。

虽然惠子现在生活得很好，但是她一直难以摆脱小时候的阴影，绝口不提过去的事情。为此，惠子的丈夫劝过她多次，但她就是难以释怀，总觉得别人要是知道了她的事情，一定会看不起她。于是她总会在人多的时候夸夸其谈，刻意显示自己，有时候甚至会言过其实。她只是想引起别人的注意。

其实，在大家知道了她的事以后，并没有怪她或者看不起她，反而觉得惠子真的很不容易。随着大家的理解，惠子也慢慢地释怀了，也不再刻意地表现自己，大家觉得她其实真的是个不错的女人。小张更是比以前还要关心惠子，两人关系也形同姐妹。

惠子想用夸夸其谈来让别人觉得她是一个高雅的人，不可能跟贩毒这样的事情扯在一起。没有人说她的不是，但她还是无法释怀。其实很多时候，最难克服的就是自己的心理，那些越是注重别人看法的人，内心越是挣扎，想通过别人的看法来证明自己。在别人面前大力展示自己，不仅是一种不自信的表现，更是一种虚荣心在作祟。那么该如何克服这种心理呢？

1. 要正确看待自己

要正确给自己定位，既不自卑，又不骄傲。我们无法选择自己的父母，但可以通过自身的努力来改变自己的条件和所处的环境。父母给了我们生命，那就是对我们最大的恩赐，他们有再大的过错也值得我们原谅。作为女性，只有为自己正确定位，才能发现自己的潜力，从而有所作为，赢得他人的尊重。

2. 要培养自尊、自信

相信自己是最棒的，只要努力，一切都是可能的。一个人的能力是靠成绩表现的，所以要少说话，多做事。只要你做出了成绩，别人一定能够看得见。女性更要懂得自尊、自信,只有这样,才能赢得别人的好感,为自己争取更多的机会。

3. 要有务实的精神

这个社会需要的是实干家,不是整天把那些面子话挂在嘴边的人。虚荣心强的不仅会害了自己,让自己经常生活在谎言中,日子也会过得提心吊胆,还会给别人不可靠的感觉。所以,做一个务实的女性势在必行。

言谈不可跌身份,更不可贬低他人

纷繁复杂的环境中,我们会遇到形形色色的人物,要想游刃有余地处理好人际关系,语言的恰当准确很重要。与人交谈时,要保持自己的尊严,但不可通过贬低他人来抬高自己。女性都是很爱面子的,在这种时候更要注意自己说话的方式,既要做到不失自尊,又能照顾到别人的情绪,不卑不亢地面对那些对你不敬的人,同时尊重那些向你提出建议或意见的人。只有这样,才能真正成为一位受人尊敬的女性。

子涵是部门经理,算是老板的得力助手了,为人精明能干,在公司业绩不菲,很受老板的赏识。她也为此非常骄傲,很少把那些新人看在眼里,手下的人在背后都叫她“师太”。

这天,新来的小吴有事找子涵,于是来到她的办公室。她敲门的时候没人应,还以为是子涵没听到,于是,她推门进去了。她发现原来子涵真的不在,正想要离开的时候,子涵办公桌上的一份材料吸引了她。这是一份关于产品分析的数据报告,小吴在大学是学统计的,就无意地看了一眼。却发现,这份材料有很多漏洞,数据也有很大的误差。

就在这时,子涵和总经理来到了办公室,发现小吴在看材料,于是子涵大声斥责小吴:“你在这干什么?没我允许,谁让你进办公室的?”小吴还没来得及辩解,子涵就来了句:“你要搞清楚自己的身份,下不为例,你出去吧。”

这句话让小吴很是生气，于是她也毫不客气地说："经理，我是什么身份？我们都是在公司做事的，我们的目标是把公司做好。还有，我来您办公室是找您有事的。另外，我刚才在桌上看到那份材料的数据有很多问题，为什么你不分青红皂白就这样说话？"

总经理知道子涵的脾气，本不想插手，但是小吴说材料数据的问题引起了他的注意。于是他问小吴怎么回事。小吴把刚才看到的情况告诉了经理，通过经理的查看，果然如此。这是一份很重要的材料，如果不是小吴及时发现后果也许不堪设想。

事后，经理找子涵和小吴谈话，并告诉子涵，做人要多听，不可武断，尊重他人也是尊重自己。要不是小吴及时发现这个问题，公司的损失不可估量。只有上下团结才能为公司谋利益。同时，也告诉小吴不能骄傲自满。

子涵不将她的下级放在眼里，更是不问缘由就冲对方发火。更让人难以接受的是，她明显看不起别人，认为自己高人一等，随意贬低他人。小吴却是不卑不亢，面对上司的压力，敢于直言，真可谓是胆略过人。试想，一个女人要是连别人的优点都容忍不下，她又怎么能够进步呢？作为女性，偶尔的小心眼可以，但是在工作中一定要做到有尊严，同时还要看到自己的不足、别人的优点。那么该如何做到这点呢？

1. 要有宽广的胸怀，眼中能容得下别人

三人行，必有我师焉。每个人都有自己的长处，也有不足。对于长处，我们向人家学习；不足之处，有则改之，无则加勉。这也是促进我们前进的一个方法。只有意识到这一点才能够有所进步。女性不可随意贬低他人来提高自己，这样做只会让人觉得愚蠢。

2. 要相信自己，克服自卑的心理

很多时候，一些女性就是为了引起别人的注意，消除自卑，才有意无意地贬低别人，这样做的后果就是，让人觉得你是一个肤浅的女人。一个真正有涵养的女性，绝对不会用这样的方式来博得他人的关注。

3. 要勇于承认自己的不足

"闻道有先后，术业有专攻"。我们不可能对每个问题都明白，生活中总会有这样或那样的问题我们不懂，要是别人向你指出，一定要虚心接受。一个女人如果连别人的忠告都难以接受，那还谈什么事业和成功呢？

自信女人绝不面红耳赤过分争辩

由于每个人的脾气、个性都不一样，人们往往会因为这样、那样的小事而产生矛盾，发生争吵。对于女性来说，更喜欢在口舌上来一番较量。这源于她们情感更加细腻，更加无法容忍别人的过失和侵犯。而更多时候，她们的小心眼会让她们非要和别人争个输赢。可是事实上，越是吵得凶的人，内心之中越不自信。

羽西来公司已经有足足半年了。在这半年中间，她受够了公司老员工的欺负。平常时，她觉得自己初来乍到，没有资格和他们计较。但是已经过了半年时间了，一些老员工还对她呼来喝去，这让她忍无可忍。

这天，羽西刚忙完手里的工作，比她早来公司仅仅一个月的黄奕说道：“羽西，把这份合同拿去复印几份，要快！”面对黄奕的指挥，羽西非常生气，她装作没有听见。黄奕见羽西不听使唤，便走过来，质问道：“你耳朵聋了吗？我让你复印这份合同去！”羽西怒气冲冲地说：“你难道自己没手没脚吗？自己不会去印吗？”

黄奕没有想到一向默不作声的羽西竟然和自己叫板，愣住了。几秒钟之后，她气急败坏地吼道：“难道你复印一份合同会死啊？”

羽西针锋相对地说：“这也是我正要问你的问题。会死吗？不会死的话就自己去。”

黄奕不甘示弱：“这是公司的事，你拿着公司的工资，却不为公司做事，公司养你有什么用？”

羽西大声吼道：“难道你没有拿公司的工资吗？这是你的工作，凭什么让我给你做啊？”

……

就这样，她们你一言、我一语地吵了起来，同事们纷纷过来劝架。这天，公司的经理分别找她们谈了话。经理说的一番谈话让羽西受益匪浅。经理说："羽西，你究竟怕什么呢？"

羽西说："经理，我正是因为不怕她，所以才会跟她吵的。凭什么把她的工作给我做呢？"

经理笑了笑说："恰恰相反，你和她争吵，说明你并不自信，你如果足够自信的话，那么你和她吵什么呢？如果你觉得自己做的是对的，那么就坚持好了。事实上，对方也不能把你怎么样，不是吗？"

羽西望着经理说："经理，我有些糊涂了。"

经理点点头说："因为她内心之中知道自己做的是错的，所以故弄玄虚，通过和你争吵为自己壮胆。如果你不和她争吵，她会越加心虚。有理不在声高，难道你不懂这个道理吗？"

羽西说："我就是受不了这个气。"

经理笑着说："那还是你不自信。"

……

黄奕和羽西发生了激烈的争吵，羽西为了给自己"争口气"，和对方吵得面红耳赤，却恰恰显示了自己内心的不自信。因为争吵并不能显示你有多么正确，恰恰相反，它暴露了你的软弱和不自信。那么，作为一个自信的女人，和别人发生矛盾的时候，如何避免争吵呢？

1. 坚持自己的主见，做你认为对的事

作为女人，当你和别人发生争执的时候，要表现得坦然一些。如果你觉得自己是对的，那么就坚持自己的主见，做你认为对的事情，根本没有必要和别人进行嘴角上的较量。比如故事中的羽西，如果她做自己的事情，不去给黄奕印合同，黄奕也不能把她怎么样，这样显示出她更有主见，更加自信。可是她去争吵，在无意中暴露了自己内心的软弱，让对方逞了口舌之快。

2. 装聋作哑，把对方当做空气

一般情况下，当别人向你发动言语攻击的时候，如果你不还击，看起来似乎是个受气包，实际上却显示出你内心的镇定自若。因为你不受别人的影响，不为别人的激烈情绪所动。你的默不作声，让对方的激烈情绪找不到着陆点，最终败下阵去的自然是对方了，因为他并没有实现在言语上伤害你的目的，反倒被自己的情绪所伤害。

少一些抱怨，分享豁达的心态

生活中难免有这样、那样的事情让我们不满，从而产生抱怨。作为现代女性，既要工作，又要操持家务，有怨言也是在所难免的。但是抱怨过多，就会让人觉得，“这个女人怎么如此小气”。因此，要想赢得他人的尊重，就该少一些抱怨，多一些豁达来面对生活中的得失。

爱丽丝是一个美丽的女孩，她以优异的成绩考上了大学，在其学校生活的每个阶段，她都是深受其他学生拥戴的学生领袖。但在她身上却丝毫看不见一些“佼佼者”身上常见的清高、孤傲、盛气凌人，相反，她为人谦和，从内心深处尊重、欣赏他身边的每一个人。

一天晚上，她邀请几个朋友到她的房间里吃晚餐。在吃饭过程中，一个朋友发现了她桌子上的一句座右铭。座右铭只有三个字：“我第三”。这三个字被镶嵌在一个精致的框架里。朋友们觉得很奇怪，便缠着爱丽丝问个不停。爱丽丝无奈，只好给大家解释起来：在我离开家的前一天晚上，妈妈给了我这个精美的框架，并嘱咐我一定要将它放在我每天都能看到的地方。她希望我能永远记住这句话，记住妈妈对这句话的解释。“我的孩子”，妈妈对我说，“什么时候都不要忘记，上帝第一，别人第二，你永远只是第三。”

听了爱丽丝的解释，大伙儿恍然大悟，也明白了为什么爱丽丝总是那么谦谦有礼，为人和善，大度优雅。

“假如生活欺骗了你，不要难过，不要忧伤，在愁苦的日子里心平气和，相信吧，幸福的一天终究会来临。”这是大诗人普希金给我们的忠告。让我们的生活多一些欢笑，多一些理解，就不会有那么多的争吵和伤心。其实很多时候，一个微笑就会消解一场不必要的争吵，一个拥抱也会让人温暖不已。微笑的女人有着无穷的魅力,那么为何还要愁眉苦脸让人敬而远之呢。女人,请用你的豁达展现你的魅力,让生活充满欢歌笑语。

真正的豁达是一种开放的心态:尊重事实,不狭隘。豁达者总是用尊重事实的态度看待一切,接受现有结果;而不豁达的人否认某些事实,对事物有着不切实际的要求。比如对于死亡的态度,豁达的人往往泰然处之,每活一天都过得轻松快乐,根本不担心死亡;不豁达的人则焦虑担心,生怕死神哪一天光顾自己,整天长吁短叹。那么,该如何做一个豁达的女人,使自己优雅,让他人舒心呢?

1. 要懂得换位思考

换位思考是人对人的一种心理体验过程。将心比心,设身处地,是达成理解不可缺少的心理机制。要切实站在对方的立场为对方考虑,只有这样,才能理解和尊重他人。比如,做妻子的要懂得"丈夫作为男人就该有自己独立的空间,而不是将他紧紧地束缚";做丈夫的同样也要理解女人的"小心眼"是出于爱自己,只有这样,家庭生活才能长久美满。

2. 不斤斤计较

斤斤计较是心胸狭隘的标志,一个豁达的女人是绝不会在小事上和别人争执不休的,这不是因为她觉得这样做没面子,而是在她看来,这是一种完全没必要的行为。

3. 开阔自己的视野

心胸狭隘很大程度上就是因为见识太少。当我们登上山顶一览众山小的时候,会有豁然的顿悟:原来,自己是那么渺小,很多事情是那样得不值一提。做个豁达的女人,快乐悠然地生活,你会发现原来生活如此美好。

用嫣然一笑面对无聊挑战

一个智慧的女人,是不会为了一些鸡毛蒜皮的小事就和别人反目成仇的,因为她明白这样做不值得,也没有必要。面对一个无聊的挑战者,她觉得宽容是最好的方式，嫣然一笑竹篱间。面对无聊挑战，她的微笑展现了内心的充实，对方在她的自信面前更加显得无聊。一个女人，要想活得幸福，就要面对无聊挑战，学会嫣然一笑处之。

小丽和小玲是同事，两个人都在市场部，平时也是各忙各的，很少有接触，但是最近，两人之间似乎出现了一些问题。

原来，公司打算在市场部提拔一名员工，小李和小玲都很优秀，经理一时也难以决定，于是打算对她们两个进行一番考验。考验是这样的，要她们两个通过市场调查写一份有创意的企划书，谁做得好自然就提拔谁。小丽和小玲都很珍惜这次机会，都想在老板面前展示一下，得到老板的赏识。

这天，小丽和小玲很早就去做市场调查，快到中午的时候，两人不期而遇。小玲心想：一定要给小丽一个下马威，让她知难而退。小丽也很看重这次考验，但她只是想通过公平竞争来获得这次机会，于是也并没太在意。这时，小玲走上前来，小丽正要开口跟小玲打招呼，小玲便开口了，挑衅地看着小丽，对小丽说："你觉得你能赢得了我吗？"小丽嫣然一笑，说："现在一切还是未知数，一切都要看老板的意思。"小玲自负地说："你没我漂亮，也不是名校毕业的，还有什么资格和我争。"小丽看了一眼小玲，笑着说："我说过了，这不是我能决定的。"说完面带微笑地继续她的工作去了。

小玲自讨没趣，只好悻悻地走开。这一幕被出来见客户的经理无意间看到了。他觉得公司需要的人才绝不是像小玲这样心胸狭隘、不能容人的人。于是很自然，小丽通过了考验，得到了升职。

小丽面对小玲无聊的挑衅，能够坦然对待、微笑面对，不仅展现了自己宽广的胸怀，还使自己赢得了机会。可见，"微笑"不仅是一种心态，更是一种高度。我们身边也不乏像小玲这样的女人，心胸狭隘，出口伤人。那么，该如何克服像小玲这样的心态，做一个有气度的女人，成就自己的人生呢？

1. 时刻保持乐观的心态

我们想改变自己的命运，首先就要改变自己的心态。乐观的心态能让我们保持愉悦的心情，从而使我们说话、做事更妥当，更合时宜。作为女性，只有保持乐观的心态，才能够笑口常开，积极向上。

2. 正确对待生活中的成败得失

失败乃成功之母,失败不是人生的结束而是一个新的开端。只要找到失败的原因,重新站起来,就能获得成功。中国有句古话:塞翁失马,焉知非福。只看到失败不能不说是一种目光短浅的表现。要想成为一个成功的女性,就该明白这个道理,坚强地面对生活中的成败。

3. 给对方一个微笑,给自己一个机会

优雅的女性绝不会用肤浅、无聊的方式来攻击自己的对手,面对自己的对手她会坦然受之,微笑着接受挑战。因为她明白,胜利属于有能力的人,即使自己失掉这个机会,也是因为自己能力不够。因此,面对自己的对手,请保持微笑;面对别人无聊的挑战,请嫣然微笑。

第三章
伶俐巧嘴，冰雪聪明的女人说话会变通

一个伶牙俐齿的女人，往往更能赢得别人的青睐，不只是因为她们说的话能引起别人的兴趣，更重要的是，她们很聪明，懂得变通，因而给人留下冰雪聪明的好印象。一个聪明的女人，在说话的时候懂得揣摩人情世故，让彼此交谈中那些不舒服、不愉悦的情绪得以及时化解，给人带来三春暖而不是六月寒的感觉。那么，冰雪聪明的女人如何才能用伶俐巧嘴来处理和运作人际关系呢？究竟有什么具体的技巧、策略以及切实可行的方法呢？这正是本章需要解决的问题。

说话不揭底，给对方留面子

在生活中，很多女人心直口快，说话的时候想什么说什么，这在一定程度上方便与人之间的交流，但也会在无意中揭了对方的老底，让别人很没面子，下不了台。对有些女性来说，说话时更要注意一些，不要因为男人喜欢你的坦诚，就肆无忌惮地想说就说。你的口无遮拦，将会置别人于尴尬的境地，让他人分外难堪，给工作和生活带来不必要的麻烦。

王宇是公司的一位非常优秀的职员，人长得漂亮，心眼也好，而且非常活泼，是大家的“开心果”。但是，如此优秀的她最近却总挨老板的批评，这让她非常郁闷。

前不久的一天，王宇早早来到了公司，在进门的时候，正好碰到了老板。老板二话没说，把她叫到办公室里，劈头盖脸就是一顿狠批，无论王宇怎么解释，老板就是不听。最后，她只能怀着满肚子的委屈低头认错。王宇实在想不通为什么，就去请教了公司的一些老员工，别人悄悄地对她说：“你是不是以前对老板言语上有什么不恰当的地方啊？”

这时，王宇才如梦初醒。平日里她看着老板脾气非常好，说话又和蔼，就经常想说什么就说什么，老板也很欣赏王宇的坦诚和实在。可是她的口无遮拦却给自己带来了麻烦。

一次，老板来公司的时候，穿了一套非常笔挺的西装。大家都在一边不断地称赞老板穿西服多么好看，只有王宇在一边笑着说：“样子不错，不过好像是去年的款式啊。”当时，把老板弄得非常尴尬。

就在前天，一个客户和老板谈生意，签完合同后，客户不断称赞老板的签名非常的漂亮。这时，王宇正好进来了，笑着说：“能不好吗，我们老板为此整整刻苦训练了三个多月呢。”记得当时老板的脸色特别的难看。

现在想起这些来，王宇真是后悔莫及啊。由于平日里自己口无遮拦，让老板尴尬、难受，怪不得自己工作做得最好，却总得不到提拔，还经常挨批。

王宇由于口无遮拦，说话总是不给老板留面子，以至于老板伺机报复，找了个机会揪住她狠批。说话的时候不要把话说破，不要揭别人的老底。这样，别人会因为你的善解人意而对你心存感激，因为你顾全了他的面子。没有人喜欢在别人面前出丑，男人尤其不喜欢在女人面前丢脸。因此，作为女性，说话的时候不妨在嘴上把把关，考虑清楚，什么话该说，什么话不该说，什么话说出来别人能接受，什么话说出来别人接受不了。那么，在这个过程中，要注意哪些方面呢？

1. 说话之前多想想

在开口说话之前，要多想一想，什么话该说，什么话不该说，什么话说出来别人能接受，什么话说出来别人接受不了，自己心里有个拿捏。这样，在说话的时候就会顾及别人的感受，就会有所取舍，而不至于揭露别人的老底，让对方很没面子，下不了台。如果拿捏不准，那么就换位思考，你承受不了的，别人一样承受不了。

2. 心直口快看情况

说实话本身没有错，但是也要看场合。有些场合你说实话，别人觉得你很真诚，但是有些场合你说实话，别人就会觉得你很愚蠢。比如故事中的王宇，在员工面前说老板的西服过时，在客户面前说老板练了三个月签名，无疑是告诉别人老板很没有品位，告诉客户老板的字写得很难看。这本是事实，但是在这种场合说出来，让老板很没有面子。

3. 点到为止把握分寸

很多时候，如果把话说得过于明白、过于透，会让别人的隐私暴露在众目睽睽之下，让对方很没面子，下不了台。这时候，点到为止，让对方明白就行。这个分寸一定要把握好，既要让对方明白，又不至于伤害对方的情感。比如，想要问对方要钱，可以说你最近手头有些紧张。不要说你之前没钱了，问我借钱，现在该你还钱了。否则会让对方很没面子。

打个圆场解个围，帮人一分是一分

人们在生活中，由于很多原因使彼此产生了矛盾。这时候，如果有人及时地打个圆场解个围，这场不愉快或许就会很快结束。否则，双方爱面子，谁也不肯轻易服输，这种僵持有可能造成彼此之间更深的误会，或者结下“梁子”。对于男性来说，女性心思更细腻一些，更能善解人意，更擅长于做这种和事佬。

芬芬是大学的音乐老师。这天，在下班回家的路上，她被不远处黑压压的人群吸引住了。她不是个喜欢凑热闹的人，所以原本没有打算过去围观。可是前面的交通被堵死了，一时半会儿回不了家，于是她走上前去，看看究竟发生了什么事情。

只见人群中两个中年男子嘴里骂骂咧咧的，相互推搡着，旁边围观的群众没有一个站出来劝架。渐渐地，两位男子的情绪变得有些激动，眼看着一场打斗就要发生了。在这个时候，芬芬站了出来，她大声说：“二位有什么深仇大恨，至于在这里大打出手吗？”两位男子看了一眼芬芬，理也没理。

芬芬接着说：“不就是追尾吗？至于这么大动干戈吗？两个大老爷们，心胸怎么这么狭隘呢？在这里动粗，不知道丢人现眼吗？”

他们从芬芬的话中，听出了这是一位厉害的角色。两人你看看我，我看看你，谁也没有说一句话。

芬芬这时候转过身来对高个男人说：“你说，你也真是的，看年龄你比他年长，怎么就不知道让着点呢？当街让别人当猴看，很光荣啊？”

高个有点不服气，说：“是他撞到我的车上的，还不道歉，我问了一下，还把人家问烦了。”

“已经撞了，一句道歉对于你来说就那么的重要吗？”芬芬紧接着说。

高个不再说话了。这时候芬芬又对旁边的胖子说：“你撞了人家的车，道歉不应该吗？”

胖子说："我着急赶时间，把这茬给忘了，谁知道他走过来就指着我的鼻子骂我，我哪能受这个气啊？"

芬芬说："有这个时间，早把你该办的事情办了。"

胖子不再说话了。

这时候，芬芬对胖子说："赶紧去啊，给人家道个歉吧。"

胖子望了一眼芬芬，很不情愿地走到高个面前说："对不起啊。这是我赔给你的修车费。"说完拿出了500元钱，递到了高个的面前。

高个不好意思地说："别了，别了，也没有什么大问题，回头我自己去修吧。我刚才骂你，也是我不对，你也别往心里去。"

这时候，两人客气了起来。很快，拥堵的车辆渐渐行动了起来。

……

故事中的芬芬在关键时候，站出来打了个圆场解了围，帮助胖子和高个从纷争中走了出来。如果不是芬芬的伶俐巧嘴的一番说辞，两人势必没有那么轻易地就此罢休。由此可见，在关键时候，利用你的好口才来帮助别人解围，是每一个人应该尽的社会责任，尤其是善于做和事老的女性朋友。那么，如何才能做好一个和事佬呢？

1. 说话的时候要以理服人

在打圆场解围的时候，所说的话一定要以理服人。让别人觉得你说的有一定道理，从心底佩服你，这样才能安抚双方。否则你说的话没有任何道理，别人自然不愿意听你的，这样打圆场解围不但解决不了问题，还会引起别人的讨厌。因此，女性朋友在劝架、打圆场的时候，说话要有逻辑性，而且要说出道理来，在说话之前一定要理清楚思路。

2. 不要偏向任何一方

由于是帮助别人和解，所以说话的时候情感不能偏向任何一方，否则会让另外一方不服，觉得你是在跟他作对。当然，一个巴掌拍不响，两人出现争吵肯定谁都有问题，在劝架和解的时候，把双方的问题都要指出来，让他们明白自己错在哪里。这时候，女性朋友要充分发挥口才上的优势，让当事人心服口服。

3. 不可没有是非和稀泥

当然，既然发生了矛盾，那么肯定有对的一方、错的一方。作为“和事佬”，一定要有正确的是非观念，尽管两人都有问题，但是对于犯大错误的人还是要批评得重。这样，才能让双方对调解人有所倚重。否则，不明事理，眉毛胡子一把抓，即使劝停了双方，也没有真正解决他们之间的疙疙瘩瘩，并没有解决最终的问题，反而落得费力不讨好的结局。

话题卡壳，话锋一转换话题

很多时候，人们由于一些口头的失误，抑制了别人谈话的热情，或者是彼此的经历和立场不同，在某些话题上聊不到一起去，这时候势必会出现话题卡壳的现象。那么，卡壳了之后怎么办呢？如果不及时处理，则双方会很尴尬。这时候，作为一个会变通的聪明女人，要尽快转移话题，让新的话题遮掩你卡壳的尴尬。如果处理得当，照样能给别人留下好印象。

鱼黎来到北京已经有好几年的时间了，但是她的朋友并不多，生活不免有些单调。后来，她的隔壁搬来了一位女孩。女孩叫做寇黛，人很爱笑。

这天晚上，下班回家后，鱼黎过去拜访新邻居。由于是同龄，再加上两人都喜欢聊天，所以聊得非常投机。鱼黎拉着寇黛的手说：“好妹妹，你的皮肤真好，你一定是来自靠海的城市。”

显然，鱼黎的这个动作，更加拉近了俩人心灵的距离。寇黛觉得，鱼黎像她的亲姐姐，于是，她的调皮劲又上来了，她眯着眼笑着说：“那你猜一下嘛！”

鱼黎想了一下，盯着寇黛的眼睛说：“我觉得你应该来自大连，大连的空气特别湿润，我有几个朋友就生活在大连，他们的皮肤都非常白皙。”

寇黛摇了摇头。

鱼黎越是想知道，寇黛越故弄神秘，看到眼前这位大姐姐焦急的神情，寇黛略有几分得意，但最终还是说了出来。

"我的家在青海。"

"不会吧,青海也能让你有这么好的皮肤啊。真是不可思议啊。"很显然,寇黛的话让鱼黎大吃了一惊。

寇黛有些不高兴地说:"为什么这么说啊?"

鱼黎:"青海环境那么恶劣,风沙那么大,我见过的好多青海人脸上都有很多红血丝。"

听别人这么说自己的家乡人,寇黛的心里非常不舒服。但是事实如此,她也没有办法将别人的嘴堵上,但是她内心升起的丝丝不悦,让她顿时失去了和对方继续聊下去的热情。于是她低下头,拿出了手机随意翻看。

鱼黎清晰地感觉出寇黛情绪的变化,她明白,是她说的话让寇黛不舒服了。于是,她想尽一切办法抹杀这种糟糕的感觉。她也明白,如果不能,她和她将不能成为好朋友。

鱼黎又一次拉住了寇黛的手,说:"好妹妹,你这么漂亮,一定有男朋友了吧?"

寇黛抬起头,认真地点了点头。就在这短短的一瞬间,鱼黎发现寇黛的眼睛里有光。她明白,在男朋友这个话题上,她将和寇黛修复之前的那种美好的感觉,并有可能成为知心朋友,想到这里,鱼黎的嘴角泛起了丝丝笑意。

鱼黎因为一时的疏忽,而影响了寇黛的情绪,进而使话题出现了卡壳的现象。在关键时候,她迅速换了话题,最终让话题卡壳的现象得到了及时的修补。因此,在平时和人沟通的时候,如果发现你们在某个话题上话不投机时,要学会尽快转移话题,及时弥补变坏的感觉。女性作为生性敏感,能敏锐地感觉到对方的情绪变化,如果发现话不投机,要迅速转移话题。那么,如何发现话题卡壳呢?

1. 从对方的表情上观察

如果双方聊的话题惹起了对方的不高兴,那么,对方两眼会没有神情,而且嘴角也会下拉。因此,女性朋友在和别人谈话的时候,如果发现对方脸上的神情不对,那说明你们谈话的主题已经卡壳了,再聊下去便会不欢而散,要尽快转移话题。

2. 留意对方的不经意的小动作

很多情况下，人的小动作能暴露内心的情绪感受。因此，女性朋友在和别人谈话的时候，要多注意一下对方的小动作。如果别人和你在谈话的时候翻看手机、翻看书籍，那说明对方对这个话题已经不感兴趣，因为他的注意力已经转移了。这时候要及时转换话题。

3. 从对方的热情度上感知

如果交谈的对方对话题感兴趣，那么热情一定很高，想说的话非常多。反之，如果不感兴趣，则会敷衍一下，不想说话，没有热情。这时候，女性朋友要明白，你们谈话的主题已经卡壳了，要换话题了。

迅速解除尴尬警报，不让冷场出现

在交谈当中，往往有人对话题不感兴趣，或者是对别人说的话不赞同，还有可能是彼此之间不太熟悉，造成了谈话冷场的出现。在出现冷场之前，要迅速地采取措施，解除尴尬。如果处理及时，完全可以把冷场扼杀在摇篮当中，让双方有一个愉悦的交谈氛围。因此，作为女性来说，要善于捕捉各种造成尴尬的信息，进而及早地调整，拒绝冷场。

海韵在北京生活已经足足10年了。这次，她回到老家宁夏去探望爷爷奶奶。

回家之后，家人对她分外亲热，不断地嘘寒问暖，这让海韵的心里暖暖的。这天，她拉着奶奶的手说："奶奶，你们对我实在太好了，我都有些舍不得走了。"

奶奶笑呵呵地说："不想走了，就别走了，待在家里，陪爷爷奶奶。"

海韵笑着说："奶奶，我在北京工作呢，我得去工作，才能生活。"

奶奶接着说："在哪里不是生活啊。你说说你在北京这么多年了，连个住的房子都没有，工作又不稳定，又没有找到合适的对象。一个人在那里图个啥啊，真是的。"

海韵笑着说："奶奶，你不知道了吧，北京有我的梦想。"

奶奶不高兴地说："梦想，梦想是个啥啊？你看看你弟弟妹妹，在这边考上了国家单位，福利又好，都结婚了，而且都是双职工，每天去单位转一圈就回来了，多轻松啊。你再看看你，整天累得要死要活，生活还没有保障。"

海韵知道奶奶不懂自己的想法，再说下去也没有意义，还有可能影响她和奶奶的感情。于是她转身拿过一个苹果，笑着说："奶奶，我好不容易来一趟，你咋尽批评我呢。来，我给您削个苹果，好好孝敬孝敬您。"

奶奶瞥了一眼说："不批评你，你的前程就毁了。""我不吃，你自己吃吧。"

"奶奶，这可是您亲孙女亲自为您老人家削的苹果啊，您就尝一块吧。"

奶奶没有理睬海韵。

海韵搂着奶奶的脖子，撒了个娇，将削好的苹果拿到了奶奶的嘴边上，奶奶还是没有吃。海韵拿着苹果在奶奶的嘴唇上蹭了蹭，笑着说："您真不吃啊，可甜了。"

奶奶望了海韵一眼，在苹果上狠狠地咬了一口。

海韵在和奶奶的交谈中，因为话不投机，惹得奶奶生气了。幸亏她及时给奶奶削了个苹果，把奶奶哄开心了，避免了祖孙之间矛盾的升级和冷场的出现。由此可见，作为女性朋友来说，要善于掌控谈话的节奏，善于及时调整不利于谈话的各种因素，及时发现导致尴尬的条件，避免冷场的出现。那么，如何解除尴尬的警报，避免冷场的出现呢？

1. 适当附和对方

在谈话中，当你发现别人的想法和看法与你有不同时，要在不放弃原则的前提下，适当附和对方，从而减弱双方的对抗情绪。双方情绪上不对抗，那么聊起来就会有话说，所以，适当附和对方，能在一定程度上解除尴尬的警报，避免冷场的出现。作为女性，适当附和对方，可以让对方感受到你柔弱的一面，从而化解尴尬，避免冷场。

2. 及时转移话题

如果发现双方话不投机，那么要尽快转换话题。别等到彼此水火不容的地步了再做处理，已经为时已晚了。所以，女性朋友在谈话的时候要准确感受对方的情绪，控制好谈话的氛围。如果气氛不对，感觉不舒服、不和谐，就要及时换个话题。这在一定程度上会扼杀冷场。

3. 避免和对方对抗

如果话不投机，或者是没有共同语言，那么千万不要和对方形成对抗的情绪。你可以不赞同别人的想法和看法，但你没有必要要求别人来同意你的意见和建议。只要双方不对抗，在求同存异的基础上，还是能找到彼此的共同点。但是如果产生了对抗情绪，就会彼此全盘否定，这样，出现冷场在所难免。

装傻说痴话，绕开他人的有意捉弄

在人际交往当中，时不时会碰到别人为你挖好的“陷阱”，尤其是笑里藏刀的软绵绵的捉弄，让你不知如何是好。这时候，你稍不留神，就要掉入别人设计好的圈套。为了躲过他们的有意捉弄，不妨装傻充愣，说“痴”话，绕开别人为你挖好的陷阱，从而在人际交往上游刃有余。

恩熙认了一个“哥哥”，而且和他的“哥哥”在谈恋爱，这在外语系已经不是什么新闻了。可是最近，恩熙却失恋了。因为他的恋人“哥哥”喜欢上了别的女孩子，留下恩熙一个人伤心难过。

这天，恩熙心情非常不好，一个人在学校的小花园里独自哀伤。不一会儿，班里的几个平日里和恩熙关系不好的女生刚好也来到了小花园里。她们各自手挽手，好不快活。看到她们，恩熙越发的难受，她本想避开他们，可是已经来不及了。她们三步并作两步，迅速走到了恩熙的面前。

一个女孩故作惊讶地问：“恩熙啊，你怎么一个人在这里呢？你的傻‘哥哥’呢？”

这戳到了恩熙的痛处，让她的心更加伤痛。事实上，恩熙明白，她们就是拿自己刚刚失恋的事在自己的伤口上撒把盐。她想，她不能受伤，绝对不能，因为她已经再也承受不起任何伤害了。

她们见恩熙不说话，再看到她沮丧的表情，大概猜到了几分，于是笑着是：“哎呀，你的傻哥哥不疼你了啊？这你可惨了，没人疼，没人爱的。”说完哈哈大笑了起来。

这笑，仿佛一把尖刀一样刺在了恩熙的心上，此刻的她如同被剥光了衣服的弃妇一样，任人羞辱和耻笑。于是她感到愤怒，但她觉得自己不能发作，否则就会上她们的当。她们不就是希望我歇斯底里么？那么，我偏不让她们得逞。

想到这里，恩熙抬起头，说：“我哥哥在家呢，他可疼我了，可爱我了，每次我回老家，他都会带我出去玩。”

另外一个女孩奸笑着说：“怎么个情况，在老家还窝藏着一个？你可真够带劲的啊，一个还不够。”

恩熙并没有生气，她一本正经地说：“你们听好了，我哥哥叫恩源，是我的亲哥哥，我只有这一个哥哥。”

女孩们伸伸舌头，互相使了个眼色，转身离开了。因为她们知道，再说下去已经没有任何的意义了。

故事中的恩熙明知道别人在拿失恋来捉弄自己，但是她装傻充愣，以此“哥哥”代替彼“哥哥”，巧妙地绕开了对方的捉弄。由此可见，女性要学会装傻充愣说“痴话”，从而来保护自己，避开别人的捉弄和伤害。那么，如何才能装傻充愣说“痴话”呢？

1. 曲解对方的意思

当对方为你设置了恶作剧来故意捉弄你，让你出丑的时候，要学会曲解对方的意思，以达到装疯卖傻的作用。比如故事中的恩熙，别人说的“傻哥哥”是指她的男朋友，而她却曲解“哥哥”的意思，将其理解为一母所生的哥哥，从而避过了对方拿她刚失恋的事来取笑她的目的。

2. 学会“一问三不知”

当别人刁难你的时候，要学会一问三不知。这样一来，你无法明白对方所指，自然对方捉弄你的计谋也就无法得逞。比如故事中的恩熙，别人拿

“傻哥哥”来开涮她时，如果她装作无辜似的反问一句：“傻哥哥？我哪有傻哥哥啊！我这么聪明的人怎么会有个傻子哥哥呢？”这样一来，对方也无可奈何。

3. 学会“答非所问”

当别人问你你要去哪里，你告诉他你刚吃过饭，试想，对方还如何捉弄你呢？因为他预想好、设计好的程序被你打乱了，捉弄你的伎俩也就不攻自破。因此，作为女性，要学会用智慧来保护自己，要学会“答非所问”，扰乱对方的阵脚。

接话接到位，避开他人铺设的言语陷阱

生活中，很多时候，别人拿高帽子来压你，拿非常敏感的话题来噎你。如果你处理不来，势必要陷入对方的言语陷阱，给自己带来很多不必要的麻烦。在这种情况下，要机灵一些，将对方的话接到位，避开他人设置的言语陷阱，让对方搬起的石头砸在他自己的脚上。

徐媛来到公司刚刚半年，因为能力突出，被提升为公司的部门主管，这遭到了一些老员工的嫉妒。为此，他们常常处心积虑地给徐媛难堪，让她下不了台。

这天，徐媛把工作任务分配完之后，就忙自己手头的工作去了。没过多久，公司的副总出差回来，给老总和公司的员工带了很多礼物，所以打电话过来，让公司派人去接。当时，接电话的正是徐媛的手下黄丽。

接到这个电话之后，黄丽跟另外几个老员使了个眼色，于是他们没有给徐媛打招呼，直奔机场而去。当他们和副总一起回到公司之后，已经到了下班时间了。当徐媛来检查当天的工作任务的时候，得知黄丽他们几个没有完成，而且还擅自外出，她非常生气。

她把黄丽等人叫到了自己的办公室，严厉质问：“上班时间，是谁允许你们私自外出的？”

黄丽白了徐媛一眼，没有说话。

徐媛接着说："你们今天的考勤算旷工，没有完成的任务，加班完成。"

黄丽愤恨地说："你说旷工就旷工啊？我们今天就回家了，怎么了？"

徐媛也很生气，她转过身来，大声吼道："你今天要是回了家，明天就别来上班了。"

黄丽也不甘示弱，她吼道："我们是奉副总的命令前去接他的，你这样做，眼里还有副总吗？还有公司吗？"

黄丽的吼声，让徐媛多少有点吃惊，或许更多的是后悔。如果是副总叫的，那么她这么为难她们，不就是在为难副总吗？更让她受不了的是，黄丽的质问，她该如何作答呢？说"眼里没有副总？"这不是给自己找麻烦吗？如果说"眼里有副总"，那么自己的行为不就是在打副总的脸吗……

徐媛站在原地，多少有些难堪，黄丽一伙则在一旁暗自窃喜，可是他们没有料想到后来的结局。

徐媛转过身来，大声说："我眼中当然没有副总了，我把副总放在心里。因为我所行使的是公司给予的权利，如果我没有管好你们，那才是对领导的污蔑。"

第二天，黄丽一伙受到了领导的严厉批评。

徐媛，因为不知道领导越过自己调动下属，结果在批评了下属之后，被下属将了一军，一句"你眼里还有没有副总"将她死死地噎住。幸好她聪明机灵，接了一句"副总在心里"，从而顺利地化解了言语的陷阱，让对方抬起的高帽子压在了自己的身上。由此可见，作为女性朋友，要聪明一些，机灵一些，将对方的话接到位，从而避开对方设置的言语陷阱。那么，如何才能把话接到位呢？

1. 从对方的言辞中找破绽

当你被对方引入到语言困境的时候，不要慌张，要在对方的言辞上找破绽。比如故事中的黄丽用一句"你眼里还有没有副总"来为难徐媛。说有，与自己的行为矛盾，说没有，那就是给自己找麻烦。这时候她从"眼里"着手，将副总放在了"心里"，既避开了对方的言语攻势，又全身而退，更重要的是让对方被自己抱起的石头砸到了脚。在对方的言辞上找破绽，把话接到位，从而避开他人设置的言语陷阱。

2. 从对方的逻辑上找问题

别人给你设置语言困境，很显然他自己也明白不好回答。因为他所提出的问题逻辑性很强。那么，就要在对方的逻辑上找破绽，顺势将问题重新抛给对方。比如，有人向你发难“你以为你是谁?”意思是让你先认清楚自己。这时候，对方无非是想要以你的身份和言行之间的差异来羞辱你。如果你反问一句“那么，你认为你是谁呢?”这样，把别人对你的羞辱反转方向，攻向了对方。

3. 在对方行为上找方法

对方给你设置言语困境，来攻击你的时候，要想把话接到位，就要在对方的行为上找方法。比如有人总是攻击别人时说：“你父母是怎样教你的?”这时你不妨说：“我不记得了，恐怕得麻烦你亲自去问他们。”或者态度谨慎而肯定地回答他：“我父母教我了，不可以像你这样问这些没有教养的问题。”别人在指责你没有教养，你则把没有教养和对方的行为联系起来，成功避开别人设置的语言陷阱。

先投石问路，再顺水推舟

在和别人的交谈之中，如果你猜不透对方的心思，不知道对方的意图的时候，往往是你最被动的时候。如果这时候不去探知对方所思所想，眉毛胡子一把抓，那么，在言语上势必要输上一筹。因此，作为女性，要学会投石问路，然后再顺水推舟，让事情按着你所预想的方向发展。

梅青羽毛球打得非常好。为了让她在这个领域有更好的发展，老师介绍她认识了市羽毛球队的教练王筝。

在和王教练的谈话中，梅青心里有些忐忑不安，她明白，是否获得王教练的认可对她来说非常重要。但是她不知道对方究竟想要了解她什么，因此，她不敢多说话，她担心自己说不到点子上，给王教练留下不好的印象。

聊了几分钟之后，梅青说："王教练，您觉得如何才能做一名合格的羽毛球运动员呢？"

王教练笑着说："我觉得做一个优秀的羽毛球运动员，首先要勤奋，绝对不能有半点懒散，还有就是绝对不能有自满的情绪。很多时候，这种自满就是你成长路上的坎。"

梅青接着问："那在打球技术上没有要求吗？"

望着小心翼翼的梅青，王教练笑了笑，以此来让她放松心情，消除紧张的情绪。他喝了口水，回答了梅青提出的幼稚得不能再幼稚的问题。他说："当然有了。包括反应速度要快，身体要灵活等。这是打好球的前提。但是我们更注重对有潜力的孩子的培养。"

王教练的一番话让梅青吃了一颗定心丸，尽管这时候，王教练还没有对她表现出浓厚的兴趣，但是她心里已经知道，如何在他面前展示自己。于是，在接下来的谈话中，她有意地把自己说得像王教练所希望的那样。

她告诉王教练，她非常能吃苦，而且参加了好多次羽毛球业余大赛，捧回了很多奖杯。更为重要的，她从来不想傲。除此之外，她告诉他，她一度和体育队的某个队员打过，对方也没有占到多少便宜。

……

那天，他们聊了一个多小时，从王教练的表情和眼神中，梅青知道，她已经成功地把自己塑造成王教练心目中的好苗子。这样一来，离她进入市羽毛球队已经不远了。

果然，过了两天，王教练打来电话，让梅青去市羽毛球队参加入队前的训练。

梅青在对王教练的心思揣摩不定的时候，用了投石问路的方式，从而明白了向王教练介绍自己的重点。接下来，顺水推舟，按着王教练的心理模式，赢得了他的认可。由此可见，在和你不了解的人谈话的时候，要学会投石问路，先尽可能多地去了解别人。当对对方有了大概的掌握之后，再顺水推舟，顺着对方的意愿去调控。作为女人，说话之前千万不要莽撞，不要做没有头脑的笨女人，要学会投石问路、顺水推舟，试探对方的心思，再做相应的回应。那么，如何做到投石问路、顺水推舟呢？

1. 态度谦逊，多向对方请教

一般情况下，当你谦虚地向别人请教的时候，对方经常不好意思拒绝。因此，在你对对方不了解的时候，要学会示弱，让对方把自己的想法和看法，在回答你问题的时候不经意地暴露给你。就像故事中的梅青，以一句“如何做个合格的运动员”，使王教练在回答中透露了自己的心思。

2. 学会恭维，巧妙诱导对方

当一个人被人恭维的时候，内心深处对对方的防备就会大大减弱，甚至为了让对方更加喜欢自己，会卖力地表达自己的情感和思想，来迎合别人。因此，在投石问路的时候，要学会恭维对方，诱导对方暴露自己的心思，从而顺水推舟，让对方心满意足，让你自己得到最大的好处。女性嘴巴甜一些，更能让别人心花怒放。

3. 巧妙迎合，做到天衣无缝

在投石问路的时候，千万不要过早地暴露自己的情绪，这样有利于后来的顺水推舟。在顺水推舟的时候要说得婉转一些，自然一些，不要让对方感觉钻进了你的圈套。否则，对方会迅速地调整策略，那时候你就前功尽弃了。女性朋友比较感性，在顺水推舟的时候要把自己的情绪掩饰好，尤其是得知对方心思之后的兴奋。

言多必有失，关键时刻用沉默应万变

在人际交往当中，如果你表现得沉默寡言，会让别人觉得你社交能力欠缺，但是，如果你絮絮叨叨地说个不停，则更危险，保不准你的哪一句话说得不到位或者是不合适，让别人听着不舒服。言多必有失，在关键时候，要紧闭你的嘴巴，以静制动。

事实上，在双方交谈之中，如果你保持沉默，无疑在姿态上就保持了高调。尤其是双方在表达不同意见的时候，谁主动，谁就将失去优势。对于女性来说，千万不要抢着多说话，适当的时候要保持沉默。

王先生是一家广告公司的经理，由于经常开车在外东奔西跑，所以他给自己买了一份人身保险。天有不测风云，这天，在他外出商谈业务回来的路上，出了严重的车祸，命虽然保住了，但是却遗憾地失去了一条腿。王先生的不幸遭遇，给家里带来了沉痛的悲伤。

保险公司得知这个消息之后，迅速进行了取证调查，因为王先生巨额的医疗费用需要保险公司来支付。

很快，保险公司派出代表和王太太来谈赔付的事。

起初在王先生投保时，并没有说具体怎么赔偿，只是约定如果发生意外，看造成的伤害程度定赔付金额。

当保险公司的代表找到王太太，和她谈判的时候，王太太没有任何表情，只是冷冷地坐在一边，一句话也没有说。

保险公司的代表说："王太太，根据我们的调查，王先生身受重伤，也失去了一条腿。由于之前王先生买过人身保险，所以我代表保险公司，来跟您商谈具体的赔偿事宜。"

王太太表情冷漠，依旧没有说话。

公司代表问："王太太，根据王先生的受伤害的程度，我们做了一个评估。公司一致决定赔付王先生 10 万元。你觉得怎么样啊？"

王太太转过头，看着窗外并不清晰的建筑，什么也没说。

保险公司的代表见王太太没有表态，觉得是不满意公司开出的条件，只好改口说："你要是不满意的话，我们再加 10 万，20 万你觉得怎么样呢？"

王太太没有一点儿反应，依然表情冰冷地望着窗外，沉默着。

保险公司的代表急了，继续加价，30 万，40 万……

王太太始终没有说话，最后保险公司的代表将赔付的价格提高到了 100 万。

这时候，王太太依然没有说话，只是拿起笔签了字。

事实上，王太太对保险公司提出的最初的赔付并没有不满意。只是她依旧沉陷在悲痛之中，思想有些走神，再加上不愿意说话，无意中让自己站在了高姿态的位置上，致使保险公司的代表为了让她满意而一再加价。当最后一次加到之前的10倍时，刚好王太太回过神来。由此可见，言多必失，在关键时候要学会用沉默使自己处于高姿态的位置上，不管对方有什么样的表态，也不管对方做什么，你记得用沉默来应对万变。那么，作为女性，用沉默应万变的时候要注意哪些方面呢？

1. 言语沉默的时候，表情表达也要到位

很多人虽然嘴上不说，但是眼神和表情已经将他的心思暴露了。嘴角的微笑以及眼神的下示等，都能代替言语。如果对方从你的表情中了解了你的心思，那么你的沉默也就失去了意义。所以，在沉默的时候，表情要严肃一些，不要随便对对方笑。这样，对方得不到任何的消息，在你严肃的面孔下，会为你的高姿态所折服。女性情绪丰富一些，这时候更要学会在表情上掩饰自己。

2. 沉默时做好准备，应对可能出现的情况

在用沉默来应对万变的时候，一定要做好充足的心理准备，随时准备应对各种各样有可能出现的状况。这时候，也是双方在进行心理的较量，稍微不留神，就有满盘皆输的可能。嘴上虽然不说，但心里要做好决策。如果你没有想法和打算，很容易顺着对方的意思走，这时候你的沉默就成了顺从和肯定了，那么，掌握整个谈话进程的便是别人了。对于女性来说，更要做到未雨绸缪，细心认真一些。

3. 掌握好沉默的度，避免对方"撂挑子"

在你保持沉默的时候，要掌握好沉默的度，知道在什么时候才可以说话，在什么时候不能随便表态。否则，表态的时候早了，让对方看透你的心思，那么你就会处于被动。表态的时间晚了，对方可能"撂挑子"。因此，作为女人来说，一定要细心感受，找到对方内心深处的底线，进而审时度势，让沉默的效果发挥到最佳状态。

婉转含蓄，女人就要练就语言“太极术”

相比于男性来说，女性性格比较柔和一些，内敛一些，矜持一些，在言谈举止上比较含蓄、比较婉转。事实上，这不仅是女性的性格使然，更是女性为人处世所必须注意的技巧。

把话说得婉转一些，含蓄一些，把你想要表达的意思通过各种方式让对方明白即可，别人会因为你的善解人意而对你心存感激。事实上，你在一定程度上保护了对方的情感免受伤害。如果把话说得过于直，别人会觉得是你在使绊子，或者是在讥笑他、看他的笑话，情绪自然就上来了。因此，作为女人，更要学会练就语言的“太极术”。

俞静是图文工作室的老板，手下有十几个员工。平日里她对员工管理非常严格，但是却从来没有批评过任何人。因此，员工对她也非常尊敬。

可是，最近俞静发现，每天早上上班的时候，总有三三两两的人会迟到几分钟。当然，她并不是担心员工少干活，只是长期下来，会给别的员工传递负面的信息。因此，她决定“提醒”一下他们。

这天早上，她早早地来到办公室，严阵以待。上班的时间过了，有三个员工还没有到岗。几分钟之后，三人陆续进来了。看到俞静，他们并没有觉得不好意思。在他们看来，这似乎是很正常的事情。

俞静拍了拍手，说道：“大家过来一下，咱们开一个碰头会。”

在会上，俞静鼓励大家畅所欲言，谈了一下最近的工作。到了结束的时候，俞静笑着说：“不知道大家发现了没有，咱们工作室里的表快了5分钟，下去之后大家对好时间啊。”说完，她笑了笑，走进了自己的办公室。

大家你望望我，我望望你，那几个迟到的员工涨红了脸。从那之后，再也没有人迟到过。

还有一次，在上班期间，工作室的男同事点燃了烟，抽得悠闲自得，好几次，被俞静撞了个正着。当时，俞静觉得他们会不好意思，会有所收敛。结果小伙子们见老板不言不语，觉得她默认了，甚至见了俞静，也不把烟掐灭。

俞静觉得需要适当地敲一下警钟了。这天，当她从办公室出来的时候，看到一位男员工刚好叼了一支烟，在浑身上下摸着找打火机。俞静走过去，给他点着了烟，笑着说："吸烟有害健康，特别是女同志，是吧。"

小伙子不好意思了，他听出老板话中的意思，赶紧把烟掐了。从那以后，男员工再也没有在办公室里抽过烟。

俞静对于员工迟到和在工作室内抽烟的问题，没有直接提出批评，而是通过提醒和叮嘱的方式暗示员工：她在关注这些小问题。员工明白了，加以了更正。由此可见，把话说得委婉一些，要学会打语言的"太极拳"，在无形之中把你的意见和想法委婉地传送到别人的思想中。那么，作为女性，要如何练就语言的"太极术"呢？

1. 要学会反其道而行

在委婉说话的时候，要学会反其道而行。这样，话语表面的意思与你想表达的意思完全相反，与对方实际的情况也是相反的。比如，隔壁的孩子每天晚上很晚了还在弹钢琴，让你很不满。但是你在表达的时候却要说成，孩子很刻苦地练习钢琴，将来一定很有出息。你想要批评他影响了你睡眠，但是却在赞扬他很努力，事实上对方确实很努力。但是如果对方每感的话，自然能明白，这是在提意见，因为他的努力别人怎么知道呢？因为他影响了别人。

2. 要懂得化有形于无形

"化有形于无行"是太极的精髓。那么，委婉地说话如何"化有形于无形"呢？在你表达自己意见和想法的时候，你只需要暗示对方，你已经关注他了就行。比如故事中的俞静，她只让员工知道，抽烟已经引起了她的重视，员工知道在工作室抽烟是不允许的，引起了老板的关注。很显然，老板在提醒他，不应该在工作室抽烟。将"批评"这种有形的事，转化到关注点上，委婉地表达了出来。

3. 要学会借力打力

在委婉表达的时候，女性朋友要学会借力打力这种太极术。简单点说，就是用对方自己来批评他自己。比如故事中的俞静，发现男员工在工作场合抽烟，她并没有批评他，而是给他点了烟。这让员工感觉到自己的行为是不对的，是不礼貌的，从而加以戒除。由此可见，委婉表达实现了借力打力的“太极术”。

一时口误失言，如何快速补救

和人交谈的时候，一时口误，不经意间说了不该说的话，这在我们的生活中屡见不鲜。尤其是女性朋友喜欢说三道四，更容易招惹是非。这时候，当务之急就是快速补救，避免伤害彼此之间的情感。但是，很多人并不能很好地处理好一时的口误，有人索性将错就错，有的人则开始赔礼道歉。但是这都不能补救口误带来的伤害。

对于爱，雨馨已经不那么奢望了。经历了刻骨铭心的爱情之后，她失望了，不，应该是彻底绝望了。她想她该独身，但是她因此而担心、害怕。“就这么终了此生?”她不甘心，事实上也不愿意。

之前，对于父母的逼婚，她总是当做耳旁风，用冷漠来对抗。但是，渐渐地，她觉得她错了。她需要一个男人来爱，她需要关怀，她需要温暖。于是，在经历了几个日日夜夜的反复思量之后，雨馨做了一个决定，她想去找那个真正属于她的爱。

于是在父母的安排下，她频繁地相亲。看了一个个丑陋和英俊的脸，她始终找不到那种想要爱的感觉，这让她多多少少有些失望。

这天，她又被安排去相亲。由于之前的屡次失败，这次她并没有抱任何的希望。但是去了之后，她却被坐在那里等她的男生深深地吸引了。她甚至怀疑自己的眼睛，这个人的相貌和她之前的男朋友几乎一模一样，更让她震惊的是，对方说话的方式和声音也相差无几。要不是对方左脸上不大的一颗黑痣，她甚至认为他就是之前的他。

雨馨的震惊，让气氛似乎凝固了一样。男生不善言谈，于是他们只是默默地坐着。雨馨觉得她该说点什么,但是她真的不知道说什么才好。按照之前的惯例,她想去问他的工作、收入、家庭,但是,她不想。她觉得那么问了,他们之间也就完了。

于是她绞尽脑汁在想,说一句什么呢?突然,她感觉到饿了,竟然鬼使神差地冒出了一句:“我们啥时候吃饭去啊?”

当这句话从嘴里说出来之后,她立刻就后悔了,她甚至想要为自己有如此的表现而捶胸顿足。她尴尬地笑了笑,索性站了起来,邀请对方。她知道这时候她应该尽量表现得自然一些,才能掩饰她内心的恐慌。

男生倒也随意,或许他是对雨馨的所作所为心领神会,并因此而露出了笑脸。她知道这是他内心的愉悦。于是她如实地告诉他,他像她之前的男友。

那天,他们聊了很久很久。一段时间之后,他和她踏上了婚姻的红地毯。

雨馨因为自己的一时失态,说了不合时宜的话,但是她并没有等待着尴尬的到来,等待着冷场的出现。相反,她随机应变,用坦诚的交谈迅速地作了扭转,避免了冷场的出现。由此可见,如果你说了不合适的话,做了不合适的事,那么一定要及时做出补救,避免尴尬和冷场。

1. 不要试图去掩饰

当你在无意间说了不该说的话之后,不要再过多地做解释,或许别人并没有因此而感到不妥。如果这时候你一味地做解释,不但把别人关注的焦点聚在你的错误上,让别人笑话你,更重要的是,你所做的解释并不能达到你所期望的目的。相反,欲盖弥彰,越做解释,越让彼此尴尬和难受。

2. 用自嘲来化解

很多女孩这时候会觉得特别不好意思,但正是因为你的不好意思,让别人也感觉不好意思。你出丑而丢人,别人因为看到了你的丑态而尴尬。这样双方接下来的交谈便不会坦诚,出现冷场是避免不了的。这时候,不妨自嘲一番,让别人的不满在你的笑声中化解。这样,你也不会为自己的不小心而感到不好意思。对方记住的不是你的窘况,而是你的幽默。

3. 迅速转移话题

在与人交谈的时候，如果出现意外，导致尴尬局面的形成时，女性朋友们不要慌张，一定要及时地转移话题，让别人的注意力随着被转移走。这样，别人根本没有时间去尴尬，更不会让彼此之间的交谈出现冷场。

不说"满话"，"留半句"令人进退自如

很多人觉得说话的时候"留半句"是不自信的表现，甚至觉得敢于把话说满的人才显得有气魄，其实不然。世上没有那么多绝对的事情，不要把话说得太满，应给自己留条后路，以免出现意外，颜面无存。

对于女性朋友来说，总是喜欢在言语上计较，一时赌气，难免把话说得太满，这无疑是给自己挖了个陷阱，四处树敌。因此，不要把话说得太满，应给自己留个余地，留个退路，以免在失败的时候被人揪着小辫子挤兑。

江槐荫是楼盘销售员，平日里工作非常认真，业绩也非常突出。但是她有个非常不好的毛病，那就是说话把握不好"度"，以至于到处树敌。

这天，公司里来了个新同事，是一个非常阳光的女孩，叫余宇。余宇很会为人处世，刚来办公室的时候，就给每个人带了礼物，主动和每个人套近乎。按照主管的话说，她迅速地和同事打成一片，有助于工作的开展。

在和同事们的交谈中，她得知江槐荫是他们当中的销售冠军，而且业绩一直都是遥遥领先。于是这天下午工作之余，她来到江槐荫的身边，对她说："江姐，我听他们说你是公司里打不败的业绩王，我刚来，什么也不懂，以后你多帮帮我啊！"

江槐荫白了她一眼，笑着说："别到处拍马屁，在我这儿不好使。"

被别人这么一说，余宇感觉脸上火辣辣的。但是她知道，江槐荫是销售冠军，有点脾气也是能理解的，自己以后还要多跟她学习呢。想到这里，她的情绪全然消失了，于是又堆起满脸的笑容，说："我没有说错啊，江姐确实是我们当中的销售冠军嘛！"

江槐荫冷笑着说："谁跟你'我们'呢？请你注意自己的身份。"

余宇再也忍受不了内心的愤怒，她说道："别总拿自己当个角，我这么说是看得起你。"

江槐荫也针锋相对地说："谢谢你看得起，我看还是免了吧。你这个月卖不出房子去，一样得滚蛋。"

余宇赌气说："你也别看不起人，我一定做给你看。"

江槐荫讥笑道："你要是不走人，我立马走人。你还别不信。"

……

从那以后，余宇认真地向别的同事学习，很快掌握了工作的要领，再加上她的不断努力，终于在这个月底最后一天，成功实现了自己"零"的突破。

江槐荫觉得很没有面子。她没有想到余宇真的卖出去了一套房子，那么按照当初的约定，她就得走人了。但是实话说，她不想走，在别处她不一定能有这么好的收入。好在这事余宇并没有提及，同事们似乎也忘得干干净净了。但是，从那以后，江槐荫变了很多。再也不去指责这个、要求那个了，就连跟余宇说话的时候也非常客气。

江槐荫仗着自己是销售冠军，瞧不起新来的余宇，并且说了大话，把话说得都快溢了出来。结果，把自己的后路给堵死了。所以，说话的时候，要多思考，不要一时冲动，就把大话说出去，把话说"满"，否则，等待你的只能是无路可退的窘境。那么，作为女性，如何才能做到不把话说"满"呢？

1. 多用"可能、差不多"等虚词

在说话的时候，要多带一些"可能"、"差不多""十有八九"等词，这样即使你说的话自己做不到，也没有人跟你较真。因为在这些词中包含了失败的可能性。女性朋友在说话的时候加上这些虚词，即使你说"满"的话也会变得"浅"了很多。

2. 不要随口打保票

要注意不能随便对人打保票，说绝对的话。要知道，世上没有绝对的事，你也不可能给任何人打保票。因此，女性在说话的时候一定要注意了，千万别因为一时的心血来潮，就对人打保票，以免将来自己做不到的时候被人耻笑和羞辱。

3. 要学会谦恭礼让

避免把话说“满”，除了自己不说大话之外，还要学会谦恭礼让。因为有时候，别人给你强加上很多让你很“满”的话，如果这时候不懂得谦恭礼让，无疑承认了别人强加的“满”，这样一来，你同样没有退路。女性朋友不但要学会不把话说“满”，还要学会避免别人把你说“满”。

第四章
知性谈吐，深幽底蕴散发高雅气质

很多时候，我们通过一个人的嘴巴来认识他。因为人的谈吐不但能透露他的涵养和气质，还能透露他的知识和修为，究竟是胸中无点墨，还是学富五车，一张嘴便可以看得清清楚楚。那么，同样是谈话，怎么说话才能展现你的知性美？有没有值得注意和学习的技巧和方法呢？这正是这一章要解决的问题。

加深底蕴，用丰富的知识“武装嘴巴”

与人谈话时言无不尽，博学多识，会给人留下深刻的印象，尤其是女性朋友，如果在谈话中体现深厚的文化底蕴，会给人出乎意料的效果。这远比靓丽的外貌和时尚的穿着打扮更能吸引别人的注意。

多数人不喜欢外表漂亮、腹中空空的“花瓶”。相比之下，一个谈吐不凡、气质高雅的女性更能获得别人的认可。她们多半是用语言的魅力来证明自己。

销售经理魏娜是资深的销售行家，每年为公司创造不菲的利润。她之所以能有这么好的销售业绩，除了她能力强之外，还有就是她朋友特别多。而这一切都得益于她用丰富知识武装了嘴巴。

有一次，魏娜去一家公司谈业务，双方谈得很满意，但是在签合同的时候，客户有些犹豫，说：“魏经理，我们谈得很投缘，一定也会合作得非常愉快的。你看，合同能不能不签啊？”

魏娜不解地说：“为什么呢？”

客户笑着说：“咱们合作就是了。签这个合同，是不是魏经理信不过我啊？”

魏娜一听，就知道对方想钻空子，于是也笑了笑说：“签合同就是信不过啊？你这说得可就太偏了。正是因为彼此信任，才会签字呢，否则还谈什么合作呢，你说是吧！”

客户说：“魏经理真是牙尖嘴利，那好，我签就是了。”

结束以后，对方邀请魏娜去吃饭，以示庆祝。期间，魏娜与对方侃侃而谈，很快，他们之间的身份由合作者转变成了好朋友。

一会儿，到上菜的时间了，服务员端来一盘松鼠鳜鱼，魏娜说：“你们知道这个菜为什么叫松鼠鳜鱼？”对方摇摇头说：“为什么啊？”

魏娜笑呵呵地说：“这道菜可是大有来头，与乾隆皇帝有着千丝万缕的关系。据说当年乾隆皇帝在扬州游玩的时候，不知不觉来到了松鹤楼，点名要吃神台上的元宝鱼。厨师为了回避杀神鱼的罪过，将鱼做成松鼠的形状，又因为是鳜鱼，所以后来叫做松鼠鳜鱼。”

对方惊讶地说：“魏经理可真是博学多识啊，对于菜都这么有研究，可算是个行家啊！”

魏娜摆摆手说：“少来，少来，可别拿我开涮了。我哪里是什么行家，只是上次上网的时候，不经意间看到了。”

客户笑着说：“跟魏经理接触可真是受益匪浅啊。你这个朋友我交定了。”说完举起酒杯，向她敬酒。

魏娜在工作中游刃有余，和她丰富的知识储备有关。在工作和生活中，女性朋友要经常不断地给自己补充精神食粮，加深自己的底蕴，让自己变得有文化、有修养。

1. 增加知识的涉猎面

一个人的文化修养往往体现在脑袋中有多少“墨水”。如果你笨口拙舌、孤陋寡闻，即使有再高的学历也不能让别人相信你文化层次高、你有修养。因此，平日里应多读一些书，增加你的知识面。这样一来，和别人交谈的时候，你才能做到有话说而且说不完。

2. 多接触社会的方方面面

书本上的知识是死的，生活中的知识才是活的。在多读书的前提之下，还要多接触社会的方方面面。这样你了解到的生活、学习到的知识才是真实的，事实上也是最有用的。这也是生活在现实社会中的人最喜欢交流的。作为一个知识女性，千万别做只读死书的书呆子，更重要的是去接触真实的社会。

3. 留心生活中的点点滴滴

“世事洞明皆学问”，在生活中做个有心人，了解生活中碰到的点点滴滴，通过生活琐事积累感受，增加对生活的认识和体会。事实上，一个懂得生活、懂得生命的人才更容易被别人喜欢和接受。女性对于大多数比较感性，容易从生活细微的变化中体会到深刻的感受，同样能丰富自己。

话不在多，有涵养的言谈透出知性美

生活中，很多人貌似非常“健谈”，然而仔细一听，说的全是废话，更让人受不了的是，他们在高谈阔论的同时，将无知和浅薄一起暴露了出来。试想，当你和这样一个人交流和沟通的时候，会有什么样的感觉呢？

一些女性朋友，错误地认为“话多就是健谈”，就能引起别人的注意，就能给别人留下好印象，其实往往恰恰相反，那样反倒容易给别人留下非常不好的第一印象。因此，作为女性朋友，要懂得惜言如金，在关键的时候用富有涵养的话来展现你的知性美。

柳雨是学校新聘来的音乐老师。她平日里很少说话，常常埋头在音乐中，不断地学习和钻研。同学们都非常爱戴这位女老师。

这天，初三8班的班主任临时有事，柳雨暂时替他看着学生。可是就在这天下午，班里的两个男生却因为一些小事发生了争斗。结果一个男生的头被打破了，而另外一个男生的脸也被打伤了。

第二天，双方的家长都找到了学校里。柳雨从来没有遇到过这种事情，看起来似乎有些不知所措。当家长们得知当时负责的老师是柳雨后，你看看我，我看看你，没有多说一句话。很显然，他们有些瞧不起这个瘦弱的小女生。

就在双方争执不断的情况下，柳雨的一番话让他们刮目相看。

她说：“你们的孩子受了伤害，你们心疼，这我能理解。但是你们这样在学校里闹，影响正常的教学，你们想一想这样做对吗？是不是太自私了呢？”

双方家长互相看了一眼，有些不服。

柳雨接着说：“我也是从这个阶段走过来的，实话说那时候我很敏感，我相信你们的孩子也很敏感，打个架算不了什么大事，可是你们这样一闹，让你们的孩子在学校里出了名，走到哪里都受人指点，他们还有心思去学习吗？”

经过柳雨这么一说，家长们才意识到自己的错误。一位男家长说："老师，您教育的是。我们真是太糊涂了，只顾着发泄自己的情绪，而没有顾及到孩子们的感受。"

这时候，另外一位家长也不好意思地说："是啊，我们真是太糊涂了。我们的孩子让您这样识大体、顾大局的老师教育，我们心里踏实着呢。"

说完，两人不好意思地迅速离开了学校。

柳雨并没有说太多的话，她的涵养让家长惭愧，最终结束了一场纷争。由此可见，作为女性，不是因为你的话多了别人就认可你，而是因为你的话展现了你的涵养，让别人从内心深处油然产生敬佩之情。那么，女性朋友如何使用有涵养的话语呢？

1. 说话时要讲礼貌用语

一般情况下，说话的时候讲礼貌用语，会给别人留下懂礼貌、有修养的印象。相反，不懂得礼貌用语，则会让别人感觉你没有教养、不懂得尊重别人。对于女性朋友来说，讲话的时候不妨多使用一些礼貌用语，这在一定程度上展现了你的知性美。

2. 语气缓和展现成熟

一个人说话的语气缓急往往能反应这个人的心态。语气缓和的人，大多数情况下，心理弹性比较大，比较成熟。相反，一个说话急躁的人，则会带动对方内心深处的急躁，相对来说，不是很成熟。因此，女性朋友说话的时候不妨语气缓和一些，让别人感受到你的成熟和稳重，实际上，就是感受到你的涵养和知性美。

3. 要明事理，言之有理

通常，有文化知识的人，想问题的时候能顾大局、识大体，能把问题想明白，因此，说话的时候要明事理，言之有理。对于女性来说，逻辑思维强一些，说话的时候才会更加有条理。

4. 容忍别人的错

一个有涵养的人不轻易地发脾气，更不会揪住别人的小毛病喋喋不休。所以，女性要把心放大，不要和别人斤斤计较，在你宽恕别人的同时，更加能展现出你作为知识女性的美。

关注时事，懂得多才能有得说

时事是每个人都关注的话题，即使再没有共同语言的人，在说时事的时候也会有话说。在这种时候，你掌握的时事越全面，能说的话才会越多，在与别人交流的过程中，别人与你之间的心理距离才会慢慢地缩小。

很多女性朋友只对吃、穿和流行元素感兴趣，对于时事，都觉得是男人的事情。事实上，她们大错而特错了。你要明白，你接触的人不仅只有女性，也不会全是熟人。如果懂得少，就很容易出现冷场，给进一步沟通和交流带来障碍。

长途旅行，对于很多人来说是件非常痛苦的事情。除了坐在车上不舒服，身体疲乏之外，更主要的是周围都是不认识的人，没有人说话，时间过得越发的慢。但是，对于王丹来说，解除旅途的烦闷并不是一件难事。

一次，她坐火车去新疆出差，和所有人一样，身边坐的都是陌生人。等火车开动了之后，对面的一个年轻人掏出了一份报纸来阅读。王丹笑着说："在关注利比亚局势啊？"

年轻人笑了笑，说："是啊，好几天没看新闻了，也不知道那边的战争怎么样了。"

王丹说："还能怎么样啊？西方国家在轰炸，卡扎菲和反对派在较量。"

年轻人放下报纸，说："落后就要挨打，活生生的例子啊。"

这时候，旁边的一位中年人说："你说这帮人，放着好好的日子不过，整天你打我、我打你，遭殃的都是平头老百姓。"

一位戴眼镜的男人说："还不是为了石油嘛，问题是，打仗真的能把石油抢过去吗？"

年轻人说："肯定能抢过去，要不然人家就不打了。"

王丹说："也是，你说说人家一颗炮弹要好多钱的，要是再抢不过石油去，那不是太赔本了吗？”

这时，坐在角落里一直没有吱声的中年妇女抬起头说：“谁打谁咱管不着，只要别打到咱们中国来就行，与咱们又没啥关系。抢上石油又不给咱分。”

中年妇女的话引起了一阵哄笑。

王丹接着说：“咱们是分不着石油，可是咱们也受影响啊。”

中年人说：“咱们受什么影响啊，隔着这么远的。”

戴眼镜的男人说：“对咱们的影响可大了，利比亚一打仗，石油输出受阻，国际市场就会吃紧，紧接着石油就会涨价。石油一涨价，各种物价随着就会大涨。我们每个人实际购买能力就会下降。”

年轻人说：“简单点说，就是我们手里的钱不值钱了。以前三块钱能买个面包，现在得五块钱。”

中年妇女一听，急了，叫道：“那咋成呢，这不是叫我们小老百姓没法过日子了嘛。”

中年人说：“这不是成不成的问题，人家老美说了算啊。”

中年妇女一听：“这帮狼吃的，别落在我手里，要不然要他们好看。”

又是一阵哄堂大笑。

……

王丹以及周围的一群人本是互不相识，但是有了“利比亚”这个时事话题，争先恐后地畅所欲言，让每一个人的心理距离都拉近了很多，融洽了气氛。试想，如果王丹不关注时事，那么这时候便没话可说。由此可见，关注时事，在关键的时候，口中有话题可以交流，只有懂得多才能有的说。那么，如何才能关注身边的时事呢？

1. 多关注媒体的新闻报道

电视、网络和报纸等媒体对于时事报道非常及时和准确，而且时事受关注度往往是由这些媒体来决定的。想要了解时事，关注媒体的报道无疑是最好的选择。这也是大多数人关注时事的途径。现在的媒体报道非常细化，事实上，对于女性来说，从媒体上掌握的信息已经完全保证你懂得足够多的时事。

2. 对时事要有全面的了解

对于时事的报道，媒体会不间断地重复，可能很多人了解的都是一个片面和某些局部。因此，女性朋友要细心一些，多留意一些相关的报道，在不断重复的报道中，对事情的前因后果就会自然明白了。只有了解全面的事情的原委，才会在与人沟通的时候敢说，否则，不明真相，乱说一气，可能会成为别人的笑料。

3. 对时事要有自己的认识

对于一些时事的报道，媒体通常会有倾向性。但是要注意了，有些时候，涉及某些问题时，媒体通常避而不谈，或者是一笔带过。这时候，作为一个有思想的女性，就要对时事有自己清晰的分析和认识。要学会思考，不要完全把脑袋交给媒体去灌输。

说话深入浅出，既显深度又显风度

同样是说话，有的人说出的话能打动人心，而有的人说出的话却平淡无味，起不到任何的作用。究其原因，在于说话的方式。很多女性总想着把复杂的情感表达出来，可是丰富的情感从嘴里说出来显得干巴巴，让人听着厌烦。如果这时候你选择深入浅出的方式，摆事实讲道理，就能让别人在不知不觉中为你折服。

美琪家在农村，有一个不大的四合院。最近邻居家要盖房子，占用了本该属于美琪家的一些空闲地方。为此，美琪的丈夫余石忍无可忍，在母亲的怂恿下，余石叫上了本家的一些青壮年，准备用武力解决问题。对方也纠集了一群人。顿时，双方剑拔弩张，一场流血事件眼看就要发生。

这天，余石拿着准备好的棍棒前去拼命，美琪吼道："你给我站住！"

余石正在火气头上，吼道："男人之间的事情，女人别掺和。"

美琪三步并作两步，走上去。

美琪说："不就是点地方嘛，咱们也没有用，占了就占了呗，值得让你拼命吗？"

余石："这不是地方大小的问题，这是关于咱们脸面的问题，要是我就这么让给他了，以后我在村里还怎么立足啊。好歹我也是堂堂七尺男儿。"

美琪："你的脸面就那么重要吗？你是个堂堂七尺男儿，我看你没一点男人的度量。"丈夫气呼呼地站在那里，很显然他并不服气。

美琪语重心长地说："我给你讲个故事吧！"

余石："都啥时候了，你还给我讲故事。等我把这事解决了再听你讲吧。"说着就要往外走。

美琪吼道："你给我站住！"

"你知道吗？据说明朝有个宰相，非常清廉。一次，他老家的邻居扩建宅子，占用过道，宰相的家人不依不饶。在交涉无果的情况下，给宰相写了信，希望他能出面解决此事。宰相给家人的回信中写到'让他三尺又何妨'。家人随后不再追究，邻居得知后，主动让了三尺。"

余石："人家是宰相，能做到，我一个小老百姓，怎么能跟宰相比呢？"

美琪："他是宰相不假，但他同样也是个男人，你也是个男人，为什么他能做的事，你却做不了呢？是他的面子大，还是你的面子大？"

余石不再言语了，随后他解散了众人。邻居得知后，也解散了聚集起来准备械斗的众人。没过几天，对方拆了强占的空地，从此两家和好如初。

美琪在关键时候通过讲故事的方式，将人与人之间彼此忍让、和睦相处的道理简单明了地讲了出来，她的话因为援引了历史典故，显得很有深度和厚度，又因为蕴理于其中，简洁明了，显得很有风度。可见，在讲话的时候不妨把着眼点放深一些，把结束点放浅一些。这样，既能让你的话有深度和厚度，又有风度，让别人折服。那么，如何才能深入浅出，展现语言的深度和风度呢？

1. 多引用历史典故

在说话的时候，平白直叙地讲道理，让人觉得乏味，即使你说得再对，对别人的影响也是非常有限的，这些大道理谁都懂。如果你能适当地引用一些历史典故，你所说的话便会有了一定的深度和厚度，对别人的影响也会大很多。援引典故，让你说话的着眼点深一些，分量重一些，这样，别人就不敢因为你是女性而对你有所轻视。

2. 多穿插名人名言

除了引用历史典故以外，还要学会在讲话的时候穿插名人名言，以此来增加你说出的话的深度和厚度。既然是名人都认可了的，普通人没有理由不认可。正是基于这种心理，女性在说话的时候，不妨适当地穿插一些名人名言，让你所说的话更显深度和厚度。

3. 总结要浅显易懂

援引历史典故和穿插名言是为了增强言语的可信度，无非是想让别人信服于你，那么，总结的话就要一定讲得浅显易懂，让大家明白。否则，如果将总结的话说得太过繁琐，就会起到反面作用。不但不能“浅出”，展现不了深度和风度，还会让别人觉得啰嗦。因此，女性朋友们要注意了，在做总结性的讲话时，用简洁明了的语言表达出来即可。

说话过于规矩，会拒人千里之外

在人际社交中，要懂礼貌，要守规矩。这样会让别人觉得你很有修养，觉得你很知性。但是如果说话的时候一板一眼，不懂得变通，过于知性，那么就会让别人觉得你很死板，没法和你沟通。这样的人，通常被冠以“老夫子”的称号。没有人喜欢他们，当然他们也不会有亲密的朋友。

对于女性来说，知书达理能展现女性的内在美。但是如果说话总是“请”、“谢谢”，谁能受得了呢？总是不食人间烟火一样中规中矩，谁又喜欢和她说话呢？因此，作为女性，展现知性一定要适当，否则可能会拒人于千里之外。

这年夏天，慧慧大学毕业之后只身前往北京。按她的话说，是为实现自己的梦想去的。到了北京之后，她和别的北漂一族一样，租了一个小房间，开始了属于她的北漂生活。

她的邻居是一对同居的情侣,两人也刚从大学毕业,和慧慧有相同的生活经历,应该说他们之间有很多共同话题。可是事实却恰恰相反,他们很少聊天,关系也非常一般。

这天下班后,邻居女孩过来串门。她热情地问道:“我叫媛媛,你叫什么名字啊?”

慧慧认认真真地说:“您好,欢迎光临,我叫慧慧。”

媛媛接着问:“你今年多大了啊? 我看你岁数应该和我差不多。”

慧慧说:“我出生于1988年8月17日,今年21岁。”

媛媛觉得似乎被什么卡住了身子,于是她活动了一下胳膊,转了个身,继续问:“你来北京多长时间了啊?”

慧慧说:“我于2008年6月30日下午8点半来北京,火车的车次是T5。”

媛媛觉得和慧慧聊天非常难受,于是她起身告别。

慧慧起身说:“再见,欢迎再来。”

从那之后,媛媛再也没有找慧慧聊过天。

这天,慧慧精心做了饺子,前去邀请媛媛。敲开了门之后,她说:“您好,我是慧慧,今天我包了饺子,特此邀请你们二人务必赏光,过去和我一同用餐。谢谢。”

媛媛说:“真是太谢谢你了,不过我们也刚做好饭,就不过去了,你自己吃吧。”

慧慧接着说:“请务必赏光啊。你们是我的朋友,有好东西一定要跟好朋友分享的。我绝对不能独自去享受。这叫自私。”

媛媛笑着说:“你也是我们的好朋友,但是我们真的做好饭了,就不麻烦了。”

慧慧深深地鞠了一躬,说:“我妈妈说了,同住一个屋檐下,就是一家人。既然是一家人就不应该分彼此的。”

媛媛无可奈何,只好过去吃慧慧包的饺子。之后,媛媛只好回家将自己做好的饭菜倒掉了。

从那之后，慧慧和媛媛的关系并没有越来越好，反而越来越不好。

慧慧并没有说错话，也没有做错事。问题就在于她过于见外，无意之中将彼此之间的心理距离拉远了很多。在人际交往当中，适当的礼貌会让别人感觉到你很有修养，但是过于规矩，则会让别人觉得你过于客气，并没有将对方当做朋友。那么，如何说话才能既有礼貌，又能拉近彼此之间心的距离呢？

1. 礼貌用语一定要适当

很多女孩子为了展现自己有教养，有文化，总是在说话的时候用礼貌用语。当然并不是用礼貌用语不对，而是用得多了，会让别人感觉到你永远把他当外人，从而拉远了彼此之间心理的距离。因此，说“请”、“谢谢”等礼貌用语适当就好。一般情况下，对刚认识的朋友要用礼貌用语，认识了之后就不要太客气了，让对方觉得你是自己人，自然不会远离你。

2. 谈彼此感兴趣的话题

如果别人对你说的话题不感兴趣，那么彼此之间的心理距离也会拉远。比如，对方是一个非常喜欢玩的人，而你和他聊天的时候，总是在说一些知识性的东西。这时候，对方觉得你古板得有点像老夫子，不懂得生活的情趣，继而失去了和你加深交往的念头。这样，彼此之间心理的距离自然会远了很多。

3. 说话要懂得灵活变通

很多人和别人交流的时候，不管对方是什么人，一句话用同一个调调说上很多遍，不懂得根据每个人的特点变换方式。作为女性朋友，说话的时候要懂得灵活变通。比如见了外地人，要多说普通话；见了老乡，不妨说家乡话。这样既让外地人觉得受到了尊重，又能让家乡人感受到那份亲切。

言谈体现修养，做令人艳羡的雅致女人

很多时候，人一说话，别人就能从他的话中掂量出这个人的涵养。有的人一张嘴就爆粗口，有的人动不动发脾气，很难想象这样的人能与修养挂上钩。相反，有的人说话非常和蔼，容许别人犯错误，相比之下，这样的人从言语中体现出极高的修养。

对于女性朋友来说，不管你相貌是否漂亮，也不管你能力高低，如果说话的时候总是对人恶语相向，那么没有人会喜欢你，因为别人觉得你的素质差、涵养低。女性更要注意言谈，让别人在和你的交流中感受到你的品行和修为，做个令人羡慕的雅致女人。

一天早上，一位怒气冲冲的客户冲进"馨雨服装公司"总经理王馨雨的办公室。他是为了300元从外地到北京来的。

事情的起因是，这位客户因为购买馨雨服装公司的西装而欠了该公司300元。公司信托部门给他写了几封信催促他把账结了，可是他却忘了这笔欠款，而且认为是公司弄错了。于是他便从外地，来到北京，要弄个清楚。

这位满脸怒意的客户一进办公室，就一口咬定是公司搞错了。他说他不但不出这笔钱，而且一辈子再也不购进馨雨服装公司的任何东西了。王馨雨没有打断他，耐心地听完他的牢骚和气话，直到客人说完，她才平静地说："我要谢谢你到北京来告诉我这件事。你帮了我一个大忙，因为如果我们的信托部门给你增添了麻烦，他们也就同样可能干扰了别的顾客，那就太不幸了。相信我，我比你更想听到这些事。"

客户怎么也没想到他说了那么多严厉而尖刻的话，得到的却是这样平静温和的回答，他甚至因为他的牢骚话和生气的态度没有得到想象中的效果而有点儿失望。

王馨雨接着说："你是一位十分仔细的人，只有一份账目，不大可能出错。而公司职员要管几千份账目，应该容易出错。请放心，这笔账将就此消除。既然你不再买我们的服装，那么，我可以向你推荐别的服装公司。”

王馨雨随后请这位客户共进午餐，客户不好意思地接受了。吃完以后，回到办公室，客户又出人意料地与她签订了一个数目很大的订货单。

事情结束了，双方都感到十分得愉快。那位客户回去后不久，王馨雨意外地收到了一张300元的汇票，还有一封致歉信。原来，那位客户回家后又重新看了账单，发现有一张放错了地方，因而把它忘记了。

王馨雨并没有因为客户的无理取闹和谩骂而对对方产生不满和怨恨。相反，她和蔼地以道歉的方式平息了争端，还邀请对方吃饭，从而显出了她极高的个人修养。事实上，她的此番作为征服了客户的心。那么，作为女性，说话的时候注意哪些方面才能体现出高修养呢？

1. 尽量和蔼一些

在生活中，那些文化层次高、修养高的人，待人接物都非常和蔼可亲，别人也喜欢和他们交往。因此，女性和人交谈的时候，要尽量和蔼一些，把性格当中和善的一面展现出来。善待周围的人，让别人感受到你的善良，会从内心深处钦佩和羡慕你，因为你是有修养的雅致女性。

2. 宽恕别人的错

通常那些不肯原谅别人过错的人，往往心胸不宽广，说白了是涵养不高。事实上，谁不会犯错？拿别人的过错来当令箭，加以打击报复，只能说这样的人素质不高。因此，作为有高修养的女性朋友，要克服斤斤计较的小女人心理。学会原谅别人的过错，学会宽恕别人。这样，别人会因为你的宽恕而感受到你的雅致。

3. 不要随便动怒

一个有修养的人，不会随便向别人发脾气，不会随便把自己的怒气迁移到别人身上。有些女性朋友，情绪变化比较大，因此要学会忍耐，学会抑制自己的怒气。当你说话时没有怒气、和颜悦色，不会随便发脾气的时候，别人会感受到你是一个修养高、富有魅力的雅致女人。

适时说专业术语，让他人感到你的可信可敬

在沟通交流当中，如果你所说的对方也明白，那么双方的位置是对等的。如果你所说的比较专业，对方不知道或者没有听过，那么发言权就会被你不知不觉地垄断，双方的心理位置也会发生变化。你变成了“讲授者”，高高在上，对方则变成了学习者和仰慕者。这时候，在对方的心里，你是可信可敬的。

女性朋友要想让别人的内心深处产生敬畏和尊重，就要在适当的时候说一些专业术语，让对方内心深处产生自己无知的感觉，进而有了对你佩服和尊重的意愿。

沐阳是法律专业毕业的高材生，毕业后一直没找到合适的工作。后来，经朋友介绍，她进了一家私企，做了法律顾问。事实上，这个法律顾问就是个闲职，并没有多少活干，所以同事们都没有把她放在眼里。

没过多久，公司研制的一种新产品在注册的时候跟别家公司产生了纠纷，对方将沐阳所在的公司起诉到了法院。公司的经理对此忧心忡忡，决定赔付对方一笔款子，了结此事。沐阳得知此事后，找到了经理，说：“对于此事，我有几点想法，您是否愿意听一下？”

此时，经理才想起了沐阳是法律顾问，点了点头说：“你说说看。”

沐阳说：“在商标注册的时候，有个争先原则。就是谁先注册，商标权就是谁的。我之前做过调查，对方对‘神龙’这个商标使用比我们早，可一直没有注册。而我们虽然用了他们的商标，但是我们已经注册了，那么这个商标权就是我们的。这样说来，是对方侵了我们商品的商标权，而不是我们侵权了。”

经理惊讶地说：“你说什么？是对方侵了我们的商标权？而不是我们侵了对方的权？”

沐阳一本正经地说：“是的，‘神龙’这个商标是属于我们的，我们注册

过，就是合法的。"

经理疑惑不解："可这个商标他们一直在用，当时就是觉得这个牌子响亮，我们就用了。按理说我们是在侵权啊。"

沐阳："没错，但是对方一直没有注册，说明这个商标并不是属于他们的，至少在法律上是没有归属关系的。而我们抢先注册了，就是属于我们的。"

经理长长地出了口气，说："这下可好了，沐阳，这件事全权委托你去处理。"

之后，沐阳仔细地搜集了很多详细的资料，最终在法庭上胜了这场官司，对方被禁止再使用"神龙"这个商标。

从那之后，再也没有任何一个同事看不起沐阳了，就连经理见了她也是礼让三分。

沐阳在关键的时候讲了一些法律方面的专业术语，并用自己的专业知识，将公司的劣势转成了优势，从那以后，公司上下对她刮目相看，对她产生了敬畏和尊重。因此我们可以得知，要想让别人对你佩服，就要表现得比别人更加优秀，那么就说一些专业术语吧，这是你的强项，别人因为不懂，内心深处的敬佩之情会油然而生。那么，说专业术语的时候要注意哪些方面的问题呢？

1. 一定确保专业内容的准确性

在说专业术语的时候，一定要注意了，要保证你所说的专业内容的正确性。如果你自己了解得不是很清楚，最好不要说，尽管说出来别人也未必知道、未必懂，但是万一被哪个细心的人发现，那么你就不是可敬可亲，而是颜面尽失。因此，作为女性，说专业术语的时候，一定要确保专业内容的正确性。

2. 把专业术语解释得浅显易懂

因为是专业术语，说出来，大家都不懂，这时候就需要你解释给别人听。解释的时候一定要说得浅显易懂，语言尽量简练，不要让别人觉得太复杂。将简单的道理弄复杂了，只能说明这个人并没有多少真本领，是个书呆子。

因此，女性朋友在向别人解释专业术语的时候，尽量用通俗易懂的语言。

3. 把专业术语联系到生活中去

很多时候，尽管将专业术语解释了很多遍，但是对于一般人来说，都是天方夜谭，与实际生活是脱离的。因此，在说专业术语的时候，就要把专业术语和现实生活结合起来。讲一些生活中与专业术语相关的事情，让别人感觉到你说的专业术语对他们来说也是有意义的。

使用名言成语，让你语出不凡

生活中，如果你在说话的时候时不时穿插一些名言、成语，会让别人觉得你有内涵、有文化、有修养，进而对你另眼相看。相反，如果你说话平淡乏味，别人内心深处会失去和你交谈的兴趣。女性朋友更要学会用名言、成语来增加言语的魅力。

华华的哥哥恋爱了，据说两人的"地下恋爱"进行了好几年了。这天，华华说："哥，你也不邀请我未来的嫂子来咱家做客啊，让爸爸妈妈和我也见一下嘛！"

哥哥憨厚地笑了笑说："她不好意思来啊。我之前就叫了她好多次了。"

"丑媳妇总要见公婆的。你带回来，我们也看看你们合适不合适。"这时候，妈妈在一边接过了话题。

华华趁机说："哥，你就带她来做客吧。我也想知道我未来的嫂子长什么模样。"

哥哥说："好吧，我晚上带她来我们家。"

这天傍晚，哥哥带着女朋友玲前来做客。爸爸妈妈表现得非常热情，不断嘘寒问暖。华华开玩笑说："嫂子，你这是犹抱琵琶半遮面啊！"

因为华华叫她"嫂子"，玲感觉到非常不好意思，毕竟她只是女朋友。但是她的注意力并没有被一声"嫂子"吸引，而是在华华形容她的那句诗上。"究竟是什么意思呢？"她想，是不是华华在讥笑她或者是有什么暗示。

事实上她没有想明白，于是她下意识地去看华华的哥哥，她想从他的眼睛里找到答案。哥哥看到玲的眼神后，笑着说："我妹妹的意思是说你'千呼万唤才出来'，是在抱怨你为什么现在才来我们家。"

华华笑着说："还是我哥懂我，呵呵呵。"

之后，华华粘到玲的身边，和她说起了悄悄话。玲拉着华华的手说："你真有学问，用诗句来表达情感，不像我，悟性这么差。你说了半天了，我还没有明白过来，还以为你在笑话我呢。"

华华说："哪有啊，我只是把前半句给忘了嘛。"

玲说："你忘得也真是时候啊，害得我半天没明白过来。你要是把前半句说出来，我当时就明白是啥意思了。"

华华说："我亲爱的好嫂子，你就饶了我吧。"

说完，两人笑起来。

华华在说话的时候，用了一句"犹抱琵琶半遮面"，抱怨未来嫂子的姗姗来迟，从而让玲产生了华华很有学问的心理感受。可见，在人际沟通当中，时不时地说一些名言成语，能增加你在别人心目中的分量。那么，用名言成语的时候，要注意哪些方面呢？

1. 准确无误地使用名言成语

很多人在说名言成语的时候，自己没有完全了解，就张冠李戴地胡乱使用，弄得贻笑大方，不但不能让别人感觉到他们很有内涵，反而让别人感觉到他们没有文化。因此，在使用名言成语的时候，要准确无误地使用，有必要的话，要说出名言的作者、成语的典故等，让别人真正感受到你的博学。尤其是女孩子，使用的时候更要注意了，万一用错了，让别人笑话，会让自己没面子下不了台。

2. 所用的名言成语要恰如其分

使用名言成语时，要注意和具体的环境相匹配，这样才能显示你的才学。否则，明明是一片荒凉，你却说姹紫嫣红；明明是黯然神伤，你却说兴高采烈。想想，别人听到后会是怎样的感觉？所以，在使用名言和成语的时候，要根据具体的环境，使用正确的名言和成语。这样才能显示你的博学，否则只能是画蛇添足。

3. 所用的名言成语要通俗易懂

在说名言和成语的时候，还要注意，所用的名言和成语要通俗易懂，让听的人都能明白。有的人为了显示自己，总说一些生僻的成语，说一些不常见的名言，让听的人一头雾水。听者不会赞赏他，因为不懂他说的是什么意思。女性朋友一定要注意了，把话说得通俗一些，才能加强沟通和交流。

外露才华，言谈间更要显示谦虚

很多时候，如果你不显示自己的才华，那么就会被埋没掉，失去很多发展的机会。但是，如果展示才华，又会被别人说不谦虚，招来别人的嫉妒和打击。因此，很多人在这个时候不知所措，到底是显露才华，还是隐藏才华呢？

很多女孩子在虚荣心作祟下，外露才华，言语间充满了高傲，吸引了众人的眼球，却也因此埋下了祸患。因此，女孩子适度展露才华是完全必要的，但是言语上千万要谦虚一些。

科研所的慧珍是名牌大学毕业的，非常有才华，所里的领导也非常器重她。她刚工作不久，领导就让她带领同事主攻一个有一定难度的科研项目。慧珍凭借着扎实的基本功，在所里同事的大力配合下，短短的几个月的时间，就拿下了原计划要一年时间才能完成的科研项目。慧珍的卓越表现着实让领导们刮目相看。

在庆功宴上，领导安排慧珍讲话。慧珍站在台上，一个劲地说自己如何废寝忘食地加班，如何牺牲业余时间查资料，讲了整整半个小时，把领导和同事们完全抛到了九霄云外，一个人独揽了所有的功劳。

讲话还在继续，同事们就在下面开始窃窃私语，连所里的领导也在想："慧珍这样做真不合适，这让我们当领导的脸往哪里搁啊？她这么有才，那我们全是饭桶了？"

庆功宴结束之后，慧珍的朋友就劝她："你怎么可以那么说呢？你之所以能迅速成功，是因为同事们和领导给了你大力帮助，你怎么连个感谢的话也没说呢？同事和领导对你都有意见。"

慧珍说："他们帮了我什么忙？要不是我，怎么会有这个成果呢？我付出了汗水，自然收获果实。"

渐渐地，慧珍觉得同事们都在有意无意地和她作对。她让小李打印东西，小李给她冷冷的一句："大功臣，你是干大事的，我哪里配给你当下手啊。"他让小刘去发个传真，说了好几遍，小刘就是不去。无奈，慧珍去找领导诉苦，但领导的态度也不冷不热。

事实上，从那之后，慧珍再也没有研发成功项目。

慧珍非常有才华，也展现了自己的才华，研制出了新产品。但是她在言语上却不懂得谦虚，结果得罪了很多人，被孤立了。由此可见，在言辞上谦虚一些，可以避免不必要的麻烦。那么，外露才华之后，如何在言语上表达你的谦虚呢？

1. 把你的荣誉和别人分享

当你外露才华之后，要记得把得到的荣誉和别人分享。因为别人也在为你高兴，为你喝彩，为你鼓掌。适当的感谢是很有必要的。否则，别人会觉得自己在那里穷开心，在为你做无偿劳动。当别人有了这样的心理感受之后，对你的支持也会减弱了。因此，要真诚感谢身边那些支持你的人，把荣誉跟他们分享。尤其是女孩子，更不能有自私的心理，要学会感恩。

2. 多说自己的不足和缺点

任何完美的表现都有缺点和不足。因此，当你外露才华之后，言辞中千万不要有骄傲和自满的情绪，相反，要多说说自己存在的问题和不足。这样，即使你的才华让别人嫉妒，你的谦虚也会让别人对你肃然起敬，继而避免了别人对你的攻击和阻碍，这样才能真正把握住机会。女性更要学会谦虚一些，因为懂得谦恭的女性更能被别人认可。

3. 恳请别人多多指点指教

尽管你展现的才华没有毛病可挑，也要恳请别人多多指教，因为说不定还有人比你更加优秀。你的谦虚会换来别人的真诚。即使对方不如你，也会佩服你，真心向你学习。作为女性，要把心放大一些，学会用谦虚来赢得尊重。

说些别人应懂的知识，为谈话注入新鲜感

与人沟通的时候，如果经常说一些大家耳熟能详的事，时间久了，别人就会失去谈话的热情。这时候，要适当地说一些别人应懂的东西，为谈话注入新鲜感，调动别人沟通的欲望。这样，双方的沟通才能进一步进行下去。

女性朋友通常比较感性，对新鲜的东西有足够的敏感性，这样可以在和别人的交流中，将对方的注意力吸引住，牢牢掌控沟通交流的主动权。因此，作为女性，在讲话的时候，要善于说一些别人应懂的东西，为谈话注入足够的新鲜感，保持沟通交流的顺畅进行。

美琪长得并不漂亮，但是却非常有气质，这让很多女性同事非常羡慕。这还不算什么，更让别人羡慕的是，她往往能成为谈话的焦点，让大伙都围着她转。很多人不理解，为什么美琪能有这么好的人缘呢？

事实上，不是美琪的人缘非常好，而是因为她有时能聊些别人都应懂的话题，为谈话注入新鲜感，让别人感觉到和她在一起很有趣。

这天，女孩们在午饭之后聚在一起聊天。当有人赞扬美琪皮肤好的时候，美琪随即谈起了女孩子应该怎样保养皮肤的话题。

她说："皮肤保养其实也简单，只要你有正确的日常习惯，养成护肤的日常行为。只要你记住这每天的六件小事，然后坚持下去，你就会发现你的皮肤在不知不觉中变得健康漂亮了。"

几个女孩子纷纷拿来小本打算记录。美琪说："早晚分别喝一杯白开水；每天要记得吃一个西红柿；多吃些醋，洗脸的时候放一些也很不错；还要记得每天喝一杯酸奶和一瓶矿泉水；多喝点茶。最后就是不要忘了做一个

简单的面膜。”

有个女孩子问道：“美琪姐，这几条每天都要做吗？”

美琪说：“如果可以的话，那当然最好了，如果觉得有困难，适当地做到几条就可以了。”

又有人问：“多长时间能见效啊？”

美琪笑着说：“保养皮肤要持之以恒，只要你坚持做了，你的皮肤自然就好起来了。”

“美琪姐，你给我推荐几款护肤用品吧。我皮肤很不好，我想好好保养一下。”公司里的“丑小鸭”不好意思地说。

美琪笑呵呵地说：“除了上面几点以外，选择比较好的化妆品也很重要。根据你的情况，我给你推荐……”

下班后，女孩们又拉着她去逛街了。不用说，又去大购物了。

故事中的美琪在谈话的时候讲了一些美容保养方面的知识，而这些正是同事们不知道又想知道的，因此调动了同事们的沟通和交流的热情。由此可见，说些别人应懂的知识，调动别人沟通的热情，是保证沟通和交流顺畅进行的必要方法。那么，说些别人应懂的知识时，要注意哪些方面呢？

1. 自己不懂的知识不要说

在说别人应知道的知识之前，前提是你自己要知道，如果你也不知道，那么最好别说。说不定别人知道的比你多一点，这时候你就尴尬了。所以，在说话之前，要先想清楚，你所说的知识，你是否了解透了，你是否有正确的认识。要保证话说出来能吸引别人的注意力，如果不能，最好闭嘴，免得被人笑话。

2. 勿带轻视和嘲笑的口气

人往往因为自己知道得比别人多，内心之中会产生优越感。这时候，一定要注意了，言语间千万别带轻视和嘲笑的口气。你知道得比别人多，别人会对你充满了尊敬和钦佩。但是如果你带有轻视和嘲笑别人的口气，那么无疑让别人感觉到你在笑话他没文化。谁愿意被别人当做文盲和粗人呢？这一点一定要注意。

3. 不要把话说得太过专业

很多东西，你知道得比别人多，别人内心之中会产生不如你的感受。如果这时候，你的话说得过于专业，则会让别人觉得你是在显摆。除此之外，过多的专业术语让别人觉得云里雾里，听也听不懂，渐渐地就会失去兴趣。

说意味深长的话，令他人为你倾心

在很多时候，人与人之间的互相了解和认识，是从言语的沟通进行的。把话说得意味深长，则能让别人对你欣赏和倾心。

作为女性，要学会把话说得意味深长一些，让别人觉得你是个有内涵、有思想的人，让别人对你由衷地喜欢，这远比漂亮的脸蛋和阿谀奉承、溜须拍马更加实用。

南方一家著名的广告公司在招聘企业文案策划人员，要求非常苛刻，应聘者必须有硕士以上的学历，而且要有两年以上的工作经验。对于本科毕业的刘盈来说，她根本不符合条件，但是她已经失业好几个月了，再找不到工作的话，连衣食住行都成了问题。

无奈之下，她只好抱着一大堆应聘材料和证书前去应聘。但是不巧的是，面试那天早上，她起晚了，等她赶到公司的时候，面试已经结束。刘盈说了一大堆好话，可是，负责面试的人还是把她给打发走了。

她不甘心就这么放弃，回到家后，她四处查找资料，最后找到了这家公司老总的电话。她很客气地打了过去，说明了真相，老总让她第二天去找人事主管。

第二天，人事主管亲自对她进行了面试，之后，主管遗憾地告诉她："对不起，你不符合我们的要求，我们要求不仅要有硕士学历，还要有两年的工作经验才行，所以你不符合我们的要求。"

刘盈有些气馁，但是并没有因此而感觉到绝望。她对人事主管说："文凭只能说明一个人受教育的程度，并不能说明一个人处理问题的能力。规定是人定的，我相信贵公司要的是能为公司创造财富的人，而不是硕士文凭。”

人事主管想了想，说：“你稍等一下。”随后走进了总经理的办公室，几分钟之后，人事主管出来，对她说：“你刚才的一番话让我很震撼，说服了我。我把它转述给了经理，同样也说服了经理，我们比较看好你，所以你可以在我们公司试用一个月。”

刘盈在被别人拒绝之后，说了一番意味深长的话，从而让人事主管为她所动，最终获得了进入公司试用的机会。由此可见，把话说得意味深长一些，在一定程度上能弥补别的方面的缺失，给对方留下好印象，从而为你倾心。那么，如何把话说得意味深长呢？

1. 要加强语言表达能力

一个语言表达能力弱的人，很难将自己想说的话表达清楚。你的情感、你的意愿表达不出来，别人就没法了解。连话都说不明白，更别提说一些意味深长的话了。因此，要想能说出意味深长的话，首先要把语言表达清楚才行，这是前提。因此，要想把话说得意味深长，就要锤炼语言，加强语言表达能力。

2. 要加强逻辑思维能力

逻辑思维强的话才能被别人信服，否则，即使你说得天花乱坠，但征服不了别人的心，那么你说的话也是废话，没有任何意义，更别说意味深长了。把话说得有逻辑性一些，才有可能让你所说的话意味深长。因此，要不断锻炼深刻的逻辑思维能力。

3. 把话说到对方心坎上

如果你说的话不是对方渴望听到的，那么一般情况下很难给对方留下印象，也不会对别人起到任何作用，更不能说服对方。所以，女性朋友要善于揣摩别人的心思，将话说到对方的心坎上。让别人被你说服，令他为你倾心。

第五章
妙语连珠，幽默是女人魅力的升华

人与人交往时，太过平凡的交谈往往会让人产生厌倦，如果时不时地冒出一两句幽默的话，则会使交谈更加有味道。很多女孩子都喜欢有幽默感的男生，但是女人的幽默细胞比男人更加丰富，更善于制造幽默。妙语连珠、时不时用幽默将大家逗得哈哈大笑的女人，往往魅力四射。因而，作为女人，要开发和创造自己的幽默感，把你的轻松和快乐带给身边的人，相信你的人气指数、魅力指数都会直线上升。

幽默语言显示女人的智慧

幽默源自智慧。一个懂得幽默的人往往能在平淡的生活中发现不同寻常的乐趣，继而将这种快乐的情绪表达出来，给别人带来快乐。事实上，在生活中，人们往往总是太严肃，太较真。懂得幽默语言的人，显得大智若愚，能巧妙地用幽默将尴尬和不舒畅的情境轻松化解，从而打开彼此的心结，构建和谐的人际关系。

生活中，女性面对意想不到的尴尬和窘境，抑或久久打不开的心结时，如果能用幽默的语言巧妙处置，则能迅速让紧绷的神经得到彻底放松，不但解放了自己，同时还解放了别人。反之，则有可能让自己陷入到紧张的人际关系中，无法自拔。

阿明和小娜是同班同学，也是老乡。他们来自同一个地方，而且老家相距不到五公里，但是在他们上大学之前并不认识。直到一次偶然的机会，阿明才无意间得知，在这个来自五湖四海的同学组成的班集体里，有这么一个老乡，他因此感到分外的兴奋。

从那以后，他经常找小娜聊天，他觉得她是亲人。和阿明聊天，小娜也感觉到分外亲切。一来二去，阿明渐渐对小娜有了感情。当他鼓起勇气向小娜表白的时候，却遭到了小娜委婉的拒绝。

从那以后，小娜常躲着阿明，即使有时候不得不接触的时候，两个人也是非常尴尬。一来二去，两个无话不谈的好朋友变成了陌生人。阿明也由之前的主动接近小娜变成了躲着对方。

时间很快过去了两年半，彼此似乎已经淡忘了那段往事。

一天，英语课上，阿明和小娜在无意间坐到了一起，等他们发现的时候，老师已经走进了教室。很显然，这时候再换座位势必引起同学们和老师的注意。阿明想要和小娜打个招呼，可话到了嘴边，又咽了回去。小娜也感觉到阿明似乎有话对她说。

这时候，窗外的阳光刚好照进了教室，照在了阿明的身上。小娜灵机一动，笑着说："老乡，你就这么喜欢做阳光男孩啊？"

阿明没有想到小娜会主动和他说话，不由一愣，但是很快，他就被小娜逗笑了。两人相视一笑，尴尬气氛顿时被化解了。

那天，他们又像以前那样无话不谈，聊了很多，当天晚上，阿明还邀请小娜吃了饭。他们又回到了以前，相互帮忙，相互信任，对于之前的不悦只字不提。

小娜因为拒绝了阿明的追求，继而让双方的情感陷入了尴尬的境地。关键时候，小娜用一句幽默的语言化解了尴尬，继而缓解了和阿明的关系。由此可见，幽默的语言是一种润滑剂，能让尴尬的气氛以及人际关系得到迅速缓解。这种幽默中包含着对生活的大度，包含着对人生的智慧。作为一个聪敏的女人，如何才能学会说幽默的言语呢？

1. 要有积极乐观的心态

通常，一个幽默的人往往有乐观的心态。事实上，只有开心快乐的人，才能发现生活的快乐，才能在人际交往当中把这种快乐的情绪表达出来，继而影响别人的心情。很难想象，一个整天唉声叹气、悲观失望的人会懂得幽默，让别人开心地笑。作为女性，要想让自己的语言富有幽默感，积极乐观的心态是前提。只有你是快乐的，才能发现生活的快乐。生活不是缺少幽默，而是缺少发现。

2. 懂得玩语言游戏

人类情感的表达往往是通过语言，所以，只有懂得玩语言游戏的人才能懂得幽默。比如故事中的小娜将现实生活中的"阳光"和心理的"阳光"拉到了一起，这种双关语的联系带来了幽默。女性朋友只有学会玩语言游戏，才能把握好各种情绪的表达，将幽默表达出来。

3. 要有丰富的知识

懂得幽默的人是有大智慧的人，而这样的智慧很多时候来源于丰富的知识。因此，要想让自己的语言幽默一些，就要掌握来自于书本和生活中的丰富知识。比如故事中的小娜既懂得自然"阳光"的意义，又懂得心理"阳光”的意义，这才用“阳光男孩”来联系二者，制造出幽默。女性朋友只有让自己的肚子里有“墨水”，才能创造生活的幽默。

幽默感使你人见人爱

有的人一张嘴就能将别人逗得哈哈大笑，而有的人再怎么表现也幽默不起来。因此，很多人认为，一个人的幽默是天生的。但事实上并非如此，幽默感是完全可以学习和培养的。只要你努力，一样可以语出惊人，让别人眉开眼笑。

女性更加细心，更加敏感，更善于捕捉生活中的一些细节。事实上，一个人的幽默感很大程度上产生于生活。

明丽是个心直口快的女孩子，在与人聊天时，总能语出惊人，把大伙儿逗得哈哈大笑。因此，大伙儿都非常喜欢她，喜欢跟她说话，喜欢跟她交往。

这天，老师在上新闻传播课，他讲到“领导来到民工居住的窝棚里，没有一点儿架子，端起民工的水杯就喝水”，老师的话刚说完，明丽在下边悄声地说：“不讲卫生。”

顿时，周围的同学哄堂大笑。

老师问道：“同学们，你们怎么了？”

旁边的男生笑着说道：“明丽说不讲卫生。”

教室里炸开了锅，同学们笑得直不起腰来。

老师也笑着说：“明丽同学真厉害，视角就是不一样。”

还有一次，政治老师上完课，离下课还有还几分钟，为了和同学们拉近关系，政治老师鼓励同学们讲笑话、演节目，轻松一下。等几个同学表演完之后，有同学提议：“老师来一个！”

政治老师是个典型的老古板，平日里不苟言笑，在这种场合自然是找各种理由百般推辞，什么“不会唱歌”，“不喜欢唱歌”，等等。这时候只听见明丽喊道：“来段秦腔！”

顿时,同学们哈哈大笑了起来。

老师为了圆场,笑着说:“那是国粹,我哪会呢!”

明丽接着说道:“那就来首国歌,要 DJ(舞曲)版本。”

想到政治老师那胖胖的身体,再来段 DJ 的国歌,要多滑稽有多滑稽,同学们个个笑得前仰后合。

明丽在别人颂扬领导亲民的同时,却细心地发现了“用别人的水杯喝水,不讲卫生”这个细节;提出让老师来段秦腔或者 DJ 版国歌的建议,利用强烈的听觉和想象的差距,制造了幽默。事实上,这些都来自于原汁原味的生活。由此可见,对于女性来说,多留意生活的细微之处,往往能增强你的幽默感,在不经意间,让别人被你逗得捧腹大笑。那么,对于女性朋友来说,如何才能增加自己的幽默感呢?

1. 多和幽默的人交往

俗话说“近朱者赤,近墨者黑”,要想让自己富有幽默感,那么就要多接触一些比较幽默的人,时间长了,耳濡目染,你会在不经意间发现,你也很有幽默感了。当然,在这个过程中,别只顾咧着嘴笑,在表达你快乐的情绪时,要注意留意和观察别人的言语和动作,要思考:同样一句话,别人为什么说出来惹人发笑,而你说出来却没有那个效果。和有幽默感的男生在一起时,女孩子要学习他们的幽默,让自己也富有幽默感,增加你的魅力。

2. 多积累些幽默段子

很多时候,我们发现一些人说的很多幽默话,往往是来自于电视或者是网上的经典幽默段子,只不过经他们的嘴里说出来,又增加了很多身边的情节,让经典在生活中再现,让幽默实实在在地在生活中继续传播。所以,女性朋友要想让自己富有幽默感,多积累一些经典的幽默段子未尝不是一个好办法。

3. 学会模仿再现幽默

富有幽默感的人还有一个特点,那就是他们善于模仿,模仿某一个动物的动作、模仿某一钟声音、模仿某一个滑稽人物的言行动作等,往往能制造出幽默的效果,让人忍俊不禁。比如模仿赵本山和宋丹丹演的小品《昨天、今天和明天》中宋丹丹吹牛的那句“怎么能说是……那家伙……”，想想是怎么可笑的一种情景。因此，想要让自己幽默一些的女生，要多注意和观察，学会模仿生活中的人或者事，你会发现，其实你也是一个很幽默的人。

会自嘲的女人永远都有知心朋友

很多情况下，没有人愿意在别人面前承认自己的缺点和不足，甚至当别人提及他的缺点和不足的时候，往往力争辩解，努力洗刷自己身上的“污点”。但是，如果你能在别人面前自嘲自己的缺点和不足，则更能获得别人的认可，获得知心朋友。

女性朋友比较好面子，觉得在别人面前承认自己的不足很丢人。但是当你批评自己的缺点和自嘲的时候，别人会觉得你比较坦诚而更加喜欢你。因此，会自嘲的女人永远都有知心朋友围绕在身边。

没见过美丽的人，总是对她充满了遐想，觉得叫这名字的人应该是个绝色美女。而实际上，美丽相貌平平，一点也不漂亮，相反她的身材胖得几乎走了形。人说胖人脾气好，这倒是真的，美丽脾气好得出奇。

和别的女孩子不一样，美丽并不忌讳别人说她胖，反而引以为豪。为此，她有很多的知心朋友。而他们中间的很多人，就是因为在讥笑美丽的过程中和她成为好朋友的。阿梅就是这样成为美丽的知己的。

那时候，美丽刚刚来公司不久，和同事们还不是很熟悉。一次，她去上厕所的时候，刚要进门，忽然听到厕所里有几个女同事在窃窃私语，其中就有阿梅。当时，阿梅对另外几个女同事说：“我的妈呀，你看看新来的那个叫美丽的女孩，那么胖，我真为她担心。你说她在我们面前会不会自卑啊?”另外几个女同事哈哈大笑起来。

这时候，美丽推门走了进去。

阿梅一伙没有想到美丽会在门外，她的出现着实让她们尴尬。美丽并没有生气，而是笑着说：“你这人心眼怎么这么实在呢，老爱说实话，你看看她们都藏着掖着不说。我就喜欢说实话的人。”

阿梅以为美丽说的是反话,涨红了脸,站在那里不知所措。

美丽拍了拍几位女孩的肩膀说:“我就是胖,这是事实啊,没什么可隐瞒的。再说了,胖还有胖的优势呢。坐公交车一个人坐两个人的座位,吃饭一个人吃两个人的饭量。这可是占了大大的便宜啊。”

几个女孩见美丽真的没有生气,心里的石头终于落地了。阿梅接着说:“你真的这么想的啊?”

美丽拉着阿梅的手说:“是啊,我天生就胖,减肥又减不下去,所以不为难自己了,享受肥胖者的优越吧。”说完,昂起头,自信地走了出去。

从那以后,阿梅和美丽成了无话不谈的朋友。

美丽很胖,当她听到别人在讨论她的时候,不但没有生气,反而自嘲了一番,进而让别人欣赏她,喜欢她,获得了知心朋友。可见,作为女性朋友,懂得自嘲,不但能缓解社交的气氛,还会获得真诚的知己。那么,要如何学会自嘲呢?

1. 不要害怕暴露不足而失面子

很多女性尽量想办法在别人面前表现得完美,表现优势,如果不小心露出了缺点和不足,会感觉别人会笑话自己,觉得很没面子。事实上,你越担心,别人越会笑话你。这时候,索性将你的缺点和不足一五一十地说出来,别人便不好意思再笑话你,相反,会因为你的坦诚而喜欢你。因为,说不定你的缺点和不足正是她的缺点和不足。当你说出来之后,你没有了担忧,别人也没有了压力。因此,女性朋友不妨将自己的缺点说出来,好好地自嘲一番。

2. 将缺点当做优势一样地“炫耀”

如果你个头不够高,你就说“可以省下二尺布料”,或者说“浓缩的都是精华”。这样一来,你个子矮的劣势便成了优势。再比如,女性朋友皮肤黑,会觉得很没有面子。你可以说成“这是健康的表现”,或者说成是“肤色黑才更性感”。当你把缺点说成优点的时候,你就不会再为自己的缺点而感到自卑。

3. 接受自我的心态是关键

成熟的心态对于自嘲来说至关重要。你的心态成熟，你才能接受一个并不完美的自己，才会认可自己的不足和缺点。这样，你就不会刻意地表现完美，因为你本身并不完美，当别人提及你的不足和缺点的时候也不会感到不好意思。要做到这一点，对于女性来说，实在不是一件容易的事。但是，会自嘲的女人才会更有魅力，才会拥有更多的知心朋友。

幽默的气质由内而发不可牵强

有些人说起话来，短短几句，就能让人笑到喷饭；而有些人本身不会幽默，却非要强拉硬套几个笑话，来在众人面前显摆，别人没有笑，他却自己笑得前仰后合，让人莫名其妙，更可笑的是看着大家没有笑，还问一句“不好笑啊？”

幽默的语言不需要过多的装饰，更不需要刻意搞笑，牵强附会不但不能增加幽默感，还会让人觉得你是无病呻吟。女性朋友要学会让自己的语言增加幽默感，但是切忌制造人为的“玩笑”，让语言听起来牵强。幽默的气质是语言本身由内而发的，不是加工制造的。

阿好说起话来非常幽默，只要和她说话的人，都会被她逗得合不拢嘴，因此，她的身边总有很多人围着她转。这让她的好朋友慧慧羡慕不已。慧慧渴望着有朝一日能和阿好一样，成为同学们中间的焦点人物。

为此，慧慧私下里买了很多有关笑话和幽默的书籍，一有时间就看，她被逗得哈哈大笑，但是却怎么也记不住。于是她像背课文一样，死记硬背了很多笑话和一些幽默题材的故事。

这天，一下课，慧慧拔高嗓门喊道：“大家都过来，我有个笑话讲给你们听，保证你们开怀大笑。”

同学们见一向呆板的慧慧也会给大家讲笑话，顿时来了兴趣。

这时候，慧慧兴高采烈地说：

"有一个爸爸问儿子:'你说一休为什么那么聪明呢?''因为他没有头发呀!''头发与智慧有什么关系呢?''你不是说妈妈头发长见识短嘛!'"

说完,慧慧哈哈大笑了起来。等她笑完之后,才发现同学们都面无表情地看着她。慧慧笑着说:"你们怎么不笑啊? 不好笑吗?"

同学们陆续地摇了摇头。慧慧不好意思地说:"那我重新给你们讲个故事吧,保证你们会笑破肚皮。"

可是,这时候同学们都围到了阿好的身边,不一会儿,爆发出了一阵一阵的笑声。看着阿好,慧慧心里甭提有多难受了。

从那之后,她不断模仿阿好说话,并且想方设法记住阿好说过的话。渐渐地,她有几分像阿好了,可她终究不是阿好。她学着阿好说话,情绪和表情都不到位,本来是很幽默、很搞笑的一些话,在她的嘴里却完全变了味。

慧慧做了大量的工作来增强自己语言的幽默感,可是她牵强附会,生搬硬套,结果不但没有吸引大家的注意力,反而让自己窘迫。刻意制造的幽默与具体的情景不吻合,也就失去了幽默的魅力。对于女性朋友来说,讲一个并不幽默的玩笑好比一个厨艺很烂的厨子招呼大家品尝自己的手艺一样,是自讨没趣。那么,如何让幽默的语言由内而发呢?

1. 语言与具体的环境相匹配

说话的时候,语言要与具体的环境相匹配,这样才能增加语言的幽默感。比如别人和你在开玩笑,你突然一本正经地说"黎叔很生气,后果很严重",因为现实的环境和电影《天下无贼》中某些环境很相似,别人看到你,联想到葛优演的黎叔,就会觉得可笑,这样你的语言才能达到幽默的效果。如果没有了现实环境,说这句话则会让人感觉你脑子有病。所以,要想让你幽默的语言由内而发,就要关注你说话时的场景。如果不匹配,最好别说。

2. 表情和动作与语言相吻合

情感的表达并不仅仅只有语言,还可以通过表情和动作。同样,幽默也需要语言、表情和动作配套才行。比如说你要学一只猴子,除了要学习猴子的叫声、猴子的动作,还要学习猴子丰富多变的表情。这样,你的表演才能给别人带来快乐,才能算是幽默。在你扮个鬼脸、发个嗲语来增强幽默的时候，如果是一脸的严肃和一本正经，即使再有意思，别人也不会觉得有什么可笑之处，看到你后反而觉得不好意思。所以，女性朋友在说幽默话的时候，要学会声情并茂，这样才能让你的语言真正由内而发地幽默起来。

3. 不要为幽默做过多的解释

天然的幽默不需要任何的装饰，也不需要刻意的解释。所以，当你觉得你所说的话很有幽默感的时候，那么说完了就紧紧地闭上你的嘴巴，等着大家哄堂大笑吧。不要担心大家不理解而去做刻意的解释，因为即使是你所说的话真的很幽默，在你做了解释之后，别人也会觉得索然无味，失去了幽默的效果。这时候，你的解释无异于画蛇添足。有些女性朋友很“热情”，总想为自己的幽默语言做些解释，但是正是这种“热情”让别人觉得你是刻意在“幽人家一默”，当别人有了你事先为他们灌输的心理准备之后，幽默也就失去了意义。

让你的幽默成为他人的意外之喜

我们发现，生活中有些人在不经意间说一句话，就能让大家哈哈大笑。是他们天生有幽默感吗？还是他们事先预备好的？其实不是，他们中的很多人可能平时不善言谈，甚至是语言木讷，他们事先也没有想到过自己会说一句幽默话。

之所以如此，是因为他们所说的话刚好逆了大家的心理，让别人的心理期待落了个空，而又觉得还真是这么回事。在这一点上，女性朋友有更多的优势，因为她们的思维跳跃性很强。

辛雯的闺蜜结婚了，婚礼举办得相当成功。除了婚礼策划得完美之外，还少不了辛雯的临场发挥，她的幽默让婚礼平添了许多欢乐。

在亲戚朋友入座之后，婚礼开始了。主持人说了一大堆开场白之后，向新郎、新娘提问：“两位在结婚之前接过吻吗？”新郎说：“有过！”新娘也羞答答地点了点头。为了让典礼更加有意思，主持人接着问：“那你们之后有过更亲密的接触吗?”

主持人问得很含蓄,但是对于新郎、新娘以及在场的人来说,都明白这是什么意思。新郎有些不好意思回答,新娘更是羞红了脸。

这时,站在一旁的辛雯说:“此处省去八个字。”

顿时,在场的嘉宾哈哈大笑起来。尴尬的气氛顿时轻松了很多。但是主持人比较刁钻,他在想方设法地刁难新郎、新娘,想用他们在众人面前出洋相来增加婚礼的趣味性。他见辛雯化解了上一个难题,于是又想出了下一个难题。

主持人问道:“新娘子,在此之前,你常到新郎家去吗?”

新娘子点了点头。

主持人接着问道:“那你把新郎的父亲当爸爸吗?有没有在他面前撒过娇呢?亲过他的脸吗?”

主持人一连串的问题,让在场的众人又发出了一阵哄堂大笑。

新娘子羞红了脸,站在台上多少有些不知所措。

这时候,辛雯出来圆场说:“这个可以有。”

众人又是一阵大笑。

新娘子接过话说:“这个真没有。”

在场的嘉宾笑得前仰后合,现场的热闹气氛更加高涨。最后,在一片欢声笑语当中,结婚典礼圆满地结束了。

辛雯仅仅说了两句话,却将大家逗得哄堂大笑,不是因为她天生有幽默感,而是因为在关键时候,她的一句话给别人带来了意外的惊喜。要在关键的时候说出那句足以让大家“喷饭”的幽默话,不需要太多,你已经让大家有了意外之喜。作为女性朋友来讲,如何让你的幽默成为他人的意外之喜呢?

1. 把握说话的时机

要想让你的幽默成为他人的意外之喜,就要注意说话的时机。不能早也不能晚,要在最恰当的时间说出来,才会有幽默的效果。比如故事中的辛雯抓住了主持人问新郎、新娘“有没有进一步的亲密接触”时,及时说出了“此处省去八个字”这句话,借助赵本山小品的经典台词,将幽默发挥得淋漓尽致。说早了或者说晚了，都没有任何的意义。所以，这个说话的时机非常重要。女性朋友要想让自己语出惊人，就要学会把握这个说话的时机，让你的幽默带给别人意外的惊喜。

2. 注意说话的场合

说话要注意场合，同样，表达幽默的时候也要注意场合。这样才能让你的表达产生意想不到的结果。很多人觉得在严肃的场合不适宜讲幽默的话，这话有一定的道理，但是不完全对。在有些严肃的场合上，适当说一些幽默的话，更能达到语出惊人的效果。比如在审判日本战犯的过程中，法官在排次序的问题上争执不下的时候，说出来"按体重排座次"的幽默话，既表达了自己的不满，又能给别人一个意外之喜。所以，女性朋友要注意说话的场合，把你的幽默表达得恰如其分，才能给别人带来意外之喜。

3. 确保语言的幽默性

在说话之前，要考虑清楚，你的话在具体的场景中是否真的有幽默性。如果你的话有幽默性，则会让大家捧腹大笑，喜欢你的智慧。但是如果你的话没有任何幽默性，干巴巴地、不合时宜地出现，则会招来大家的不满和怨气，觉得你在出风头。所以，在用幽默的语言来给大家带来意外之喜的时候，要特别考虑清楚，你的话是否真的有幽默感。倘若没有，最好闭嘴。尤其是女性朋友，如果在不合适的时候冒出一句不合适的话，会让你的形象大打折扣。

巧开玩笑，立即与人拉近距离

很多时候，刚刚认识的人，由于彼此之间不怎么熟悉，因而说话的时候都非常拘谨，放不开，担心自己说错话，给别人留下不好的印象。特别是女孩子，总希望给别人留下好印象，但越是担心，越是不敢说话。所以，很多人觉得和不熟悉的人打交道是一件非常痛苦的事情。

事实上，在适当的时候开一个无伤大雅的玩笑，让彼此紧绷的神经松弛一下，让别人感受到你发出的轻松愉悦的气息，对方内心深处的防备也会随之降低。当你把别人当做老朋友一样轻松自如地交谈时，对方也会把你当做老朋友一样，双方因彼此不熟而产生的心理距离就会迅速消失。这时候，女孩子不妨表现得活泼一些，适当开一些玩笑，拉近彼此之间的心理距离。

这天，小华预约了一位客户商谈生意。可是那天她起晚了。当她气喘吁吁地赶到预约地点时，对方已经等在那里了。小华赶到的时候，一边喘气，一边向对方道歉说："王总，实在实在对不起啊，我不是故意迟到的。昨晚上熬夜了，今早上没起来。"

王总笑呵呵地说："一定累坏了吧。"

小华说："怎么能说是累坏了呢？"

本来是对小华表示关心，没想到小华反来这么一句，王总多少有些惊奇，不解地望了小华一眼。小华接着说："我累得都快就地光荣牺牲了。一路上，我是挤了公交、打了的，最后还迈开我矫健的双腿，牺牲我淑女的形象，像狂风暴雨般狂奔而来。"

听小华的述说，王总的心里顿时愉悦了很多。他觉得小华作为销售人员，承受着巨大的压力，但是还能这么开朗活泼，尤其是说话这么有趣，实在是太难了。

小华接着说："尽管我是'相当'的累，但是您比我早到很久，那么我也就不'计较'啦。"

王总笑着说："都怪我，要是我也能稍微晚出来一下，就能感受到你的这种'幸福'了。"

小华笑着说："那是，那是。咱们下次约见的时候，我隆重地把享受这种幸福的权利转交给您，以免让您日思夜想、难忘失眠的，我多不好意思啊。"

王总哈哈大笑起来。两人之间第一次见面的陌生感荡然无存。

小华在和客户相约的情况下迟到了。按照常理，这是非常尴尬的事情，尤其是和客户第一次见面。可是小华用自己轻松活泼的语言，适当地开了一些小小的玩笑，不但让尴尬迅速消除，还因此而拉近了和客户的心理距离。在生活中，要学会开一些玩笑，来缓解和别人之间的尴尬，更要会开一些玩笑，来拉近和陌生人之间的心理距离。很多时候，我们是因为自己紧张而给别人带去了紧张，如果我们能轻松活泼一些，则会让对方也轻松自在一些。作为女孩子，巧开玩笑拉近彼此之间心理距离的时候，要注意哪些方面的因素呢？

1. 话题选择要合适

在和陌生人开玩笑的时候，一定要注意话题的选择。因为你不知道对方的禁忌，稍不留神，可能会触犯对方的“雷区”，你的玩笑就会惹怒对方。因此，女孩子在和陌生人开玩笑的时候要选择那些生活中每一个人都可能遇到的问题，这样有了共性，就不害怕说得不合适。除此之外，一些打击面过大的话题，也要留意了。比如你所开的玩笑是在讽刺一个男人不会说话，那么对方会认为你是特意说给他听的，因而误解你的意思，导致对方的心理防备更加严密，这样，你的玩笑不但没能拉近彼此之间的心理距离，反而使之更远。那么，你的玩笑就是失败的。

2. 语言运用要活泼

在开玩笑的时候，语言运用要尽量显得轻松活泼一些，让对方感觉到轻松，这样的玩笑开出来也会让别人感受到愉悦。如果你在开玩笑，而语言用得非常古板和严肃，对方感受不到玩笑本身的轻松愉悦，反而感受到你语言的严肃，这样，对方的内心深处绝对不会有轻松的感觉，反而越加拘谨。当双方都小心翼翼地开玩笑的时候，这样的玩笑开出来与宣读政府公文没有任何区别，彼此之间交谈的氛围自然轻松不了，心理的距离自然无法拉近。因此，作为女性朋友来说，在开玩笑的时候，语言尽量轻松一些，让玩笑本身发挥缓解情绪的作用。

3. 说话时面带微笑

当你开玩笑的时候，如果能始终面带微笑，即使你开的玩笑没有意义，对方也会从你微笑的表情中感受到那份轻松。反之，如果你呆着一张脸和对方开玩笑，即使玩笑很有意思，对方也感觉到心里沉重，不会轻松。所以，当你和别人利用开玩笑来拉近心理距离的时候，要记得面带微笑，这样可以弥补玩笑本身的缺陷和不足。

会说热场“趣言”，营造轻松氛围

很多时候，由于陌生人的加入，让很多平日里很熟的朋友顷刻间没了话说。倒不是两人感情不牢靠，而是因为有陌生人加入，让大家感觉到不安全。平日里只有好朋友之间说的话不能说了。这时候，往往会陷入沉默，会冷场。

为了打破这种沉默，让陌生者迅速融入这个圈子中，就需要有人说一些热场的趣言，来帮助大家重新敞开心扉，从而营造轻松愉悦的交谈氛围。在这种场合下，往往需要女孩子热情、大方地说一些很有意思的话，或者开个玩笑，迅速打破这种局面。

张羽是个天生的乐天派，整天嘻嘻哈哈的，似乎生活中没有一点儿烦恼。为此，身边的朋友和她在一起都感觉到非常快乐。即使是刚认识不久的朋友，她也能迅速和对方拉近距离。

这天，在朋友聚会的时候，她的死党小明带着男朋友柯一起去了。和柯初次见面，大家都感觉有些别扭，尤其是柯很腼腆，不喜欢说话，大家交谈起来总觉得不舒服。这时候，张羽故意坐到了他的面前，说：“我怎么看你这么眼熟啊？咱俩以前见过吗？”

柯没有反应过来，不好意思地说：“应该没有吧。”

张羽说：“绝对见过。在一个月高风黑的晚上，在我们老家村口的那棵大槐树下，我拒绝了你的追求。”

柯一脸无辜地说：“有吗？”

张羽坏笑着说：“曾经有一段真挚的感情摆在我面前，我没有珍惜，直到失去后才后悔莫及。如果上天能再给我一次机会的话，我……”张羽一边说着，一边装模作样地痛哭流涕。

一起玩的朋友被逗得哈哈大笑。柯多少有点尴尬，他不知道张羽到底唱的哪一出。这时候小明直起身子，拉了拉柯的胳膊说：“哎呀，我的傻大哥，我们这位姐们在逗你呢，别表现得一脸无辜啊。”

小明的解释，让柯终于明白了。看着笑出眼泪的张羽，柯伸出胳膊，故意拍着张羽，说：“后悔了吧。不过还好，还给你留了个后悔的机会，赶紧把握住呗。”

柯的话音刚落，大家哄堂大笑了起来。

这时候，柯已经融入大伙当中了，起初的尴尬和陌生的感觉一扫而空。大家你一言、我一语地开着玩笑，其乐融融。

张羽在面对陌生人柯的时候，故意引入周星驰很经典的爱情表白，开了一个玩笑。大家在看着柯傻头傻脑的样子哈哈大笑中迅速打开了心扉，柯也在和张羽“对戏”的过程中，不知不觉地融入了这个大圈子中，从而使初次见面的陌生感荡然无存。因此，当陌生人加入你们谈话的时候，要及时地说一些趣言，产生心灵的共鸣。那么，女性朋友在用趣言来消除陌生感、营造轻松氛围的时候，要注意哪些方面呢？

1. 注意力要集中在新人身上

当有新人加入你和别人的交谈中的时候，要把注意力迅速集中到新人的身上，让对方感觉到自己是受欢迎的。但是要注意，不要问东问西、做人口普查，否则会让新人感觉到你在审查他而感到内心不爽。在适当的时候可以告诉新人，他很面熟，似乎在哪里见过，或者说她的衣服很漂亮，并问她是从哪里买的。当你和对方交谈几分钟之后，你会很快发现，对方已经融入了你们的交谈圈子里。因此，女性朋友要学会善于和新加入的陌生人交谈，让交谈的氛围轻松愉悦。

2. 不要开出格的玩笑

由于是陌生人，所以大家心理的堡垒会很强。这时候可以开一些适当的玩笑来营造良好的交谈氛围，但是千万不要开出格的玩笑。比如和对方做勾肩搭背等亲密朋友做的事情，尽管是在开玩笑，但是互相的心理还没有熟悉到这个程度。出格的玩笑不但不能营造出轻松愉悦的交谈环境，还会令每一个人都陷入尴尬的境地。尤其是女性朋友，不要随便和陌生人开出格的玩笑。尽管你无意，可是对方会有心。

3. 趣言要无伤大雅，没有褒贬

很多人为了让陌生人迅速融入交谈圈子，而对新人进行调侃。但是，在调侃的时候要注意，言辞要无伤大雅，没有任何的褒贬。过度的褒则会让另外的人觉得你是在拍马屁，不利于交谈氛围的营造。贬就更不能用了，否则让大家觉得你在欺负新人，同时还会让在场的人对新人有想法和看法。所以，在说热场趣言的时候，一定要保证所说的话无伤大雅，没有任何的情感褒贬。很多女性说话不注意，结果给交谈带来了很大的麻烦。这一点一定要引起足够的重视。

笑话有"度"，过冷过热都不是幽默

在人际交往当中，适度地开个玩笑能让交谈的氛围更加轻松愉悦，增加彼此之间的情感。但是如果玩笑开得不够火候，或者是开过了火，你的玩笑就不是幽默，带给你的也不是轻松愉悦，而是尴尬和难堪。因此，开玩笑的时候一定要把持好这个"度"，玩笑过冷或过热都无益于构建和谐的人际关系。

有些女孩子往往觉得干巴巴的交谈非常枯燥无味，想要通过一些笑话来增进情感，可是又缺了火候，把本就是玩笑的话让对方当了真，结果被对方记在了心里。还有一些女孩子比较情绪化，高兴起来，嘴上没了把持，结果将玩笑开得过了头，得罪了同事和朋友，给生活和工作带来不必要的麻烦。

段小徽前几天刚刚配了一副眼镜，在工作间休息的时候，她兴高采烈地对同事们说："你们看，我戴眼镜好不好看啊？"

"好看，好看，真是太漂亮了。"大家随声附和着给予了赞许。

这时候，同事何晓倩说："说起戴眼镜，我倒想起了一个笑话，给大家讲一讲啊。"

同事们起哄叫道："讲啊，讲啊，快讲。"

何晓倩笑着说："有一个老小姐到鞋店去买皮鞋，她试穿了好多双，但是没有一双是合脚的，于是店内的老板便蹲下来给她量脚的尺寸。这位小姐是个近视眼，她看到老板光秃秃的脑袋，以为是自己的膝盖露出来了，便赶紧用裙子盖起来。这时候，只听到老板说：'怎么了，保险丝又断了？'那位小姐生气地骂道：'流氓，不要脸！'"

同事们一阵哄堂大笑，有几个女孩子笑得前仰后合，只有段小徽站在原地，脸色非常难看。何晓倩发现情势不对，急忙打住了笑，不好意思地望了一眼段小徽。这时候，另外几个女孩也发现了段小徽的变化。

公司的老大姐刘姐出来打圆场，说："小徽啊，她不是在说你，她是讲笑话呢！"

段小徽铁青着脸，没有说话，径自离开了。

何晓倩尴尬地说："刘姐，我……这……"

刘姐指责道："你啊，说话注意一些嘛。赶紧去给人家道个歉吧。"

谁知，从那以后段小徽再也没有戴过眼镜，而且再也没有和何晓倩说过一句话。

其中的原因不说，别人也能知道。何晓倩只不过一时想起了一个有关戴眼镜的笑话，并没有存心要攻击段小徽，但是对于段小徽来说，别人笑她是个近视眼还不重要，重要的是还影射她是个老小姐，让她受不了。

何晓倩事实上并没有想要攻击段小徽的意思，她只是一时兴起，想起了一个相关的笑话，就顺口说了出来，结果得罪了段小徽。很多时候，说者无心，听者有意，你无意间的一句话，可能让别人产生误会。尤其是女孩子比较敏感，很容易对号入座，继而误认为你是在攻击她，而记恨在心、耿耿于怀。所以，在开玩笑的时候，一定要把握住语言的火候，既不能太冷，也不能太热，这样才能让玩笑发挥它的效用。那么，女孩子在开玩笑的时候如何把握"度"呢？

1. 根据双方关系定夺"度"

究竟开怎样的玩笑才不冷也不热，这没有一个统一的标准，要根据双方的关系亲疏有所不同。对于关系密切的人，开玩笑的尺度可以大一些，可以涉及一些比较隐秘的事情，说话的时候也可以随意一些。对于关系一般的朋友或者是刚认识不久的人，开玩笑的时候，要把尺度放小一些，最好不要涉及对方的隐私，说话的时候也要严谨一些。玩笑开得尺度大了，会让对方受不了。对于女性朋友来说，一定要把彼此之间的关系定好位，开玩笑的时候有所拿捏。

2. 摸清楚对方的承受底线

有的人平日里不苟言笑，有的人则嘻嘻哈哈，没有拘束。因此，在和别人开玩笑的时候，要根据不同人的脾气个性，摸清楚对方心理的承受底线。对于一些不苟言笑的人，最好不要开尺度过于大的玩笑，更不能涉及一些隐私的问题，说不定对方对这些很在意，不允许别人拿来当笑料。如果贸然地开玩笑，则有可能惹怒对方。对于一些平日里嘻嘻哈哈的人，则可以把玩笑的“度”稍微放宽一些，但你也要清楚，不是什么问题都能开玩笑的。作为女性朋友，在开玩笑之前，一定要了解清楚对方心理的承受底线，不要因为盲目而跨进雷区。

3. 关系再好也要有所忌讳

任何人都有自己在乎的人或者是事，对于这些，是不允许别人开玩笑的。所以，即使是关系再好的朋友，在开玩笑的时候也要有所忌讳，对于别人避讳的话题和事情，千万不要随便开玩笑。不要以为关系好就可以无所顾忌，信口开河，即使是最好的朋友，一旦触犯了对方的雷区，随时都有翻脸的可能。对于女性朋友来说，尤其要注意这一点。

调侃他人，把握分寸更应景

朋友之间相互调侃能在一定程度上拉近彼此之间的情感。但是调侃别人也要把握分寸，更应该注意具体的场合。有些人觉得两人关系好，因而调侃起来无所顾忌，结果在开玩笑当中得罪了对方。更有人调侃别人不看场合，很多时候让对方下不了台，影响了彼此之间的情感。

女性朋友情感更加细腻，因此彼此的亲密程度更高，所以互相调侃的概率更大。在调侃别人的时候，要注意根据具体情况把握好分寸，千万不可没有了“度”，随意、任意地调侃。

晶佳和邵梅是无话不谈的好朋友，与别人不同的是，她们两个每次见面都要互相调侃一番，用嘻嘻哈哈的玩笑话代替对彼此的问候，传递友情。所以，两人关系非常好。

晶佳皮肤比较黑，成了邵梅调侃的口实；而邵梅比较矮，晶佳常常以此说笑。邵梅虽然个头有些矮，但却是个鬼精灵，相对于晶佳来说，她更加活泼一些。这年春节，两人分别两年后再次重逢，和以往一样，两个人又开始互相调侃。她们的谈话是在邵梅家里进行的。

邵梅笑着说：“哎呀，我的老黑妹，这两年又在哪里挖煤呢？怎么更黑了呢！”

晶佳接过话头回应道：“哪里是更黑了，明明是更健康。”

邵梅一瞪眼，做了个不屑一顾的表情：“瞧你这虚伪样，黑就黑呗，我又不嫌弃你，还说成健康，恶心人呢。”

晶佳笑嘻嘻地说：“你不嫌弃我没用，我男人不嫌弃我就行了。”

邵梅故作惊讶地问：“怎么个情况？没羞没臊的，以前是男朋友，现在是男人？难道……”

晶佳笑笑说：“别总是盯着我的黑鞋把子脸看啊，你貌似又浓缩了很多。”

邵梅回答说：“这些年都在深造，不浓缩都难啊。”

晶佳拍了拍邵梅的肩膀说：“浓缩要适可而止，再浓缩可就成微量元素了，以后我得摘下近视眼睛，戴上老花镜和你聊天了。”说完，坏笑起来。

邵梅笑了笑，不以为然地说：“那岂不更好了，我更加稀罕了。到时候你见我一面都要提前预约的。”说完，愉悦地笑了起来。

这时候，邵梅的妈妈走了过来，说：“这俩丫头，没个正经的。”

邵梅说：“哎呀，妈，你啥时候进来的，我们俩的谈话都被你听到了。”

晶佳也不好意思地说：“阿姨，早知道你在这里，刚才那些话我就不那么说了。我说邵梅矮的话，您老别往心里去。”

邵梅妈妈说：“我闺女都不生气，我生的哪门子气啊。我们家姑娘本来就个子矮。这都是我给遗传的啊。”

邵梅妈妈的这番话，让晶佳无地自容，本来是两个好朋友之间的互相调侃，说邵梅矮，无意间影射了她妈妈，想到这里，她不好意思地低下了头，邵梅也觉得非常尴尬。

邵梅妈妈没再说什么，悄悄离开了，留下邵梅和晶佳尴尬地你望望我、我望望你。

邵梅和晶佳关系非常好，她们在不断调侃对方的过程中，享受那份闺蜜才有的甜蜜情感，却无意间被长辈听到了，继而对号入座，心生不满。由此可见，好朋友之间在互相调侃对方的时候不但要注意调侃的尺度，还要分清楚调侃的场合，不要因为一时的疏忽而伤害到别人的情感。在说每一句话的时候都要考虑清楚，给自己嘴巴“把上脉”。那么，如何才能把握分寸呢？

1. 最好不要涉及家庭和曾经的伤痛

很多人都不喜欢在开玩笑和调侃的时候提及家人，尤其是在调侃的时候，没有人会允许别人对自己的家人说三道四，就算是最好的朋友和没有任何恶意的表达也不行。因此，女孩子在调侃的时候，一定要注意不要提及对方的家庭。对于对方曾经遭受的伤害和失败，更不应该在调侃的时候随便提起当做笑料，因为对方在这里有太多的情感纠结，你的调侃无疑是拿对方的情感在开玩笑，这对于任何人来说都是无法忍受的，更不用说是女性朋友了。

2. 在人多处不宜调侃隐私和缺点

没有人喜欢自己的隐私和缺点暴露在别人的面前。在陌生人或者是关系一般的人面前，开玩笑还是要有所顾忌和规避的。在调侃对方的时候，不要调侃别人的隐私和缺点，以免让对方很没面子，下不了台。这一点，女孩子更要注意，千万不要觉得关系熟就无所谓，否则调侃不但增进不了彼此之间的情感，还有可能翻脸。

3. 要根据具体的情况把持调侃的“度”

调侃的时候，要根据不同的情况把持好调侃的“度”。如果对方情绪不太好，调侃的时候尽量选择一些积极的话题；如果对方情绪高涨，则可以拿对方的缺点和不足来说道一番。好朋友也是要照顾对方的情绪的，不要觉得关系好到一定程度上，就可以信口开河，无所顾忌。

理解他人的幽默，智慧给予回应更合拍

生活中，我们常常听到有人在抱怨：某某没有一点幽默感。事实上不是某某没有幽默感，而是别人理解不了他的幽默，没有做出相应的回应，让他的幽默失去了作用。或者对方将玩笑话当真了。

有时候，幽默需要双方的默契配合才能带来快乐。如果你所说的幽默话没有任何人反应，那么你的幽默无疑是失败的幽默。因此，女性朋友要充分用好自己敏感的特点，感知别人的幽默，智慧地给予回应。

慧伦结婚了。这天傍晚，她的好朋友灵芝过来家里做客。一番寒暄之后，灵芝笑着说："慧伦，赶紧努力，生个小宝宝出来。"

慧伦笑呵呵地说："我是在努力啊，努力做妈妈呢。你呢，咋还没有动静啊？"

灵芝笑着说："我也在努力，应该很快的。"说着，灵芝站起身，在慧伦的肚子上轻轻地抹了抹。

慧伦一把拍开她的手，不好意思地说："哪能那么快啊，我才结婚不到三个月。"

灵芝坏笑着说："还说努力呢，我看你啊，一点也不努力。再多下点工夫，加把劲儿。"

慧伦瞪了一眼灵芝："这孩子咋没羞没臊的，满脑子的花花肠子。"尽管语气中略带抱怨，但是心里却是甜滋滋的。

过了一会儿，灵芝凑到慧伦身边说："想好了吗？是要儿子还是要女儿？"

慧伦说："你咋对我生孩子的事情这么关心呢？生儿子、生女儿不都一

样吗?”

灵芝一扭头,回答说:“跟我的关系大了去了。”

慧伦不解地问:“越说越离谱了,我生孩子跟你有什么关系啊?”

灵芝一本正经地说:“要是你生个儿子,那我将来就生个姑娘;要是你生了姑娘,到时候我就生个儿子。咱们定个娃娃亲,不就是现成的亲家么!”说完,咧着嘴笑了起来。

慧伦无奈地说:“合着你在预谋这事呢,想得够远的啊。”

灵芝走到慧伦的跟前,说:“现在生活成本多高啊,咱们这样做是给孩子们解决后顾之忧。”

慧伦接着说:“去,去,去,你少说那些歪理邪说了吧。到时候要看看你找的对象帅不帅。要是帅的话,还可以考虑;要是丑的话就免谈。”

灵芝不解地问:“这跟我找对象又有啥关系嘛?”

慧伦说:“你想啊,你找的对象要是个帅哥,那么你们的孩子有可能很漂亮,那么到时候就可以考虑;要是丑的话,我可不想让我的后代越来越丑。”

说完,两人哈哈大笑了起来。

慧伦在接收到灵芝的幽默之后,正确理解了她的幽默,进而给予了智慧的回应,让幽默发挥了娱乐的功效,给彼此带来了快乐。在听到别人的幽默言语时,正确理解并顺着对方的意思用玩笑回应玩笑,这样,幽默一气呵成,更合开玩笑的拍子,也更有幽默的效果。如果你不能理解,将对方的话当真,那么幽默也就变成了尴尬。如何才能理解他人的幽默,并给予智慧的回应呢?

1. 辨别清楚别人是否在开玩笑

很多时候,有些人开玩笑也是一本正经,这让你很难揣摩对方究竟是在开玩笑还是当真。如果是在开玩笑,当然得有点“娱乐精神”,大家哈哈一笑而过。但是如果对方是当真的,你却以开玩笑处之,势必让别人觉得你不够诚恳。因此,在与人交谈的时候,除了要听对方的话之外,还要多注意观察对方的神情、动作。如果是开玩笑,对方的表情会或多或少地显示出嘻笑的神色;如果是认真的,对方的眼睛会盯着你。除此之外,还要判断别人说的话与现实之间的差距，差距小的话很有可能是真话，差距大的话开玩笑的可能性更大。

2. 把对方的幽默情怀加以延续

开玩笑、说幽默话势必得有个主题，当你觉得对方是在开玩笑的时候，不妨在这个话题上把对方的幽默情怀延续。比如故事中的灵芝以慧伦的孩子性别为话题，说到了娃娃亲。很显然这是在开玩笑。慧伦接过孩子定娃娃亲的话题，谈及了影响后代子孙的因素，面对灵芝的幽默，同样给予了幽默的回复。两人心灵相通，一拍即合。因此，面对别人的幽默时，要顺着对方的幽默方向，将对方的幽默情怀延续下去，从而达到理解对方幽默，实现开怀一笑的初衷。

3. 同样用幽默来回绝对方隐含之意

有些人将自己的意愿暗含在幽默的话中说出来，如果你当真了，回绝了，对方则以“我在开玩笑”为自己开脱。如果你真当玩笑去想一想，又觉得怎么也不是那么回事。这时候，要学会把你的意愿也通过玩笑的方式讲出来。既然大家都在开玩笑，那么回绝了对方也不会觉得失面子，同样也保住了对方的面子。大家礼尚往来，也不会因此而得罪谁。但是，私底下却不能把对方说的话当玩笑。对于女性朋友来说，要学会洞察人性，用幽默话来和别人周旋。

可以幽默，不可跨进“雷区”

大家闲来无事，说些幽默话来逗乐，也是人之常情，否则生活也太过乏味。但是在说幽默话的时候，很多人触犯了别人的“雷区”，给自己的人际关系带来了障碍。这是在说话之前未曾始料的，事实上也得不偿失。

说者无意，听者有心。尤其是一些比较敏感的女孩子，对自己的“雷区”相当在意。只要听到别人谈及，不管与自己有没有关系，都觉得是在说自己。因此，对于女性朋友来说，说幽默话逗乐的时候，一定要注意别人的忌讳。否则彼此之间得不到快乐，只能增加痛苦。

杨丽丽非常喜欢跟同事开玩笑，所以，不管是上级领导还是同事们，她都能打成一片，把人际关系处理得非常好。

在公司里，杨丽丽有个非常好的朋友，叫刘颖。刘颖前几年出过车祸，腿有些毛病，据说左腿比右腿要细一些，平日里走慢一些看不出来，要是走快了就非常明显。为此她常常烦恼，总是担心别人笑话她是残疾人。所以，和别人的交往当中，只要提及走路的话题，她都多多少少有些不高兴。因此，和她相处的时候，同事们个个都小心翼翼，避免触犯“雷区”。

前些日子，刘颖生病了，请了一个星期的假，这天早晨刚上班，就碰到了杨丽丽。由于好几天没有见到刘颖了，杨丽丽显得格外高兴，一时间忘了刘颖的忌讳，迎上去高兴地拉着刘颖的手说：“你怎么才来啊，想死我了。”

刘颖笑着说：“我也很想你啊。”

杨丽丽上下打量了一下刘颖说：“病完全好了吧！来随着我走两步，检查检查好利索了没有。”说着学着小品中赵本山的模样煞有介事地走了起来，一边学，一边笑。她觉得以这种方式应该能把刘颖逗乐。

但是，刘颖并没有笑，反而脸色变得非常难看。碍于和杨丽丽非常要好的朋友关系，她没有说什么。

杨丽丽见刘颖站着没动，走过来拉着刘颖的手说：“来啊，走两步啊！”

刘颖甩开杨丽丽的手，气急败坏地骂道：“走两步就走两步，不就我腿不好吗，碍你什么事了？用得着这样嘲笑和讽刺我吗？有你这样的朋友吗？还说想我呢，狗屁！”说完头也不回地走了。

杨丽丽站在原地，满脸通红，无地自容。

杨丽丽学着经典小品里的段子来逗刘颖，可是恰恰触犯了刘颖的“雷区”，最终换来了刘颖愤怒离去的身影。在说幽默话营造轻松的氛围、创造快乐的时候，一定要注意提防别人的“雷区”，在说话之前，要搞清楚对方讨厌什么、忌讳什么。盲目开玩笑，很容易“中招”。那么，在说幽默话的时候，如何避开“雷区”呢？

1. 避开别人的生理缺陷

“矮子面前莫说‘短’话”，对于一些有生理缺陷的人来说，是最忌讳别人提及自己的缺陷，更何况是说幽默话来调侃。只要你一提及，不管是不是在说他，他都会特别生气。鲁迅笔下的阿Q就是很好的典型。因为头上生有“癞”，所以只要听到癞，体弱的就打，打不过的就骂。同样，生活中的人也跟阿Q一样，对于自己的缺陷非常忌讳。在说幽默话的时候，一定要避开对方的忌讳，否则你就触犯了“雷区”。即使是关系非同寻常的好朋友，也有跟你翻脸的可能。作为女性，更要对朋友和身边人的忌讳有所留意，尤其留意身边女性朋友的忌讳，她们更加敏感，要是触犯了她们的“雷区”，她们可能会恨你一辈子。

2. 避开别人的隐私

没有人喜欢别人拿他的隐私来说事，更不允许拿来当做笑料，即使是关系要好的朋友也不行。事实上，了解对方隐私的大多数是朋友。既然是朋友，就要顾虑别人的情感。换位思考，你也不希望自己的隐私被别人来当做笑料。因此，在说幽默话逗笑取乐的时候，千万不要拿朋友的隐私来娱乐，否则就会触犯对方的“雷区”，给朋友之间的关系蒙上阴影。

3. 避开别人的缺点和失败

对于自身的缺点和失败，一般人都极力掩饰，避而不谈。很多人觉得，既然是好朋友，彼此知根知底，说说也无妨。但是你要清楚，对方是你的好朋友不假，但是对方也是一个正常的人。除非他心胸足够豁达，或者是两人的关系到了非同寻常的地步，一般情况下，最好别拿对方的缺点和曾经的失败来开玩笑。女性朋友更要忌讳这一点。

第六章
赞美如兰，开口即是沁人心脾的芬芳

在所有的语言当中，赞美之辞通常被称作“语言的钻石”。赞美的语言又如同美妙的音乐，会永远在他人的记忆深处歌唱。作为女人，在每天的生活中，别忘了为别人留下一点赞美的温馨，因为这一点温馨可以燃起友谊的火炬。虽然赞美在人际交往中发挥着润滑剂的作用，但也不是所有的赞美都能取悦人心，有时你的赞美可能会被怀疑为是另有所图。那么，怎样的赞美才会令人心愉悦、给人沁人心脾的芬芳呢？赞美别人需要哪些特殊的技巧呢？

先去了解，再去赞美

很多人在恭维别人、夸赞别人的时候，胡乱吹捧，结果说了对方半天的好，却不知道别人究竟好在哪里，要是有人稍问一问，便露馅了。这样的人，求人办事也罢，结交朋友也罢，终究不能随缘，因为，不了解别人就胡捧乱吹，就是对他人的不尊重。

女性朋友做事细心一些。在恭维别人的时候，要先对别人详细了解一番，弄明白对方什么地方值得你恭维，什么地方得到了恭维对方才会开心、才会愉悦，什么方面是万万碰不得的禁区。只有弄明白这些，你才能在合适的时候说出恰如其分的恭维，取悦人心。否则，“拍马拍到蹄子上去”是件很难堪的事。

对于柳芬来说，能遇到自己喜欢的男人，实在是太不容易了。自从上次和男朋友分手之后，她已经整整三年没有再谈过恋爱了。但是见了峰之后，她有了一种想要和这个男人谈一场恋爱的感觉。

她和峰只是业务往来的关系。事实上，她对他并没有太多的了解。除了工作上的接触外，她并没有过多地接触峰，用柳芬自己的话来说，她并不想火急火燎地告诉峰她喜欢他。如果真的那样做了，他们之间是没有任何结果的。

私下里，柳芬通过努力了解到，峰很有思想，非常喜欢写作，曾经在《十月》上发表过长篇小说。于是她找来了峰发表的那篇作品，仔仔细细地阅读了一遍，体会了峰对生活、对爱情以及对命运的思考。犀利的文笔和饱含深情的文字钻入了她的灵魂深处，她承认自己被深深地吸引了。当然，其中不掺杂她对峰的喜欢和好感。

这天，工作上的事完成之后，利用闲暇的几分钟，柳芬和峰聊了点题外话，话题自然是峰曾经发表的那篇文章。谈及此事，峰的话显得特别多。对于峰来说，很少有业务上的合作伙伴对他曾经的作品感兴趣，他觉得柳芬可以算作一个懂他的知己。

当然，柳芬更多的表达的是对峰的欣赏和钦佩，她赞扬峰的成熟，赞扬峰犀利的文笔和睿智的思想。语言平淡，但是情感却是由心而发，显得那么真实。这种钦佩和欣赏的情感之中究竟有没有那种女人对男人的爱和喜欢，就不得而知了。

由此，柳芬渐渐地融入了峰的生活，她不但了解了他的文学情怀，也了解了他内心深处的念想以及他那个未曾实现的小愿望。这个男人给她的那种淡然和真实正是她内心深处需要的那份情怀。她觉得她找到了自己的真命天子，并且无法抑制内心深处想要和他生儿育女、并且终老一生的强烈愿望。

柳芬为了达到成功接触峰的目的，对他进行了详细的了解，在峰值得炫耀和恭维的地方下足了工夫，从而在和峰聊天的时候，巧妙地将自己的恭维和赞美之情送了出去。由此可见，在恭维别人的时候要先去了解，找到对方值得大力恭维的点，然后再选择合适的机会巧妙地施以赞美和恭维，表现得自然淳朴，一气呵成，没有任何刻意的成分，这样，才能在不知不觉中，取悦了人心。那么，作为女性，在赞美别人之前，要做哪些方面的了解工作呢？

1. 了解对方的成就

在赞美别人之前，要弄明白赞美对方的“什么”。不知道究竟要赞美什么而胡吹乱捧，不但起不到恭维的效果，还可能会触犯“雷区”，惹怒别人。当然，光明白赞美对方的点还是不够的，还要了解原因。比如故事中的柳芬了解峰曾经发表了文章，不但了解了文章的意思，还了解到了文章能发表的原因，例如犀利的文字、深邃的思想。女性朋友只有将别人值得赞美的东西了解清楚了，才能在赞美的时候有话可说，而且说得准确，让别人感觉到你的赞美之词发自肺腑。

2. 了解对方的性格

人与人的性格不一样，在接受别人赞美时的反应也不一样。有的人比较虚荣一些，喜欢听别人的赞美，有的人相对来说实在一些，不喜欢听赞美；有的人性格直一些，喜欢直接一些的赞美，有些人比较含蓄，则喜欢听委婉一些的肯定。对于不同性格的人，在表达赞美的时候要采取不同的说话方式，这样，对方受了恭维后才会内心愉悦。如果之前不去了解，恭维的方式不适合对方的性格，别人受了恭维会觉得很不舒服。人为因素太明显的恭维，也很难达到恭维的效果。作为女性，一定要心细一些，赞美之前先摸清楚他人的脾气个性。

3. 了解对方的忌讳

在赞美别人之前，要花点时间去了解对方的忌讳，避免赞美不当而触犯雷区、惹怒别人。比如对方和父母的关系不好，那么在恭维的时候千万别说他是大孝子，否则这样的恭维就变成了讽刺。这些忌讳，在赞美别人之前，一定要了解清楚，千万不要想当然。在这方面，女性朋友有优势，要多花点心思，多下点工夫。

给对方的赞美要“正中下怀”

很多人在恭维别人的时候，把握不住对方的心理诉求，结果“拍马屁拍到马蹄子上”。试想，你所说的并不是对方想要听的，对方内心深处会高兴吗？对别人的赞美要“正中下怀”，这样的恭维才能达到取悦人心的效果。

在恭维别人之前，要善于察言观色，揣摩对方的心思。只有了解了对方心里在想什么，在说赞美话的时候，才能把话说到点子上去。女性朋友心思更加细腻一些，情感更加丰富一些，察言观色、揣摩别人的心思也更加准确一些。在赞美别人之前要做足了这些工夫，才能确保让你的恭维正中别人的下怀。

在最近参加的模特大赛中，贾静一举夺得了桂冠。事实上，她并不是最漂亮的那个，也不是气质最好的那个。她夺得了冠军，没有暗箱操作，也没有进行过任何违规的事项，关键就在于她善于锁定关键人物，并且随其心愿地进行恭维和赞美。

这天，比赛马上就要开始了，别的人在积极准备，贾静却偷偷溜出了换衣间，通过各方打听，得知了比赛的主评委是国内非常有名的模特培训教师刘佳。于是在这短短的十几分钟的时间里，她在刘佳经常出现的地方，创造了一次奇特的“邂逅”。她的热情和微笑给刘老师留下了深刻的印象，最关键的是在最后告别的时候，她恰如其分地恭维了刘佳。

早在她开始注意刘佳的时候，她就看出来刘老师今天穿的衣服非常特别，而其化的妆也很棒。贾静明白，刘佳是特意为今天的比赛准备的。同样是女人，她知道刘佳内心深处需要什么，于是她“号”准了刘佳的“脉”。

她说：“刘老师，你今天看起来真美，尤其是这套衣服，实在是太漂亮了，再加上你化的淡妆，一气呵成，宛如出水芙蓉。”听到被参赛选手赞美，刘佳多少有些意外，她只是微微一笑，点了点头。但是贾静从她的微笑中看到了她内心爆发的那种喜悦和兴奋。

最终，她摘得桂冠。

故事中的贾静在赞美刘佳之前，通过观察，掌握了对方的虚荣心理，从而在适当的时候把自己的赞美送了出去，她的赞美正中了别人的下怀，俘获了对方的心。在恭维别人之前，要准确无误地知道对方内心深处缺什么，对方最渴望什么。当了解明白了之后，对症下药，才能“正中下怀”。那么，作为女性，如何才能揣摩别人的心思，让赞美达到正中下怀的效果呢？

1. 从言谈举止中洞察对方的心思

一个人的心里想什么，是完全可以从他的言谈举止中表现出来的。比如对某一个话题感兴趣，他的神情会兴奋，想要说的话也比较多。相反，对于不感兴趣的人或者事，神色比较黯然，说话的口气比较低。只要你细心一些，完全可以从别人的言谈举止中洞察他人内心的所想所愿。因此，女孩子要发挥自身的优势，从他人身上准确无误地找到你想要的答案。顺着别人的心思施以恭维，达到“正中下怀”的效果。

2. 从穿着打扮上揣摩别人的心理

穿着打扮往往能将人的心思透露出去。比如故事中的评委刘佳，为这次模特大赛特意穿了一套漂亮的衣服，化了匹配的妆。试想在佳丽斗艳的模特大赛上，她这么做有什么样的心理诉求呢？事实上，这时候，她更渴望得到别人的赞美，得到别人的恭维。这时候，赞美她衣服漂亮，正中了她的下怀。作为女孩子，要像刘佳那样，善于从别人的穿着打扮上揣摩对方的心思，加以赞美。

3. 从周围人的嘴里得到对方意愿

除了对他人的观察之外，最简单的方式就是从对方身边的人嘴里得知他的意愿。他们经常在一起相处，相互的了解比你要多得多。向他们打听，一样能得到比较准确的信息。当然，方法上最好是委婉一些，否则，平白地对一个人表现出极大的兴趣，会引起别人的怀疑和提防。根据周围人提供的信息，说一些符合对方心思的赞美之语，让你的赞美和恭维达到正中对方下怀的效果。

换句“美言”表达更合心

很多时候，一些常用的“美言”被人说得过于频繁，再说出来就起不到恭维的效果。因为对方听得太多了，内心深处已经麻木了。这时候就要学会换种表达方式，引起对方的心理冲击，让他因为你说的话而内心愉悦。

表达恭维也要有创新，同一个意思换个不同的表达方式说出来，才能把你的赞美之意传递到对方的内心。对于比较感性一些的女性来说，更要学会把常用的一些“美言”换个表达抒发出来，才能既传达你的赞美之意，又能合对方的心。如果你说的时候都没有感觉，对方听了同样不会有任何触动。

对于如何赢得客户的喜欢，王丹有自己的一套办法，那就是适当、及时地给予客户赏识。所以，她的客户基本上也是朋友。正是靠这些客户的拥护和支持，王丹在销售部门才能鹤立鸡群、独占鳌头。

这天，她去拜访一家著名食品企业的总经理，想要说服总经理使用他们公司的塑料包装袋。她敲开了总经理办公室的门。对于这个不速之客，总经理先是一脸的茫然，等明白了王丹的身份之后，总经理露出了非常厌恶的表情。

王丹并没有立即退出来。她迅速做了一个自我介绍之后，就开始不断地恭维总经理。她说："总经理，你和我大学的老师真是太像了，刚才看见您，我以为是我大学的老师呢。"

总经理冷冷地说："是吗？"

王丹接着说："是的，我们大学的那个老师对我们可好了，经常邀请我们到他家去吃饭。他非常和蔼，和我们学生是非常好的朋友。"

总经理的态度明显好多了，笑呵呵地说："是吗，我哪里敢跟你们的老师比啊。"

王丹接着说："总经理的谈吐、修养和我们的导师相比，有过之而无不及啊，是我们晚辈学习的楷模。"

总经理谦虚地笑着说："哪里哪里，你过奖了。"

这时候，王丹峰回路转，迎合着说："我们的导师经常特别照顾我们，我想总经理也不会弃我于不顾吧。"

总经理笑着说："怎么会呢？"

王丹说着把事先预备好的产品样本递了过去。

故事中的王丹在恭维总经理的时候，没有直接赞美他，而是通过将他和自己的老师相比，以老师的修养给他定了个模式，从而在赞美老师的同时，将他恭维了，这远比直接恭维总经理要有效果得多。常用的"美言"让别人听了乏味，也就失去了恭维别人的作用，因此，要及时地换种表达方式，让你的恭维更加合对方的心意。那么，如何给常用的"美言"换种表达方式呢？

1. 用类比的方式恭维

当你想要表达对别人的赞美之情的时候，为了避免说泛滥成灾的常用"美言"，你不妨假设去赞美另外一个受人尊敬的人，再告诉对方，另外一个人和他很相像。这样，听起来你在赞美另外的人，实质上是在赞美对方。这样，你的赞美之词顺利地传达到了对方的心里，从而引起心理感触，无形之中，对方也会将自己和你假设的第三者进行比较。这样一来，避免了公文式的赞美，也表达了你对对方的恭维之意。这样恭维别人的方式比较含蓄，更加适合女性朋友来应用，同时也避免了女性在赞美别人之余带来的不必要麻烦。

2. 给对方安个身份

当你给对方安一个身份的时候，对方会因为你给安的这个身份而内心愉悦。这时候你大可不用再说那些被使用泛滥的赞语，就可达到恭维对方的目的。当然，给对方的身份既要符合对方的实际情况，又要有模范和典范的作用，你的恭维之情会在对方把自己向这个身份靠拢的过程中得到传达。当他感受到这个假设的身份所带来的内心愉悦的时候，事实上，也是你的赞美之意表达得当的时候。

3. 把赞美转换成钦佩

有时候，当你在赞美对方能力强或者是懂得照顾下属的时候，倘若直接这么说，可能不会引起对方的感触。但是，如果你把对对方的赞美说成是你的钦佩，效果将会大大不一样。很多时候，人都觉得恭维一个人有拍马屁的嫌疑，但是抒发自己的真实情感却没有任何"污点"。事实上，抒发你的情感更能让别人愉悦，因为你之所以有这样的感触，是因为对方。作为女性朋友，要学会把常说的美言换种形式表达出来，要学会转移情感，将赞美说成钦佩，那样更能让别人愉悦。

不轻易赞美，让你的美言珍贵且有力

有的人非常喜欢赞美别人，不管对方是否真的很优秀，他都会给予一番"发自肺腑"的赞美之情。时间久了，大家都知道了他的这个毛病，那么他再赞美别人的时候，别人就会觉得他在打哈哈，这样一来，赞美也就失去了取悦人心的作用。

因此，在赞美别人时，一定要注意，杜绝让自己的赞美之词泛滥成灾。但这不是说不让你去赞美别人，而是提醒你要有区别地去赞美。如果对方真的很优秀，不妨抒发一下感情。如果没有，最好还是抑制住你泛滥的赞美。

茱萸是个不轻易表达情感的女孩子，即使自己心里非常喜欢，也从来不说。看到非常美或者欣赏的东西，她也很少去赞美和抒发情绪。她不是不会表达，而是不想表达。应该说，这样的女孩比较独立和自信。

这天，茱萸和好朋友华欢一起去看学校组织的漫画展。她喜欢漫画，甚至到了痴迷的地步，所以这样的展出对她来说是绝对不容错过的。可是，她们整整欣赏了一个下午，都没有发现一幅精彩的作品，茱萸觉得那些展出的漫画实在是太没有特色了，千篇一律，只是漫画，而不是她心目中的艺术作品，甚至扯不上"艺术"二字。

就在她准备离去的时候，不经意间，在一个非常偏僻的位置，看到了一幅装裱简单的漫画。作品画的是一个身怀绝技的男孩，怀抱着一把降龙剑，眼神是那么平静和坚定，仿佛跃然纸上。茱萸禁不住叫了起来："真是太棒了！这才是真正的艺术作品。"

华欢惊讶地望着茱萸。华欢说："看来这幅作品真的很优秀，能让茱萸开口赞美的，那一定是传世之宝。"茱萸不好意思地笑了起来。

事实上，那幅作品正是华欢的处女作。华欢从小喜欢漫画，可是从来没有发表过，就连茱萸也不知道。很显然，能得到从不轻易赞美别人的茱萸的赞美，可想而知是一件多么荣幸的事情。

事实上，也正是因为茱萸的一个赞美，让华欢振作了对漫画的信心。她觉得她是有这个天赋的，也相信自己能够取得一定的成绩。经过不懈努力，她最终取得了漫画比赛的一等奖。

茱萸从不轻易赞美别人，那是因为还没有出现过值得她去赞美的东西。当她情不自禁地表达了自己的赞美之情时，那一定是在她心里觉得那是值得赞美的。也正是因为如此，她的赞美才显得那么厚重，足以让华欢燃起对漫画的激情。不随便表达你的赞美之情，你的美言才会更加珍贵而有力，才会更被别人重视。那么，女孩子究竟如何把握好抒发赞美之情的度呢？

1. 要赞美优秀

如果对方确实表现得非常优秀，鹤立鸡群，那么，这时候是可以表达你的赞美之情的。如果对方能力平平，那么大可不必为此而浪费情感，让你的赞美贬值。如果被你赞美的人确实有独到之处，一样也会征服其他人的心。时间久了，别人自然会明白你的赞美之情是发自肺腑的，你的美言也会增加价值，说出来也会有分量。作为女孩子，要惜言如金，不要随便去赞美别人，尤其是当对方并没有优秀到值得你去赞美的时候。

2. 要表达钦佩

如果你真的打心眼里欣赏某个人、某件事，那么不妨将你的赞美之意表达出来。对方既然有让你钦佩的地方，那么必然有别人所不能的突出之处，至少对于你来说是这样的。对于那些没有任何感觉的事情，最好不要违心地去表达赞美。不可能每个人、每件事都让你钦佩，违心的赞美会大大降低你美言的力度。你表达赞美之情的频率减低了，你的美言的价值就会提高，你所说出的话才能有力量。

3. 要在关键时刻赞美

在抒发赞美之情的时候，一定要用在精彩之处或者在关键时候，这样就不会在平庸之处浪费你的情感。作为女性，要珍惜自己的"美言"，让别人觉得被你赞美是一种荣耀，而不是像喝白开水一样淡而无味，甚至是乏味厌恶。这样，你的赞美之言说出来才能引起别人的重视。

真诚表情配合恳切的表达更易得人心

大多数情况下，当我们真诚地表达赞美的时候，言辞会很诚恳，表情真诚，不时流露出羡慕和钦佩。事实上，当别人在听到你的赞美的时候，也会从你的口气和表情中判断你说的是否是肺腑之言。

所以，在赞美别人的时候，不但要把赞语说得一气呵成，还要在说话的口气上尽量坦诚，在表情动作上也要表现出诚恳来。这样，别人才会接受你的赞美，你恭维的话才能说到对方的心坎上去。作为女孩子，说话时更要用表情和口气来赢得对方的信任。

慧雨是个很有想法的年轻人。高中毕业之后，她没有像其他的同学一样去考大学，而是选择了外出打工。她有自己的想法，认为打几年工可以找到自己事业发展的方向，而上几年学，不但花大笔的钱，而且很盲目。

于是她来到了省城，在一家超市内找了一份服务员的工作。很多人觉得这样的工作很没有前途，但是她从来没有觉得。她一干就是三年。当别的同学大学毕业的时候，她已经开了自己的一家超市。

但是她却不擅长弄账目，这一下可愁坏了慧雨。她明白，抓账目是做生意的关键所在。但是一时之间又找不到合适的人选。招聘一个总觉得不保险。这时候她想起了自己的好朋友小双。小双在大学里学的就是财会管理。

于是她拨通了小双的电话。此时的小双也正好在四处找工作。但是当小双听说是给超市当会计，多少有点不愿意。

慧雨说："我的超市是没有大企业的规模，但是也在正常运营，而且这个账目关系着整个超市的命脉，别人我信不过，我只相信你。你在我这里不是给我打工，而是我的同学和朋友，不但薪水比你在大企业高，而且还有年底分红。"

听慧雨这么一说，小双似乎有点动心了，但是她并没有立即答应慧雨。

过了两天，一直没有小双的消息，慧雨又拨通了她的电话，小双还在犹豫之中。这时候，慧雨说："这样吧，咱们今晚见个面吧。等见面了再谈。"

晚上，慧雨在酒店专门款待小双。席间，慧雨说："你有什么要求，都可以提出来，咱们可以再商量。"

小双犹豫了几分钟，说："在你这里做，什么保险都没有……"

慧雨笑着说："这倒是事实，不过现在的私企很少有给员工买保险的，基本上都是以奖金的方式发放了。我这里是真的需要你。事实上，我也可以随便招一个，但招聘来的外人我真的不放心，因为账目关系着整个超市的正常运营呢。"

小双想了想，说："那行吧，我去帮你。"

慧雨在恭维和赞美小双的时候，言辞诚恳，表情和口气显得非常坦诚，最终让小双打破了思维限制，进而选择帮助她。言辞诚恳一些，表情和口气坦诚一些，你的赞美和恭维才能收到应有的效果。那么，作为女孩子，如何才能让言辞诚恳，表情和语气坦诚一些呢？

1. 说话的时候多加几个“真的”

我们发现，很多人为了强调自己说话的诚恳，往往在话语当中时不时地出现“真的”这样的字眼，以此来暗示别人自己所说的是真实的。事实证明，这些强调能在一定程度上让别人更加相信你。因此，在赞美别人的时候，为了表达你的诚恳，不妨也多说几个“真的”，暗示对方，他确实有值得你赞美的地方，你没有说谎。作为女性来说，性格更加柔和，说话的时候加几个“真的”更能起到表达诚恳的意愿，也更能让别人相信你说的是真的。

2. 说话的时候用眼睛看着对方

人的嘴巴会骗人，但是眼睛是骗不了人的。所以，为了表达你的真诚，在表达赞美之情的时候，要用眼睛看着对方，让别人在你的眼神中看到你的真诚。当然，不能直直地盯着别人的眼睛长时间地看，尤其是异性之间，更不宜如此。作为女性，在说赞美的话时，眼神中要包含对对方的赞赏。人的眼睛会说话，尤其是女性的眼睛，更能将一颗真诚的心一览无余地展示在别人的面前。

3. 口气中带着你的羡慕和钦佩

说话不仅是用嘴把语言表达出来，要想让别人觉得你是真诚的，还要在说话的口气中带着羡慕和钦佩的情感。除了在对方值得你佩服的点上加重语音和语气，拉长音调，还要用一些适当的语气词，比如“啊”、“呀”这样的表达，来抒发你的情感。这样能在一定程度上让别人感觉到你的羡慕和钦佩的情感，从而放心地接受你的赞美和恭维。

过度的溢美之词令人鄙视

赞美别人表达的是你的钦佩和欣赏的情感。但是，如果赞美的话说得过了头，就变成了对别人的讽刺，因为别人没有那么优秀，你说得太过完美，则正好在对比中显示出别人的不足。

很多人为了取悦对方，只顾着把恭维和赞美的话一个劲地往别人身上堆，他们以为别人一定会非常高兴。殊不知表达过了火，让赞美变成了讽刺，不但不能让对方心情愉悦，还会因此而得罪别人。尤其是一些女性朋友，在情感的表达上把握不住火候，结果引火烧身。

这天是黄裕的好朋友丁优结婚的大好日子，新娘子装扮得光彩照人。一大早，黄裕就陪着丁优去做头发、穿婚纱，整整忙了一个早上。等丁优装扮完毕之后，黄裕笑嘻嘻地说："宝贝，你真是太漂亮了，连我这个女人见了都动心了，可要把新郎迷死了。"

这时候，别的几个好朋友也纷纷夸赞丁优。黄裕压抑不住内心的喜悦，继而不甘示弱地说："咱们家优优说是倾国倾城，一点也不为过，就算是貂蝉、西施、杨玉环见了都会逊色三分。"

此语一出，在场的朋友们立刻哄堂大笑，这笑声中有几分对黄裕话说的不合适的嘲笑，也有几分对丁优并非美丽的无可挑剔的质疑。不单是朋友们的表现让丁优心里感到难过，更主要的是黄裕的这句赞美的话，听上去更像是在讽刺她，在笑话她长得丑。

丁优感到非常尴尬，在场的朋友们也觉得有些不好意思。丁优狠狠地瞪了黄裕一眼，愤愤地离开了。直到此时，黄裕依旧没有明白自己在赞美丁优，她为什么会生那么大的气。

在整个婚礼中，丁优再也没有跟黄裕说过一句话，甚至连看她都没有看一眼。受了委屈的黄裕闷闷不乐。此后，丁优再也没有和黄裕来往过。在和另外一个朋友说到此事时，对方才一语道破了天机，她说："你怎么能拿她跟四大美女比呢？那是美女的楷模，没有人比得过她们，和她们放到一起，只能显示出别人的不美来。"

黄裕彻底明白了自己犯了多么大的忌讳。但是她和丁优的关系已经永远不可能修复了。

黄裕想要赞美好朋友丁优漂亮，可是赞美的话说过了头，让丁优下不了台。话说过头了就会变味，尤其是赞美和恭维别人的话，你善意的欣赏和赞美就会变成恶意的嘲笑和讽刺。那么，作为女性朋友，在赞美别人的时候，如何把握和掌控好这个度呢？

1. 赞美之词要符合事实

在准备赞美别人之前，要确保你所说的话基本跟对方的事实是相符合的，这样的赞美听起来才会更加真实。在说话之前，要多掂量一下，对方没有的事不能强加，别人的缺点和不足更不能说成是优点。要确保你所赞美的是一个真实的人。如果你的赞美不真实，那么无疑是对他的嘲笑，别人鄙视你也在情理当中了。对于女人来说，一定要把持好自己的嘴。千万不要为了虚荣，不要为了赞美而把话说得不切实际。

2. 不要飙升到最高标准

很多情况下，人的内心深处都有一个最高的标准。既然是最高标准，那么肯定没有人能够逾越。如果说话没了谱，飙升到最高标准，无疑是自取其辱。故事中的黄裕正是犯了这个忌讳，把好朋友说得比四大美女还要美，很显然这是不可能的事情。和最高标准相比，优势也会变成劣势，你的赞美就会变了意思，成了讽刺。作为女人，不要傻乎乎地以为给予别人最高的标准就是最大的欣赏，相反，那是最大的讽刺。

3. 不要用过于夸大的词

在赞美别人的时候，如果用词过于夸大，无意之中是在告诉别人你说的是假的，对方听着就会很别扭，因为他没有那么优秀。在和你所赞美的优秀相比，对方就会显得很渺小、很差劲，你的赞美也就变成了嘲讽。所以，适当的高调赞美能够取悦人心，但是如果过于夸大，就会变了味道。女人在赞美别人的时候，要拿捏好这个度，千万别用过于夸大的词。

对待不同男人的“恭维”技巧

不要觉得只有女人喜欢被人捧着、被人赞美。事实上，男人内心深处也期望被人肯定和认可。得到女人的欣赏,对于男人来说是莫大的荣耀。作为女人,要学会根据不同的男人采用不同的恭维技巧,以便于更容易地征服男人。

有的男人性格强势,总是喜欢被别人围着、被别人恭维着。要是没有别人的赞美和恭维,就会显得很落寞。而有的男人则喜欢和别人打成一片,你越恭维他们,他们会越觉得浑身不自在。对不同性格的男人,恭维他们的时候要用不同的技巧,才能对症下药,取得好的效果。

黄馨是一家服装公司的经理。这天一早,她前去拜访一家电子厂的总经理。由于对方的订单大,而且是公司的 VIP 客户,所以她亲自出马。到了电子厂之后,黄馨被带到对方的会议室。不一会儿,总经理走了进来。

双方一阵寒暄之后,总经理开门见山地说:"黄经理,你们之前做的服装不但面料不好,而且价格偏贵,你看这次一定要给我们优惠,否则我们就去找别的公司合作了。"

黄馨一听,就知道总经理在找借口,以不合作来威胁她,想要省钱。于是她笑着说:"那是自然。像总经理这样气度不凡的领导者真是罕见,短短的几年时间,就能让一家电子企业初具规模,实在是了不起啊。"

总经理笑呵呵地说:"那是,想当初我创办企业的时候,可以说是两手空空,靠的就是我的艰苦努力。那时候,只有三五个人,一两台机器,我们在这个瞬息变化的大市场中找到了自己发展的一条路。"

黄馨有同感地说:"是啊,是啊,实在是太不容易了。那总经理一定吃了不少苦吧?"

总经理点了点头说:"那是肯定的,当时为了省钱,一顿饭连 5 块钱的面都吃不起,为了联系客户,连出租车都舍不得打。现如今,企业能有这样的成就,我也算没有白辛苦。"

黄馨接着说:"在总经理的带领下,企业一定会迅速成长。"

总经理笑呵呵地说:"那是,我要让我的企业在两年之内业绩翻两番。"

黄馨一转话题说:"企业要发展,可不能亏待了员工,尤其是员工的服装,直接体现着企业的形象。像总经理现在有这么大的成就,野心勃勃,想必不会在服装这么小的问题上节约成本吧！”

总经理点着头，笑着说：“没问题，就按你说的那样办。”

总经理在黄馨的恭维下，一步步地顺着黄馨设置的路线，慢慢地走到了合作的道路上。由此可见，男人更渴望得到女人的欣赏和赞美，只要你欣赏他，你就能慢慢地俘获他的心，进而进一步驾驭他。那么，作为女人，要掌握哪些恭维男人的技巧呢？

1. 对不同的人选择不同的方法

有的人性格直，比较强势，说话不喜欢拐弯抹角。他们自己这样说话，也喜欢这样说话的人。对于这种人，恭维的时候不妨直接一些，把话说得直白一些，让对方听着舒服。对于那些性格平和温顺的男人，他们更喜欢含蓄一些、委婉一些，恭维他们的时候可以暗示，也可以点到为止，心照不宣。这样说话，他们听着舒服，也乐于接受。如果说得过于直白，反而让他们感觉到不好意思。女人在恭维男人的时候，一定要根据他们不同的性格特点，来选择不同的方法，这样才能达到更好的效果。

2. 选择不同的“恭维点”

有的男人总是爱回忆往事，那些曾经的辉煌对于他们来说是精神支柱。对于这样的男人，赞美恭维的时候，“恭维点”应该选择在他们曾经取得的辉煌上。这样的男人大多以长辈为主。有的男人喜欢瞻望未来，对自己的前途充满信心，对于这样的男人，恭维和赞美他们的时候更多用祝愿的方式。除此之外，对于一些爱家的男人，恭维和赞美的时候，多讲他们的孩子和妻子。对于投身于事业的男人，恭维他们时“恭维点”要落在事业上。总之，不管哪种男人，要弄明白他的注意力在哪里，然后施以恭维。女人不妨多留点心，把男人的“脉”号准了，让恭维起到更大的效用。

3. 程度要把握好

有的男人喜欢听恭维的话，他们觉得这是对他们的肯定，是他们的荣耀；而有的男人则很不习惯让别人恭维，他们常常将赞美和恭维视为溜须拍马、阿谀奉承，认为这是不道德的。因此，在恭维他们的时候，也要有所把握，对于喜欢听恭维话的人，不但要多说，而且要说得直接，让越多的人听到越好。对于不喜欢听你恭维话的人，女人也要去恭维，但是恭维他们的时候要尽量说得含蓄一些，说得委婉一些，尤其是不要露出刻意的痕迹。这样，他们既接受了别人的恭维，又不至于背负道德压力。

把赞美的话说得特别一点

同样一句话，如果说得特别一些，势必会引起别人更大的兴趣。同样，赞美别人的话，如果说得特别一些，则能取得更好的效果。这在一定程度上增加了语言的魅力。

把赞美的话说得特别一些，不但表达的方式要有特色，还要求语言要新颖。过于传统的方式和保守的语言，给予他人的听觉冲击非常有限，往往引不起别人多大的兴趣，甚至听着根本没有任何的感觉。

这天，董洁亲自去拜访一个大客户。敲开了客户的办公室，对方得知她是广告业务员后，态度非常不好，直接把她推出了门外，“啪”的一声关上了门。她没有垂头丧气地离开，而是再次摁响了门铃。门铃响了好久，突然门打开了，客户气愤地说：“你还有完没完？”

在门被关上之前，董洁说：“我只是想告诉你，你今天看上去气质非常好，你的服装搭配非常和谐，像一个有名的艺术家。”

客户静静地看了董洁一眼。

董洁满脸堆笑地说：“你的穿着很特别，衣服和裤子的搭配体现了后现代主义的风格，再加上你的形象张扬而又个性，是我见过的最具艺术气质的人。像您这么有品位、懂生活的人，房间内的装饰一定很有特色，我能进去参观一下吗？”

客户脸上渐渐有了笑容，她点了点头，打开门让董洁进了屋。

正如董洁所料，客户的房间装饰非常有个性。她故作惊讶地说：“你真是一位懂生活、有品位的人。进了您的房间，给人一种特别温馨的感觉，仿佛到了梦境中一样。”

客户不好意思地笑了笑说："我就喜欢这种温暖的感觉。很多人都说我活在思想中，脱离了现实生活，她们那些凡夫俗子，怎么会懂生活的艺术。"

董洁说："是啊，生活中如果缺少了艺术，会觉得索然寡味，没有意思。看来，您是个懂得生活并且会享受生活的人。"

客户高兴地拍了拍董洁的肩膀说："看来，我今天是遇到知音了。我一定要和你好好畅谈一番。"

……

董洁在恭维客户的时候，并没有直接说"你很好，很优秀"，而是把对方跟艺术扯上了关系，并且在陈述实情的同时，将自己的恭维和赞美送到了他人的心里。在恭维别人的时候，不妨采用一些特殊的表达方式，让别人因为你独到的见解而对你和你说的话产生兴趣。事实上，当你的话能够引起别人的注意力了，才能传递赞美和恭维。如果别人对你说的话没有一点儿兴趣，那么你的表达无异于对牛弹琴。那么，作为女人，如何让赞美的话表达得特殊一点呢?

1. 表达方式要有特色

要想让你的赞美之词显得特别一些，那么首先要解决的便是表达方式的问题。表达方式单一，就算是再好听的赞美的话，说出来也没有了新鲜感，让人听着昏昏欲睡。如能在表达方式上有所创新，即使语言不够完美，对方一样感兴趣。因为你满足了别人追求新奇的心理。比如，通常人们都是在对方的面前把赞誉说出来，如果你采用唱歌的形式，让所有的人都听到，对方内心深处一定会是另外一番感觉。女人花样比较多，在表达方式的创新上，更能把赞美的话说得吸引人。

2. 语言要新颖

随着社会的多元化，人们表达情感的语言也出现了多样化。因此，在表达对别人的赞美之情的时候，不能老用过去的老词语，要适当地给语言加入新鲜元素。比如红遍大江南北的新词"给力"，如果你说对方表现得太棒了，别人可能对你笑一笑。如果你说真是太给力了，对方可能会和你击掌表示庆贺。在赞美别人的时候，要让你的语言永远保持新颖，这样才能吸引别人的注意力，让你的赞美和恭维更加取悦人心。

3. 善于用修辞

很多时候，平白直叙的表达会让人觉得枯燥和乏味，这样的赞美和恭维通常是非常失败的。但是，只要你细心一些，你会发现，同样是这些话，加上一些语言的修辞，很快就能吸引别人的注意力。但是，语言修辞要尽量表现得自然，不要有太强的人为痕迹。女人更善于表达，也更容易学会给枯燥的语言添加新鲜的装饰。

间接的赞美，效果更出众

生活中，很多时候，我们在直接赞美别人的辉煌，最终得到的却是对方的微微一笑，或者是点点头。不是我们赞美错了，而是对方的心根本不在昔日的辉煌上，而是在别的人或者事上。这种情况下，不妨间接赞美和恭维对方所在意的人或者事来恭维他人。

爱屋及乌，既然欣赏他人，那么一定欣赏他人心之所趋。尽管赞美的不是对方，但是却能让对方内心愉悦。这种间接恭维别人的方式远比直接恭维取得的效果更好。女人要学会洞悉人心，将你的赞美之言说到他人的心坎上。

罗绮丽这次回家来，除了探望爸爸妈妈、亲朋好友之外，还有一位非常重要的人一直让她牵挂在心，那就是她从小玩到大的闺蜜党燕。由于这些年自己一直在外地工作和生活，彼此之间的联络渐渐少了很多，最近几年，甚至断了联系。

在拜访完了亲戚朋友之后，罗绮丽来到党燕曾经居住的老家。周围的邻居告诉她，党燕他们一家去年搬到城里去了。后来经过多方打听，终于找到了党燕家。可是她并没有见到党燕。党燕的父母说，党燕已经嫁人了。根据老人提供的地址，罗绮丽终于见到了日夜思念的闺蜜。

多年失去联系后再次重逢，两人分外高兴。可是她们很快发现，由于这些年生活圈子不一样，已经没有了共同的话题，尽管谁都想狠狠地畅谈一番，但是话不投机，时不时出现的冷场多少让她们感到有些尴尬。

此时的党燕已经褪去了少女的羞涩，增加了几分少妇的韵味，这让本就标致的脸更加妩媚动人。罗绮丽想夸奖和赞美这个女人，抛开她和党燕的交情不说，她从心底喜欢这个女人。但是她张了嘴却没有表达出任何情感。

她从党燕嘴角微微泛起的笑意中，看到了党燕的幸福：一个聪明伶俐的孩子，有个疼她、爱她的丈夫。作为好朋友，罗绮丽觉得她该表现出无比的羡慕，但是她亦没有如此做、如此说。

罗绮丽知道，作为母亲，所有的爱都在孩子的身上。如若表现出对孩子的爱，这远比表现出对党燕的赞美更加能让她欢心。于是罗绮丽抱起了孩子，亲了亲她的小脸蛋，说："真是太可爱了，我一见她就打心眼里喜欢。长得这么漂亮，长大一定是个美人胚子。"

听到赞美孩子的声音，党燕脸上露出了甜甜的微笑，从这微笑中，罗绮丽看到了一个母亲的自豪和骄傲。也正是因为这个赞美，连接了她们彼此的情感，她们之间的话渐渐多了起来，这是对党燕的欢喜和赞美以及羡慕的情感所无法代替的。

……

罗绮丽在恭维党燕的时候，并没有直接表达对她的钦佩和喜欢，而是表达了对孩子的赞美，通过对孩子的赞美进行了间接恭维，收到了更好的效果。赞美对方喜欢的，恭维对方心之所向，才能将你的恭维之情表达到别人的心坎上。那么，作为女人，如何对他人进行间接的赞美呢？

1. 称许他人的嗜好与习惯

每个人都有嗜好和习惯，往往在这些嗜好和习惯之上凝聚着太多的心思。在赞美别人的时候，不妨对这些嗜好和习惯进行称许，让别人觉得你懂他、欣赏他，从而达到赞美和恭维的目的。在赞美和恭维之前要先对他人的习惯和嗜好有所了解，这样，在表达赞美之意、恭维之情的时候更能说明"所以然"。既然是对方的嗜好和习惯，他倾注的心血比别人多，如果你只是喊"大口号"，势必会引起别人的反感。

2. 赞美他人的挚爱

每个人都有自己喜欢的东西，一张有纪念意义的CD，一本好朋友送的好书等。当你想要赞美和恭维别人的时候，不妨对对方的挚爱表达欣赏和赞美，以间接的方式表达对对方的赞美和恭维。既然是挚爱，那么一定倾注了非同一般的情感。赞美和恭维他人的挚爱，远比赞美和恭维他人本身更具有意义，事实上也更有效果。

3. 恭维他人心之所向

每一个人的心都有所向。比如想要和某个喜欢的女子携手，想要买一件漂亮的衣服等。在间接恭维别人的时候，就要洞察对方的内心之趋向，将你的恭维和赞美的话刚好说到对方的心坎上。事实上，也只有你了解了别人的心之所趋，才能把赞美之言说到别人的心里去。对于女人来说，更要学会去洞悉人心，揣摩他人所思所想，将你的赞美和恭维的话恰如其分地说到别人的心里去。

发现不为众人所知的赞美点

一个人取得了非凡的成就，别人给予的赞扬多是对他成就的肯定。如果你也和别人一样，在他的成就上说赞语，对方听腻了，听烦了，只对你略微地敷衍，这就失去了赞美别人的意义。这时候，你不妨换个角度，多去认可对方曾经付出的艰辛和努力，让你的赞美之词钻到对方的心里去，势必会大快人心。

对于女人来说，思维更活一些，更能发现别人身上不为众人所知的赞美点。在恭维和赞美别人的时候，要利用这些优势，把你的赞言说得与众不同，让别人从你的赞美之词上听到不一样的你。

对于军来说，他有太多值得别人称赞和羡慕的东西。他的才学、他的能力足以让身边的人为他而倾倒。乏味和千篇一律的赞许和钦佩让他多多少少有些厌烦，他觉得这不是在表达对他的喜欢，而像是对他的质疑和嘲解。

尽管他们表达的是发自肺腑的真话，但是军却感觉不到一丝一毫的欢喜和兴奋。

因而，他总是以表情麻木的微笑作为对别人欣赏的回赠。但是，当他遇到了刚刚从国外回来的芸的时候，他感觉仿佛被电击了一样，他的神经延伸到灵魂深处并为之一颤。芸说话温柔可亲，最主要的是，她总能洞察到别人内心深处的渴望。见到军的时候，她就知道，这个男人不同寻常。

看过了军做的几个案例，芸没有用一大堆堆积着太多情感的字眼来表达，而是简简单单地说了一句："很不错，我很喜欢。"喜欢？如此平淡的字眼却表达了真实的感受。军多少有些不相信，如此优秀的案例到了芸的嘴里，只是一个简单的喜欢？于是他不甘心地问："为什么？"

显然，军的发问让芸有些不知所措，就连军也感觉到莫名其妙。芸觉得她是该给出个理由，于是笑了笑说："你的案例做得非常的棒，这是不争的事实，但是我喜欢的并非如此，而是因为它的简单。"

"简单?"军不知道这是否定还是赞扬。但是很快，他就确定了，这是赞许。赞许他的简单，多少有些另类，但是他不得不承认，他内心深处喜欢这样的赞许，或许这是他听到的最让他欢欣鼓舞以及兴奋的话。

……

此后不久，军和芸正式牵手。或许没有任何的理由，他们遵从心的意愿。如果非要找个理由的话，那就是芸喜欢军的简单，军亦喜欢芸的独到欣赏。

对于军的优秀和突出，芸没有像别人一样赞美，而是独辟蹊径，赞美了他的"简单"，就是因为芸与众不同的赞美，引起了军的注意。在赞美别人的时候，多找找切入点，将赞美的话说得与众不同。那么，作为女人来说，如何才能发现别人不为众人所知的赞美点呢？

1. 认可其付出的巨大努力

往往很多人在赞美别人的时候，只看到别人取得的辉煌成就，却看不到他人为此而付出的巨大努力。只看到鲜花和掌声，却看不到背后的泪水和努力。尽管赞美和恭维别人取得的成就能让别人开心地笑，可是如果你能够看到隐藏在辉煌成就后面的酸楚，你就能让一个人感动得哭，让别人的内心有所感触。相对于鲜花和掌声，人更需要理解和支持。因此，认可他人为取得辉煌所付出的巨大努力就是对别人的赞美和恭维。

2. 夸大遇到的挫折和压力

别人取得了辉煌的成就，那么相比而言，承受的挫折和压力越大，就显得他的能力越强。因此，从这个角度上讲，夸大别人遇到的挫折和压力，就是赞美他人的能力。但是要注意一点，不能盲目地夸大，如果你所说的话完全超出了对方的承受能力，那么你的赞誉就会变成对他人"痛苦"的期盼。在夸大遇到的压力时，一定要根据实际的情况，有所张弛，尤其要拿捏好一些词的"度"。作为女人，在夸大的时候，更要注意情感的表达有度。千万不要没了把持，让赞美和恭维的情感转了方向。

3. 在别人已成就的辉煌上另辟蹊径

同样是在别人所取得的辉煌成就上恭维和赞美，但是不要跟着他人"宣读公文"，要另辟蹊径，发现不一样的"赞美点"。比如，他人在赞美所取得的成就的高度，你不妨来恭维所取得成就的"厚度"。同样是赞美别人，你的切入点和他人的不一样，那么你的赞扬也更加独到，更有特色，势必会更加吸引对方的注意力。对于女人而言，要善于发现生活的不同色彩，更要发现别人身上独到的闪光点，尤其是在恭维和赞美别人的时候。

用赞美的力量去鼓励他人改掉缺点

很多时候，我们在不断提醒别人注意改正自己的错误，甚至为此而进行不断的批评和教育。但是别人的缺点和不足没有因此得到改正，却产生了逆反情绪，让缺点和不足变得更加严重。

这时候，不妨转变一下思想，将你的批评和指责改成赞美和欣赏。这样对方内心的逆反情绪就不会作怪。别人受了赞美，内心愉悦，自然会努力地改变自己，让自己变得更完美，这就是赞美的力量。对于女人而言，更要学会使用赞美的力量来改变身边的亲人，你亲切的赞美，远比愤怒的责骂更加有助于你身边的亲人改掉缺点。

于娜非常讨厌爸爸抽烟，每次在他吞云吐雾的时候，总是表现出烦躁和厌恶的情绪。她劝过爸爸要戒烟，可是爸爸已经抽了几十年了，很难戒掉。为此，父女俩没少红过脸。

为了女儿，于爸爸终于做了个艰难的决定，要戒烟。当得知爸爸开始戒烟之后，于娜非常高兴，她围在爸爸的身边，又是削苹果往爸爸嘴里塞，又是端茶倒水，这让于爸爸戒烟的决心更大了。

可是对于抽了几十年烟的于爸爸来说，一下子就戒烟非常艰难。戒烟的第一天，他总是觉得生活中缺少了点什么，坐立不安。当他悄悄地躲在卧室里点烟时，于娜出现了，走过去掐了。

她并没有笑话爸爸，而是在一边鼓励说："爸，你已经坚持了大半天了，再忍一下，坚持一个好的开始。"

听了于娜的话，于爸爸点了点头。又过了一个小时，烟瘾让他非常难熬。尽管于娜给他削了苹果，剥了桔子，但是他总是觉得嘴里没有味道。最后实在忍不住了，对于娜说："娜娜，爸知道你为我好，可我抽了几十年了，一下子戒了我肯定受不了的。这样吧，爸爸答应你逐渐减少，争取用一个星期的时间全戒了，行吗？"

看到爸爸可怜的眼神，于娜有些于心不忍，再加上她也懂一些医学，爸爸说得确实在理，于是同意了爸爸抽一根。事实上，这一天于爸爸抽了5根。当第二天黎明来临后，于娜对爸爸说："爸，你尽管没有立即把烟戒掉，但是你已经很了不起了。昨天抽了5根，比起之前少了一大半了。加油，爸。"

第二天，于爸爸抽了4根，于娜为他做了可口的饭菜表达对他的鼓励。吃着女儿亲手做的饭菜，于爸爸非常感动。从小到大，女儿第一次做饭，而且是为他这个当爸的亲手做的。他暗暗地下决心，一定要把烟戒掉，不辜负女儿的厚望。

第三天，于爸爸抽了3根。第四天，抽了2根，当到了第六天的时候，于爸爸一整天都没有抽烟。于娜搂着爸爸的脖子高兴地说："爸，你真棒，你终于做到了,做到了!"尽管有些难受,但是看到女儿兴奋的样子,于爸爸觉得太知足了。

女儿于娜在帮助父亲戒烟的过程中,一改过去的苦苦相逼,而是用不断的赞美,肯定父亲做出的努力,从而鼓励父亲戒掉了烟。当一个人受到赞美的时候,内心愉悦,会继而再接再厉,为了获得下一次赞美而不断努力。但是当一个人受到批评的时候,内心是愤怒的,为了发泄这种愤怒,会向相反的方向努力,以此来表示抗衡。由此可见,要让你身边的人改掉缺点和不足,那么不要去批评他们,而要去赞美和欣赏他们。那么,作为女人,如何用赞美去鼓励他人改掉缺点和毛病呢?

1. 用放大镜看做出的努力

当你用放大镜来看对方所做的努力时,不要觉得无足轻重就给忽略了。哪怕是一丝一毫,都要及时给予肯定和赞美。也许正是因为这微不足道的进步,能带来更大的进步,关键在于你能否及时地用赞美来催化。当一个人因为自己小小的进步得到了你的赞美,得到了你的鼓励后,他会不断地为了得到这份被鼓励和欣赏所带来的内心愉悦而做出更大的努力。所以,作为女人,要学会用放大镜去看别人的优点,你会发现,即使是在浑身缺点的人身上,也有让你拍手称快的东西。

2. 用望远镜看缺点

对于别人的缺点和不足,即使再大,也要学会用望远镜去看,把错误和缺点无限地缩小。很多人之所以无法改变自身的很多毛病,那是因为他们在内心深处给自己贴上了标签,并且认定只有浑身毛病才是他自己。当你让他明白,他并没有那么多的缺点,或者他的缺点并不是那么严重的时候,他就会努力想要改正,让自己变优秀。因此,要学会用望远镜看被扩大的缺点,把缺点缩小,以此来增强别人改正缺点的信心。女人更要有一颗柔软的心,更要把别人的缺点看小。

3. 用赞美激发努力,遏制退步

有的人不但在改掉自己缺点的路上越走越慢,而且在扩大不足的路上越走越快。这时候,千万不要指责和批评他,而是要鼓励和赞美他。当然不是鼓励他不断退步，而是要赞美他，因为尽管是在退步，但是也在做努力，并没有放弃。人都是爱听鼓励，而不愿意听到任何批评和指责。你的鼓励和赞美会让别人扭转局势，在改掉自己毛病的路上大踏脚步。作为女人来说，要有耐心一些，更要善良一些，相信你的赞美能让你身边的人改掉毛病和缺点。

第七章
出言谨慎，女人把紧口风不失风度

“祸从口出”，嘴巴往往是祸患的根源，世上有太多的烦恼和纷争往往是嘴巴引起的。话说得不合身份、不合时机，甚至说者无心，听者有意，都会引起或大或小的人际矛盾。尤其是女人，嘴比较碎，话比较多，更容易招惹是非。因而，平日里应多加注意，三缄其口。一个不说人长短、不论人是非的女人才是有魅力的女人，一个把紧口风、坦诚守诺的女人才不会失去风度。那么，在人际交往当中，女人要如何才能做到三缄其口，不因为自己的嘴巴而失去魅力、失去风度呢？这一章重点解决这些问题。

三思而后言，不让嘴巴殃及自己

“祸从口出”，话说得不合适，会给自己带来很多不必要的麻烦，甚至会影响自己的生活，甚至事业的发展。或许你只是表达一种情感，或许提的只是一种建议，但是说者无心，听者有意。你所说的话可能让别人内心之中不舒服，从而处心积虑地对你打击和报复。

因此应三思而言。说话前要多想想，什么话说出来合适，什么话说出来不合适。尤其是女人，平时说话的时候要掂量掂量，千万不要为了图一时之快，口无遮拦，因为一句不合适的话而毁了自己。

和同寝室的姐妹们相比，阿雪算是比较幸运的。因为在大学毕业之后不久，她如愿以偿地找到了自己喜欢的工作。但是时间不长，阿雪垂头丧气地离开了公司。不是她的能力不强，而是因为她背后说了一些于公司不利的话，传到了老总的耳朵里。

原来这天下班后，同事小刘叫住了她，说是要请她去吃饭。由于小刘平日里对她很照顾，也算聊得来，阿雪没有拒绝。原来这天，小刘受了经理的批评，心里难受，想找阿雪倾诉。得知这个情况后，阿雪心里非常高兴，她觉得小刘把她当朋友。

小刘情绪非常不好，说了很多抱怨领导的话，阿雪一边安慰她，一边为她喊冤，期间也说了一些抱怨的话。听到阿雪也在受领导的冤枉气，小刘的内心得到了平衡，渐渐地情绪稳定了下来。

可是第二天一大早，阿雪就被领导叫进了办公室。在领导的咆哮中，她才明白，她抱怨领导的话惹怒了经理。原来，一大早，小刘溜进了经理办公室，将阿雪对工作、对经理的抱怨之词一五一十地告诉了经理。

刚进公司不久，就有这么多抱怨和不满，领导觉得阿雪不适合再待在公司了。于是这天，阿雪失去这份来之不易的工作。阿雪做梦也想不到，和她关系一向不赖的小刘竟然会出卖她。但是，此时留给她的只能是伤心和悔

恨了。

阿雪为了安慰朋友小刘而说了一些抱怨领导的话，尽管她只是为了安慰别人，让对方找到心理平衡，但最终因为这些话，她丢掉了工作。由此可见，平日里说话的时候一定要多加思考，不要觉得只是随口说说而已。你的一个大意，会给自己带来意想不到的麻烦，到那时候后悔已经晚了。那么，作为女人，在生活中如何才能做到三思而后言呢？

1. 说话前多想想

在你准备开口说话的时候，要多想一想，这样的话说出来，别人会有怎么样的反应，会有怎么样的感受，你说这话是想要表达怎样的情感，或者是想要达到什么效果。如果你的话说出来会伤害别人，会让别人心里难受或者是不舒服，那么最好别说；如果你说出来的这番话不能达到你期望的效果，那么根本没有必要说。若说话不经过大脑，你自己觉得舒服了，可是别人难受了，那么别人也会让你不舒服。尽管你不是存心的，但是对于别人来说，这已经不重要了，重要的是你伤害了他。

2. 把话说得委婉些

如果有些话必须说，有些人必须要受得罪，那么完全可以把话说得委婉一些，这样别人接受起来也不会有太大的心理障碍。况且，如果你把话说得足够含蓄，不但伤害不了他人，还能表达清楚你的意思，比如说用暗示的方法等。别人明白了你的意思，又找不到打击和报复你的口实。如果你把话说得太直，让对方下不了台，会给别人带来巨大的伤害。而这种伤害迟早会返还到你的身上。尤其是一些性格豪爽的女人，总觉得自己就是个简单的人，说简单的话，不会含蓄，不会拐弯抹角，一张嘴就得罪人。你的豪爽伤害了别人，你的灾祸也将随之而来。

3. 有必要时才说

人有很强的表达欲，总想在别人面前说两句，以此来显示自己多么重要。可是在你说话的时候，难免有说得不合适的地方，或许你并非是有意的，但是对于别人来说，你就是存心在伤害他。所以，在平日里，如果没有必要，最好三缄其口，不要因为你的一句无意的玩笑话殃及自身。尤其是女人，总是喜欢用言语来表达，再加上结交的大多数也是女人，彼此不肯轻易原谅，这就大大增加了祸从口出的概率。

为他人保守秘密，做心正口严之人

很多时候，朋友会将内心深处的秘密告诉你，与你一起分担。但是与此同时，你也就有了责任，要保护好这个秘密。事实上，要想守住一个秘密并不是一件容易做的事情。很多人因为口风不严，将秘密泄露了出去，从而伤害了朋友。

即使对方不是你的朋友，你也要为他保守秘密。既然两个人有了共同的秘密，那么就是朋友。从这个角度上来说，为他人保守秘密是对别人最基本的尊重，因为秘密是别人的，你没有权利去泄露，但是有责任去保护。对于女人来说，保守秘密将会面临更大的挑战和压力。

海海和明慧是非常要好的朋友，她们从小一起长大，并且一起上学，就连参加工作也在同一个单位，因而两个人平日里形影不离，关系非同一般。自从海海谈了对象之后，明慧才不和她黏在一起了。

这天傍晚，海海去和男朋友约会，可是对方却把电话打到了明慧的手机上找海海。一种不祥的预感笼上了明慧的心头，她也不停地打电话寻找海海，仍然没有任何消息。晚上 11 点，海海表情麻木、衣履不整地出现在明慧眼前。原来，她在经过一个小胡同的时候，被几个流氓拖入胡同强暴了。

这晚，是明慧搂着海海一起睡的。几天之后，海海的情绪稳定了很多，她似乎已经淡忘了那场噩梦，明慧更是讳莫如深，只字不提。可是遗憾的是，从那件事之后，海海和明慧的关系发生了一些微妙的变化。海海在有意无意地疏远明慧。

知道那件事的只有自己，因此明慧对海海的远离表示了理解。但是，在她心里，海海依然是她最好的朋友，她没有对任何人讲起海海的这段噩梦。

这年年底，海海和男友牵手走进了婚姻的殿堂。

婚后，海海和明慧很少往来，即使遇到了，也是冷漠地侧身而过，仿佛她们从来不认识一样。有几次，明慧主动去接近海海，都被对方给拒绝了。明慧的心里对海海多多少少有些怨恨。但是，无论怎样，她一直为海海保守这个秘密，从来没有对任何人讲起过。

明慧在得知了海海的秘密之后，一直守口如瓶，替她保守着秘密。尽管海海担心她会说出这个秘密而远离她，但是她并没有因此而泄露半点口风。两个人共同保守着一个秘密，这种保守在一定程度上是两人友谊的契约，尽管人性的多疑让秘密保守者相互远离和陌生，但是并不代表她们忘记了这个契约，并不代表她们不是朋友。那么，作为女人来说，如何才能替别人保守秘密呢？

1. 少说话，以免说漏

替他人保守秘密的最好方式就是少说话，这样可以避免你在不经意间说漏嘴而泄露秘密。很多时候，人所说的一些话是从潜意识里出发。所以，少开口说话便在一定程度上大大地减少了你无意间说漏嘴、泄露别人的秘密的可能性。这并不是说让你由一个特别健谈的人从此变得沉默寡言，而是在涉及别人或者别人秘密的有关话题上，尽量少发言。对于女人来说，更容易将秘密在无意间泄露出去。因此要时时提醒自己，少说话，为他人保守秘密。

2. 找个合适的途径倾诉

让一个人的心里永远藏着一个秘密，对大多数人来说是件非常痛苦的事情。如果一个人不知道这个秘密，那么他永远不会说，但是让他知道了而要求他不说，实在是件折磨人的事。那么完全可以找个合适的途径来倾诉。比如写在纸上，然后再迅速烧掉；或者是对着无人的墙壁和大海悄悄地说出来。总之是在避免人际传播的情况下合理地倾诉。事实上，这样更有利于身心健康。对于善于言谈的女人来说，这个办法更为有效。

3. 在意识中模糊和淡忘

很多时候，当你越想去忘记一件事情的时候，你的脑海中会更加清晰。

因此，当一个秘密在你的心里的时候，要学会在意识中模糊和淡忘。让你的生活忙碌一些，不要刻意去想，当你的心不在它上面的时候，也就会慢慢地淡出你的视野，时间久了，就会完全模糊和淡忘。这样，你没有想要说出这个秘密的冲动，秘密也就永远烂在肚子里了。

面对出言不逊，落落大方给予回应

在人际交往中，有个相互的试探过程。在这个过程中，有些人可能会说一些过分的话来伤害你。如果你受了伤害而不予回击，那么你在别人眼中就是个“软柿子”；如果你气急败坏地回击别人，又显得你不成熟，没有修养。

这时要做的就是落落大方地给予回击，让别人搬起的石头砸到他自己的脚上。这样，疼痛只能让他自己承受。因此，作为女人，面对别人的出言不逊，要给予回击，在回击的过程中显出你的落落大方。

公司的会计小杨是个性格温顺、待人和蔼的女孩，平日里和同事们总是嘻嘻哈哈的，从来没有和谁红过脸，因此在办公室里的口碑较好。但要是别人出言不逊，攻击和伤害她，她一定会落落大方地给予回应，让他人搬起石头砸自己的脚。

有一天，小杨得了非常严重的感冒，本想请个假回去休息，可是正赶上单位做年报，不允许任何人请假。无奈，小杨只好拖着带病的身子坚持上班。小杨无精打采的样子，被出纳小贾看在了眼里。

小贾平时说话随意、口无遮拦，常常不给别人留面子，单位的很多同事都被她的直爽弄尴尬过。那天，看到小杨一副病恹恹的样子，小贾便口不择言地数落起来：“哟，瞧你，头重脚轻，墙上芦苇似的；一把眼泪一把鼻涕，如丧考妣……”

听到小贾的话，小杨内心非常不舒服，她觉得她得好好教训教训这个不懂人情礼貌的小姑娘。正愁找不到合适的话题呢，猛然一抬头，小杨看到了小贾脸上密密麻麻的青春痘，一下子找到了反击的突破口，便笑嘻嘻地说："是啊，你多么漂亮潇洒啊，青春焕发、豆蔻年华，有父母天天呵护！我哪能跟你比啊！"

办公室里的同事们都笑起来了，小贾脸上红一阵白一阵，在笑声中有几分尴尬，赶紧将头低下去，用头发将自己的脸遮起来，不再吱声了。

故事中的小杨性格温顺，但是当同事对她进行攻击和羞辱的时候，她奋起还击，把羞辱最终贴到了对方的脸上。在回击中既显示了她的坚强，也显示了她的涵养。那么，作为女人，面对别人出言不逊的攻击和伤害，如何才能做到落落大方地给予回击呢？

1. 稳住心绪不要乱

很多人在遭受别人出言不逊的攻击和伤害的时候，往往气急败坏，想尽快还击，但是一时半会儿又找不到合适的攻击点，要么慌不择路，思维乱了，根本攻击不到对方，要么爆粗口，显得自己没素质。因此，在别人恶语相向的时候，千万不要乱，保持思维的清晰，才能迅速找到攻击点。同时，你的冷静也从侧面显示出你的修养很好，别人伤害不到你。对于女人来说，这一点非常重要，要尽可能地克制情绪。

2. 用语犀利不带脏字

在落落大方的还击的时候，用语要犀利一些，多余的话不说，直接指向对方的要害，但是表达还要含蓄一些，给对方留面子，以免把别人惹得恼羞成怒。作为女人，这就需要平日里练就语言和口头表达的能力，练习说话简洁、用语犀利、巧妙暗示和含蓄表达。尤其要练习用犀利的语言回应别人的出言不逊，让别人感受到你受了伤害。

谨慎出言，拿捏分寸得体表意

在生活中，人们往往通过语言来表达情感，表达意愿。可是，如果说话不谨慎，拿捏不准，话说得不合适，势必会影响正常的人际关系。"良言一句三冬暖，恶语相向六月寒”，会说好话，把话说得妥帖适当，是人际交往的一种必需。

在说话之前，要仔细斟酌，拿捏好表达的尺度和分寸，将话说得恰到好处。对于女性来说，更要多加留意，根据实际需要把所要表达的语言练就得伸缩自如，得体表意。

惠娜是一家著名大酒店的服务员。她在这个岗位上兢兢业业地工作了整整五年，她喜欢这份工作，为此而付出了大量的心血。五年的工作经历让她明白，服务员不仅仅要为客人提供周到的服务，还要学会察言观色，维护酒店的利益。

这天，她无意间看到一位外宾用完了餐，顺手将精美的景泰蓝食筷悄悄“插入”自己的西装内衣口袋里。这时候，如果她不言语，会让酒店遭受损失，如果直接指出来，则会让客人下不了台。但是，对于惠娜来说，这并不是一件难事。

只见惠娜走到前台处，拿了一个装有一双景泰蓝食筷的绸面小匣子，不露声色地迎上前去，对外宾说：“您好，先生，您在用餐的时候，表现出了对我国景泰蓝食筷的爱意，非常感谢您对这种精细工艺品的赏识。”

外宾假装不懂，笑嘻嘻地说：“是的，景泰蓝食筷实在是太精致了。”

惠娜微笑着继续说：“非常感谢您对这种精细工艺品的赏识。为了表达我们的感激之情，经餐厅主管批准，我将这双图案最为精美并且经严格消毒处理的景泰蓝食筷给您拿来，并按照大酒家的‘优惠价格’记在您的账簿上，您看好吗？”

外宾不好意思继续装下去了，不好意思地点点头笑着说：“太谢谢你了。我刚刚多喝了两杯白兰地，脑袋有些晕。”

惠娜点点头，笑着迎合说：“白兰地酒劲很大，很多客人喝了都会有些头晕的。”

惠娜的迎合，让外宾的借口听起来合情合理，他感激地点点头，知趣地说：“既然这种食筷不消毒就不能使用，我就以旧换新吧！”

说着取出内衣里的食筷恭敬地放回餐桌上，接过服务小姐给他的小匣，不失风度地向付账处走去。

惠娜给客人留足了面子，并对客人找的借口表示了认可，继而巧妙地处理了问题。事实上，这种事情在酒店内时有发生。在长期的工作中，惠娜练就了处理这类问题的好办法，那就是谨慎出言，拿捏好说话的分寸，给对方留面子、找台阶。

惠娜在发现外宾私藏酒店的景泰蓝食筷，进而前去制止，在这个过程中，她把话说得非常委婉，非常含蓄，既达到了表达意愿的目的，又照顾了外宾的面子和情感，可以说是非常妥帖。在生活中，同样一个意思，表达的不一样，结果可能会完全不一样。甚至相反。因此，说话的时候谨慎出言，将你的意愿巧妙地表达出来，让别人不得不接受，又不伤害情感。那么，作为女人，如何才能做到谨慎出言，拿捏分寸得体表意呢？

1. 说话前要三思

在张嘴说话之前，要多思考几分钟，同样一句话，如何表达才能既让对方明白你的意思，又保护他人的情感不至于受到伤害。这样一来，避免了把话说得太直，让别人觉得很没有面子。在表达的时候，语气尽量委婉一些，把你的意愿说成是希望。这样别人顺从了你是帮助你，而不是受你指挥。这样一来，别人听着心里面舒服，即使是牺牲自己的利益也会满足你的要求。作为女人，在说话之前三思，把话说得委婉一些，更能体现出对语言的把握和拿捏。

2. 巧妙利用暗示

为了避免把话说得太过直接，伤害别人，在表达的时候还要学会巧妙地利用暗示。比如一个老师想要批评一个学生偷窃的行为，她没有直接告诉学生偷窃是不对的，而是通过讲一个故事，把偷窃可耻的意思表达了出来，既维护了同学的尊严，又对他进行了教育，可谓是一举两得。把你的想法和意愿通过故事的形式讲出来，把你的意愿传达了，又让别人觉得不是在说自己。打鼓听声，说话听音，别人不会不明白你想说什么。巧妙地利用暗示，在一定程度上体现了谨言慎行，避免了和别人发生矛盾和冲突。

3. 为他人找个借口

当一个人犯了错误被人发现的时候，最需要的便是一个听起来合情合理的理由。因此，在对方因找不到合适的理由而尴尬的时候，你要为他找个合适的理由，给对方台阶下，这样对方才会保住面子。比如故事中的外宾偷拿筷子，惠娜说他是想收藏，从而给他找了个借口，缓解了尴尬。作为女人，要懂得善解人意，用你的睿智和善良去为别人找一个合情合理的理由。

敏感话题不想谈，就把话绕出圈

每个人都有忌讳的东西，可是很多人对别人不想谈的话题却非常有兴趣，千方百计地探问打听，令人非常反感，但是又不好意思直接拒绝。这时候，你完全可以回避敏感话题，把话绕出圈来，将谈话的重心转移到对方的身上，你的敏感问题就变成了对方的敏感问题。

人对自己的关注胜过对别人的关注。在谈及敏感话题的时候，将矛头一转，移到对方的身上，这样，说话的中心发生了变化，话题自然也就转移了。

王彤和男朋友最近吵了一架。这天，王彤正在上班，男友找到了公司，当着同事的面，给王彤做了深刻的道歉。王彤并没有因此而原谅他，她本想狠狠地怒斥他一顿，但是同事们都看着她，为了不影响工作，她只好将此事压了下去。

下班后，同事小鹏围绕在王彤的身边，关切地问道："你男朋友究竟怎么了？怎么来公司找你了？看你的表情，似乎并没有原谅他。"

王彤笑了笑说："没什么，只是一些生活上的琐事，沟通不到位呗。"

小鹏不知趣地继续问道："那就多沟通啊，沟通才能解决问题，要不然总这么闹下去，会影响你们的感情的。"

王彤抬起头，笑了笑。很显然，对于这个话题，她并不想再谈下去了。

可是，小鹏还是热情地说："我是男人，懂得男人的心思。你啊，平日里多关心关心他。男人啊，有时候也需要哄的。"

对于小鹏的"关心"，王彤内心深处感到厌烦。但是她知道，为了办公室的团结，她不能将这份情绪表达出来，于是她灵机一动，笑嘻嘻地对小鹏说："鹏哥，嫂子经常哄你吗？"

小鹏不好意思地笑着说："有时候也会哄。我也是人嘛，她要是伤害了我，就得哄我。"

王彤点点头说："看不出来啊，像鹏哥这样的男人也要女人让着啊，太难得了。"

小鹏说："那是当然了。上次我们吵架了……"

王彤非常不愿意谈及同事小鹏关切的"男朋友问题"，于是她将关注的焦点转到了小鹏的身上，谈到了小鹏的婚姻，在不知不觉中把话题绕出了圈，绕到了对方的身上，从而避免了谈及自己的敏感问题。那么，对于 女人来说，碰到不想谈的敏感话题，如何才能绕出去呢？

1. 转换角色用提问代替回答

一般情况下，当别人围绕着某个敏感问题表达关切之心时，不要被动地回答别人，而要转被动为主动，用提问角色来代替回答的角色。这样一来，角色一转变，气场完全发生了变化。你反客为主，气场上升，对方的气场则会收缩，你掌控了整个谈话的节奏，谈话的主题自然也由你来掌控。这样一来，谈话的进程被你控制了，你就会避开那些敏感的话题不谈，从而把话绕出了圈。

2. 将问题牵扯到对方的身上

一般的敏感话题都是隐私或者是不愿意谈及的问题。这些问题毫无疑问对方也会遇到。当别人揪住敏感问题穷追不舍的时候，要巧妙地把问题丢给对方，让对方来回答这个问题。既然回答了第一个问题，那么就会有第二个问题紧随而来。这样，对方在回答一个个问题的同时，事实上你的敏感问题已经转移到对方的身上，这时候的你大可不必担心敏感问题会给你带来麻烦了。

3. 多倾听，让别人尽情表达

不管是什么时候，人对于自己总是有很多的话要说，因为他了解自己。因此，当别人想方设法地想要谈及你的敏感话题的时候，要学会少说话，多倾听。这样无意之中就会变成了对方在说，而你在听，在听的过程中适时回应，把话题引向对方。

言行磊落，不在背后议论他人是非

生活中，我们总会有意无意地对他人的所作所为做出评价和判断。当然这也无可厚非，但是在评论别人的时候一定要言行磊落，不要在背后说人长短。即使你说的是正确的，也要当着别人的面说，否则你说的话经过他人的传播，很容易传成流言。

反过来说，当着别人的面说那是给他人提意见和建议，出发点是好的，别人也会虚心地接受你的意见和建议。在背后说人长短，出发点是你把别人拿来当茶余饭后的谈资和笑料，这是任何人都无法接受的。尤其是女人之间，闲言碎语很容易引发矛盾。

张静和赵月是很好的朋友，两个人在一起无话不谈。最近，在张静的提议下，两人报了个舞蹈班，想通过学习舞蹈来达到减肥的目的。教练同样是一位妙龄女子，尽管在私底下和大家有说有笑的，但是在练习中却非常严厉。

这天，舞蹈班里的一个女孩在做动作的时候思想不集中，好几次都把动作做错了。教练狠狠地批评了那个女孩，女孩受不了批评，哭了起来。

课间休息的时候，张静凑到赵月的身边说："教练是不是太过分了啊。人家就做错了一个动作，至于那么凶狠吗？"

赵月也不满地说："是啊，说话那么难听，硬是把女孩给说哭了。人家是来学习舞蹈的，又不是来受气的。"

张静接过话头说："那女孩也是个软柿子，要是我被那么骂，我早跟她翻脸了。"

赵月接着说："别看她平日里和我们姐妹长、姐妹短的，整起人来一点也不含糊。你说她究竟为什么这么做啊？是为了显示威望？还是觉得骂别人很过瘾啊？变态。"

这时，旁边一位女孩也愤愤地说："就是嘛！大家都是女孩子，干嘛把话说得那么狠啊。肯定是内分泌失调了，或者是遭男朋友抛弃了，严重的变态。"

张静说："是不是越漂亮的女人越变态啊？还是被男人追求得乏味了，故意摆出一副冷冰冰的模样。给谁看啊?!"

正说着，教练吹响了哨子，大家又开始紧张训练了。

第二天，教练将张静和赵月叫了出来，没有让她们参加集训。当着大伙的面，教练说："我知道你们俩对我有些意见和看法，有什么现在当面说出来，我绝对不追究你们，但是不要在背后说三道四的。"

张静和赵月你望望我、我望望你，没有说一句话。

教练不依不饶地说："怎么不说了？哑巴了啊？昨天不是挺能说的吗？对我有意见、有想法可以当面说出来，在背后逞英雄，算什么本事？你们昨天说的话，大伙都在传呢，弄得咱们这个舞蹈队内怨声载道，你们究竟是什么居心啊?！如果不想学，早点吱声，别到处论是非。"

……

故事中的张静和赵月因为看不惯教练的所作所为，说了几句抱怨话，没想到很快传到了教练的耳朵里，惹来了麻烦。在生活中，如果别人做事不妥帖，你完全可以站出来，当着他面提出来，不要不好意思。这时候提出来，别人不会对你有意见和想法。但是如果事后到处乱说，就变成了搬弄是非、传播谣言了。那么，如何才能言行磊落，避免在别人背后论是非呢？

1. 不要随便发表看法

任何人做事情都有自己的理由，作为旁观者，你不是他，也不可能完完全全地去理解他。所以不要轻易对别人的言行做出评断。这是避免在背后论人是非的最简洁的方法。因为不随意发表意见，也就说不上论人是非。因此，作为女人，一定要把自己的嘴管好，要告诉自己，别人的言行一定有他的道理，你不了解，也就没有发言权。当你做到这点的时候，你会发现，你永远都不会在背后论人是非。

2. 有勇气站出来说话

人习惯于对周围的人或者事发表自己的看法，认为对或者不对，觉得合适不合适。这本无可厚非，但是有想法和看法一定要有勇气当着别人的面提出来。生活中，想评判别人的人太多了，但是却很少人有勇气站出来，当着对方的面提出来。既然当着别人的面没有勇气说出来，那么背地里忍不住就要说一说，这就给是非之言提供了得以流传的条件。因此，作为女人，有想法就要有勇气当面说出来。

3. 勿将建议说成抱怨

之所说要当着对方的面把你的意见和想法说出来，那是因为在这个时候，你所说的是意见和建议，但是到了背后就成了嘲笑和讽刺了。两者的性质是完全不一样的。而且，即使是当面说看法、提意见，态度也要诚恳一些。千万不要把你的建议说成抱怨，否则对方不但不会听你的评断，还会觉得你多管闲事。

坦诚亦可委婉，说话少碰钉子

我们常常听到这样的话："你这人怎么这么实在呢，老说实话。"这是一个人被别人的实话戳穿真面目之后自我解嘲的话。这句话不是在赞扬一个人实在，而是在抱怨对方太实在了，把别人遮掩的缺点和不足爆了出来，让别人陷入尴尬。

在生活中，这样的事屡见不鲜。很多人觉得自己是老实人，说老实话反倒惹得别人不高兴了，觉得很委屈。事实上，一个人坦诚一些无可厚非，但是如果不懂得变通，掀别人的伤疤，则会遭到别人的厌烦，碰钉子是在所难免的事。

雯雯也没什么坏心眼。她为人非常热情，别人有个大事小情，她都帮忙。可是，就那张嘴害了她。和她同时进公司的人，不是有了更重要的职位，就是成了她的顶头上司，只有她还在那儿原地踏步呢。雯雯也知道是怎么回事，可就是管不住自己的嘴巴。

在一次公司的聚会上，她的顶头上司、销售部的主管王雨穿了一件紧身连衣裙。由于主管身体很胖，紧身连衣裙勒在身上非常滑稽，雯雯看了，就忍不住说："王姐，您这件衣服真漂亮，可就是穿在您身上有点可惜了。您看您那么胖，把衣服都给撑没型了，看上去整个就一圆桶。"

王雨听了，狠狠地瞪了一眼，生气地说："圆桶我乐意，又没穿你身上。"

雯雯尴尬地站在当地，不知所措。好在此时公司的领导开始讲话了，大家的注意力随即被引开了。

雯雯的好朋友、同在销售部的晴雨拉了她一把说："你干嘛说得那么直接啊？你就不会表达得稍微委婉一些吗？她是领导，你不恭维也就罢了，怎么能说这种话，让她当众出丑呢？以后有你好受的了。"

雯雯一脸委屈地说："我说的是实话啊。她本来就很胖，确实是像个圆桶嘛。"

晴雨无奈地说："我知道你说的是实话，大家都看在眼里呢。你表达的时候别那么直接，可以含蓄一点啊。你那么直接，谁听了心里会舒服啊，何况还当着这么多人的面。"

雯雯不做声了。

这时候，同事小鱼前去和主管王雨搭话，她说："王主管，你穿连衣裙真漂亮，以前都没有见你穿过。"

王雨笑呵呵地说："我以前总觉得自己穿不合适，这次也是尝试着穿了一下。怎么样，感觉好看吗？"

小鱼说："挺漂亮的，犹如一道亮丽的风景线。不过这套连衣裙做得稍微有点不合体，尺码小了点，回头我帮你改一改，效果会更好的。"

王雨笑着说：“好啊，那真是太谢谢你了。”

晴雨对雯雯说：“你听听人家怎么说话的。为什么同一个意思，从人家的嘴里说出来挺中听，从你的嘴里说出来就那么难听呢。”

雯雯很实在，在见到主管王雨穿着连衣裙非常不合适的情况下，说出了实情，可是却遭到了王雨的讽刺。相比而言，小鱼说话非常委婉，受到了王雨的欢迎。由此可见，并不是对别人坦诚就可以赢得别人的好感。过于坦诚，则会把别人掩饰缺点和不足的幌子给扯去，所以，即使坦诚，说话也要委婉一些，让别人能够接受你的满腔真诚。那么，如何用委婉的话来表达你的坦诚呢？

1. 多用些褒奖的词

如果你发现了别人的缺点和不足的时候，不要直接说出来，要用褒义词来表达。对方不是傻子，自然能听懂你暗指的含义。比如说你看到某个人太胖了，如果你说“你太胖了”，对方听了肯定会不舒服，继而对你冷言相加。如果你说“你身体真棒”，别人自然会明白你是指他有些胖。用“棒”来代替“胖”，既坦诚，又不伤害别人的自尊心，可谓是一举两得。对于女人来说，要学会用这种褒奖的词表达对方的缺点和不足。

2. 恰当使用修饰虚词

对于自身的缺点和不足，谁都会很敏感。对别人坦诚表达，不是不可以，关键在于把握好表达的这个“度”。这就要在修饰虚词上下工夫。比如同样是说一个人胖，如果你说“你稍微有点发胖”，别人会觉得自己的缺点不是很严重，因而能接受，但是你说：“你实在是太胖了。”那么别人会觉得自己的缺点非常明显，心里自然不舒服，继而送给你一句：“我胖，关你屁事。”这就是用不同的修饰虚词表达所得到的不同结果。因此，作为女人，要准确使用修饰虚词，为自己口下积点德，赢得好人缘。

保护他人隐私，别把自己的路堵死

生活中，很多人看起来人缘很好，可是时间一久，大家都不愿意和他接触，究其原因，他们不会替别人保守秘密。尤其是一些女性朋友，为了在别人面前显摆，总把别人的隐私当成谈资。时间久了，大家觉得和她做朋友没有安全感，继而选择和她保持距离或者躲避着她。

事实上，这种人无异于自掘坟墓，把自己的路堵死了。俗话说“多一个朋友，多一条路”，如果你身边连一个朋友都没有，试想你的“路”该通往哪里？没有人希望自己被别人出卖或者背叛。守口如瓶，替别人保守秘密，是一个人对朋友最起码的要求。

夏雨人长得漂亮，脾气也好，刚进公司，大家都很喜欢和她接触，可是过了一段时间，她身边的朋友一个个都开始远离她了。这让夏雨多多少少有些不能理解，她觉得同事们太难相处了。

这天，主管刘姐结婚了，邀请全公司的员工前去祝贺。一大早，夏雨去得特别早，她很热心，想早点去，看有什么需要她帮忙的。也真巧了，这天早上伴娘临时有事，没有赶过来。于是夏雨做了临时的伴娘，帮助刘姐梳妆打扮。

不一会儿，娶亲的车来了。新郎新娘在说话的时候却发生了口角，两人情绪都比较激动，刘姐一怒之下，扯下了刚刚弄好的婚纱，要延误婚期。这下可气坏了新郎，于是两人发生了肢体的冲突。一旁的夏雨是劝了这个拉那个，好不容易才把新郎、新娘的情绪稳住。

婚礼如期举行。

可是，过了没几天，刘姐和老公在结婚前的这段小插曲就传遍了公司，成了别人茶余饭后的谈资。主管刘姐走到哪里，都有人在窃窃私语。很多同事见了刘姐报以奇怪的眼神，甚至还有一些领导隐射地询问：“小刘，你幸福吗？”

本来，因为夏雨及时帮忙帮她解决了燃眉之急，刘姐心存感激，把夏雨当做知心朋友，在工作中也有意无意地照顾她，可是婚礼这段小插曲的外传，让刘姐非常生气。不言而喻，是夏雨传播了这条消息。

从那以后，刘姐故意打压夏雨，给她分配最难做的工作，还时不时地把她叫过去，给她狠狠的一顿臭骂。同事们也因为夏雨传播别人的隐私，而不敢和她有过多交往，生怕哪一天自己的隐私被她传播开来。

故事中的夏雨无意中将刘姐的隐私传出去，实际上也是堵住了和刘姐做朋友的路，甚至堵住了自己事业发展的路。由此可见，学会守口如瓶，为别人保守秘密，是为自己搭好良好人际关系的路，也是为人处世必不可少的原则。那么，作为女人，如何才能做到保护他人隐私呢？

1. 克服虚荣心理

很多人在虚荣心的作祟下，总想成为谈话的焦点，于是拿别人的隐私来吸引众人，被人围着，满足自己强大的虚荣心。拿别人的隐私换取一时的虚荣，无形之中出卖了你的朋友。众人得知了他人隐私，无非是哈哈一笑，掀起一股流言蜚语，而你却堵住了和对方继续做朋友的路。别人得知你是个“大嘴巴”，亦不会和你走得太近，甚至是躲避着你，这样一来，你会慢慢地发现，身边的朋友越来越少了。所以，作为女人，尤其要去除虚荣心，别陷入这样的怪圈。

2. 勿拿隐私表真诚

女人的身边不乏喜欢探听别人隐私的人，他们总会千方百计地从你的嘴里套出他人的私事。如果你不告诉他，他会觉得你不够朋友，对他还隐瞒。因此，很多人为了获得身边人的友善，往往把别人的隐私告诉他们。尽管你叮嘱他不要告诉别人，但是他仍会用同样的方式去告诉别人。谁都在强调不要传扬出去，可是自己本身就在传播。这样一来，你失去了别人的信任，一样没有换来身边人的友善。对于他们来说，你能出卖别人，一样能出卖他们。所以，你的大嘴巴只能让他人对你敬而远之，而不可能换来真诚和友善。所以，千万不要拿别人的隐私来换取友谊。

3. 养成缄口的好习惯

平日里，要养成三缄其口的好习惯。不管对谁，都不要随便把别人的隐私说出去。这样时间久了，你的意识里就会有一种责任替他人保守秘密。“习惯成自然”说的就是这个道理。当你养成这个习惯后，你有意无意地注意把守好嘴巴，尤其是涉及别人隐私的东西，你要视其为不可触碰的雷区。这样，就能做到守口如瓶，获得更多人的欣赏和喜欢。你的朋友会越来越多，你的路也会越来越宽。对于女性朋友来说，这一点非常重要。

口风正人才正，女人少说碎语闲言

通常情况下，为人正直的人绝对不会说一些闲言碎语。相反，对于一些经常挑拨是非的人，我们常常说他人品不好，素质太差。因此，在一般人的意识中，口风正的人，往往懂得如何做人。

说人闲话损德。事实也是如此，因为你的闲言碎语为流言推波助澜，进而影响他人的工作和生活，给别人带来很多麻烦。尤其是一些女人，在说闲言碎语方面可谓登峰造极，哪里有流言，哪里就有她们的身影。对于这样的女人，人们往往嗤之以鼻。

大学毕业之后，梅英报名参加了空姐的选拔。借着良好的相貌和身材，最终她如愿以偿地当上了空姐。这让同学们羡慕不已。可是在这个岗位上仅仅待了六个月，梅英就被公司辞退了，这多少有些让人不解。

刚开始上班，梅英对待工作非常认真仔细，成了同事们中的楷模，领导常常表扬她。可是因为一次意外，让领导对她另眼相看，最终导致她失去了这份工作。这次意外，就是她说了一些公司和领导的闲言碎语。

原来，和她一起进入公司的一个叫做华韵的女孩，喜欢上了公司的一个基层领导王凯。男方已经有家室，可是女孩还是穷追不放。同事们之间时不时地传出很多与之有关的绯闻。一开始的时候，梅英并没有参与进去。

这天，和华韵关系不错的另外一个女孩说：“你们知道不，华韵和王凯在酒店里开房，结果被王凯的老婆发现了，当场给堵在了酒店里，为此，都闹到公司里来了。”

女孩们顿时七嘴八舌地讨论开来：

“什么时候的事情？”

“她老婆是怎么知道的？”

“没发生流血事件吧？”

……

出于好奇，梅英也凑上去说：“不会是绯闻吧？”

女孩瞪了一眼说：“我经常和华韵在一起，这还有假啊？”

梅英说：“倒也是啊，王凯那么帅气，女孩子喜欢他也是情理之中的事。”

女孩接着添油加醋地说：“本来这事也很好解决，问题是现在华韵已经怀有五个月的身孕了。孩子拿又拿不得，要是生下来，问题可多着呢。”

梅英说：“不会吧？都有五个月的身孕了啊？这可了不得。你说，她也真是的，人家有家有室，这不是拆散人家的家庭吗？”

这时候，领导刚好走了过来，梅英说的话刚好被听到了，领导以为是梅英传播流言，随即批评了她。

后来，由于这件事情给公司带来了极其恶劣的影响，梅英被当做重点流言源给处理了。尽管她做了很多的解释，但是于事无补，最终失去了这份来之不易的工作。

故事中的梅英并不是个喜欢挑拨是非的人，可是却因为她的几句不合时宜的话，让领导们对她有了看法，觉得她素质低，做人不行，进而辞退了她。做事先做人，只有会做人了，才能把事情做好。如果因为到处说流言蜚语而给别人留下人品不正的坏印象，即使你能力再高，也没有用。作为女人，一定要口风正，坚决杜绝闲言碎语，为自己赢得一个好人品的口碑。那么，如何才能做到口风正，少说闲言碎语呢？

1. 不要随意发表你的看法

很多时候，我们总是习惯拿自己的标准去衡量别人。对别人说得不合适的话、做的不合适的事，我们总会把褒贬掺杂在其中。事实上，这在一定程度上就是在说闲言碎语。别人做得好不好，自有他做人的原则，对方又没有请你做裁判，你大可闭上自己的嘴。即使你有什么看法、什么想法，心里知道就行，不要随便说出来。话只要从你的嘴里说出来，就代表着你的意愿，就得承担相应的责任。对于女人来说，多一事不如少一事，不要随便说出你的看法，以免话说得不合适，让别人觉得你的人品不好，这样就得不偿失了。

2. 多说让人愉悦的赞美话

很多聪明的人，不论走到哪里都是夸奖别人，而很少有批评别人的话。赞美的话能给人带来愉悦，也不会得罪人，何乐而不为呢？更重要的是，你懂得欣赏别人，则会让他人觉得你有涵养、人品正。你所说的话在取悦别人，而不是在损害别人。可是你也许会问，有的人浑身毛病，难道也要睁眼说瞎话，把缺点说成优点吗？当然不是这个意思。任何人都有优点，你只要说他的优点，忽略他的缺点，对于他来说就是最大的恩赐，你也不会因为说话而担负道德的压力。对于女人来说，更要学会说赞美的话，给自己的嘴抹上蜜，别人都会觉得你是个大好人。

3. 对于闲言碎语听听就行

有些人本身不喜欢说别人的长短，可是周围的人谁都在说，忍不住也要说上两句，可偏偏他说的这两句让人听到最终成了流言。因此，对于身边的闲言碎语，我们听听就行了，不要再去发表你的高论。这时候，你不说话别人也不会当你是哑巴，反而会因为嘴下积德，赢得别人的称赞。事实上，不管你说什么，道人长短总是不对的，因为你不了解别人，只能是闭着眼睛瞎说。凭什么把你的价值观念拿来要求别人呢？尤其是女人，更要注意，不要加入到说三道四的行列中去。否则，会因为你的坏口风而给别人留下人品不好的印象。

不炫耀自己，特别是别人失意之时

在人际交往之中，得意时不要随便炫耀，冷不防谁就在失意当中，你的得意炫耀无疑是对他人的嘲讽。尽管你没有这样的意愿，但是，对于别人来说会有这样的感受。

如果知道有人正在失意当中，就更不能炫耀自己了。你把自己的愉悦情绪表达了，但是却让别人的内心更加难受。别人会把你的无意发挥当做有意的伤害，并可能记恨在心，这对于你来说并不是一件好事。

锦华准备要开一家服装公司，在开业当天，邀请了很多生意上的朋友过来捧场。杨兰也在其中。和别人不同的是，杨兰最近生意失败了，赔了不少钱，因此心情非常不好。本来不想来了，无奈她和锦华的感情很好，所以，只好硬着头皮前来参加。

剪彩仪式结束之后，锦华邀请朋友们陆续入席。杨兰没有多大的胃口，也只好坐在桌边，捧个人场。之前锦华知道杨兰的情况，所以事先交代过，今天是宴请，不要谈生意上的事。但菜过五味，锦华的一个生意上的朋友最近发了不小的一笔财，由于多喝了两盅酒，对方情绪逐渐高涨，开始大肆吹嘘了。

他说："你们不知道，我最近特高兴，一笔小生意足足赚了6万多，之前我从来没有一下子赚过这么多的钱，今天我要好好庆祝庆祝。"说着和周围的人干起杯来。杨兰听了，心里不是滋味。

锦华见杨兰有些情绪不对，急忙上前去制止，可是对方正喝在兴头上，哪里顾得了那么多。最后，杨兰只好推说自己身体不舒服，匆匆离开了现场。出来的时候，杨兰抱怨说："不就是挣了点钱吗？得意什么啊？好像天底下就他会赚钱似的！"

没过两月，杨兰的生意渐渐有起色了，而那位仁兄却赔了大笔的钱。他去找杨兰，希望杨兰能在生意上帮他一把。杨兰却说："你不是很会赚钱吗？

怎么也有赔钱的时候啊？对于你这样的老前辈，我们只能好好学习，哪轮得到我来帮助你啊！”说完，笑着离开了。

对此，锦华也无可奈何。

故事中的那位朋友本来无心去伤害别人，但是对于杨兰来说，这个时候正伤心难过，对方得意地大肆喧嚷，无疑是对她的讽刺，因此而记恨在心。得意的时候不妨低调一些，既是照顾失意人的情绪，也是谦虚的表现，这样才不至于在无意之中得罪朋友。那么，作为女人来说，得意之时该如何做呢？

1. 态度上淡定一些

当一个人在得意的时候，最想做的事情就是让别人分享自己的快乐。事实上，这并没有什么不妥的。但是把你的快乐带给别人的同时，也在向别人炫耀你的本事。如果没有本事，自然得意不起来。因此，这时候，态度上要淡定一些，让别人觉得你不是在骄傲，觉得你根本不在意目前取得的成就。这样，即使与你交往的人在失意之中，也不会因为你的态度而觉得不舒服，相反，因为你得意之时的淡定，也会让失意的朋友学会淡定。对于女性来说，得意的时候不要将你的喜悦和兴奋表现过于明显，这会给你带来很大的帮助。

2. 言语上谦虚一些

有些人因为一时的得意就觉得自己了不起，总是喜欢在别人面前卖弄，动不动就说“我怎么怎么样”，以此来让别人羡慕和敬佩，来满足自己强烈的虚荣心。殊不知，在你不断炫耀时，已经把自己架到了某一个高度，在这个高度上你只能成功不许失败。事实上，这是不可能的。因此，在言语上炫耀自己是自掘坟墓，同时，也会让正在失意之中的人记恨于你，当你遇到失意时，对方会跳出来嘲笑你。那时候，你再寻求帮助，已经是不可能的事了。所以，作为女人，当你在得意之时，言语上不妨谦虚一些，为自己留条后路。

3. 行为上稳重一些

得意之时，很多人内心兴奋，在行为动作上往往表现得非常明显。这同样是得意外露，会让身边的失意之人大受伤害。因此，当你遇到得意之事时，一定要保持内心的平静，让你的行为动作不要有太大幅度的表现。这样，别人觉得你根本不在意这件事，尤其是那些正在失意之时的人，会对你产生敬佩之情。对于女人来说，行为上要有所收敛，切忌用行为动作来彰显你得意之时的兴奋之情。

点到为止，言语间显示儒雅气度

有些时候，把话说得太透了，会让别人面子上过不去。事实上，点到为止即可，表达出你人性关怀的一面，让别人明白你在保护他的情感不受伤害，在委婉和含蓄的表达中，显示出你儒雅的气质。

说话的时候，多考虑别人的感受，这份善解人意，往往能展现一个人的涵养和修为。同时也展现了一个人安身立命的儒雅气质。作为女人，说话的时候，要表现得和善一些、温暖一些，在言语间显示你的儒雅气质。

小雨和小云是邻居，而且她们还是同班同学，更巧的是，她们还是同桌。由于这么多的“巧合”，小雨和小云两个人经常在一起上下学。小雨的头脑很聪明，可就是不用功，而小云却是那种刻苦钻研的孩子。时间一长，小雨的学习不太好，而小云的成绩却是稳步上升。

眼看期中考试又到了，小雨着急得就像热锅上的蚂蚁，而小云却胸有成竹。考试当中，小雨趁老师不注意，将小云的试卷完完整整地抄了一遍。试卷发下来之后，小雨考了 96 分，对此，小雨很满意。可在周末班会上，小雨却无地自容。

小雨的班主任先是总结了这次的考试，之后提到了考场纪律的问题。班主任说：“在这次考试中，有好几位同学的试卷有抄袭的痕迹。”说完，老师讲了一个故事。

说古时候有一个公子哥，平日里不喜欢读书，读了好几年了，连自己的名字都写不出。但是他却很会圆滑处世，即使自己肚子里没有半点墨水，但是打通了上面的关系，贿赂了主考官，最终以第一名的成绩考取了功名。

然而，他毕竟胸无点墨，更不是当官的材料。不但无法通识上级下发的官文，也无法对州内百姓进行管理。尽管每次他都能想到办法将事情处理了，但是纸包不住火，皇帝在一次微服寻访的时候，亲眼目睹了他的草包行为。

后来，这个来路不正的官员得到了应有的下场。

说完后，班主任说："我知道这次有人抄袭了别人的试卷，但我可不希望你们像那位弄虚作假的公子哥一样，终究被自己的小聪明所害。"听完班主任的话，小雨将头低了下来，原来班主任早就知道她的成绩是抄袭得来的。

班主任得知小雨考试抄袭，但是并没有直接说出来，而是通过一个案例来向她暗示和教育。在这个过程中，她点到为止，充分考虑了小雨的感受。在她的言语中，我们看到一位儒雅的教师展现出的知性美。作为女人，说话的时候，如何才能做到点到为止，言语中显示你的儒雅气质呢？

1. 说话委婉一些，含蓄一些

在表达对别人的意见和建议时，不妨把话说得委婉一些，含蓄一些。别人从你的只言片语中获得了你想要表达的意思，至于接下来怎么做，对方心里比你清楚。你大可没有必要把话说得那么直接，那么明白。含蓄一些、委婉一些的表达，会让别人更容易接受。说白了，你的建议和意见是给别人挑刺，被人否定本身就是难受的事，如果你再言语刻薄，势必引起别人的强烈抵触，这时候的你表现出的绝对不是儒雅的气质。

2. 多照顾别人的内心情感

有些人说话不管别人能否接受得了，一股脑地说出来，先让自己舒服了再说。这时候你是舒服了，可是别人心里难受了，这绝对不是一个有素质、有涵养的儒雅之士该做的事情。因此，要想展现你的儒雅气质，那么就要在说话的时候多照顾别人的情绪和感受。把话说得点到为止，让别人明白而又能愉悦地接受。你对别人理解，即使对方内心不舒服，也会为你的善解人意埋单。作为女性，要学会体会别人的情感，说话的时候点到为止。

3. 多展现你的友善

对于女人来说，心肠本来就比男人软，这也是女性更容易走进别人内心的因素。因此，在说话的时候，尽量展现你的友善，这样你的言语中自然而然地有了儒气。如果你说的话带有嘲讽的味道，别人自然要和你理论一番，搞不好，还会发生更加激烈的矛盾。作为女人，尤其要注意这一点。

第八章
舌绽莲花，求助或拒绝皆随你意

人生活在这个世界上，既会遇到风雨，也会拥有晴天，所以在生活中，女人需要别人的“搀扶”，同样，也会遇到让你不忍拒绝的诱惑，碰到难以抗拒的挑战。这时候，作为女人必须学会求助于人，还要学会大胆说“不”、勇敢说“不”。然而，有时求人帮助的话、拒绝别人的话难说出口，求人害怕被人拒绝，拒绝别人担心会伤害他人。面对这种情况，最好的方法莫过于心理暗示，通过心理暗示让对方明白自己的用意。

求人用“软语”，让人心生怜悯

显示自己的软弱，是一种生存的智慧。在自然界进化的过程中，越善于显示自己软弱的生命体，就越能有效保护自己和适应环境的变化。显示自己的软弱是一种处世艺术，它让女人可以得到那些“逞强”的人得不到的东西——同情。

“恻隐之心，人皆有之。”同情弱者是人性天生的特点。因此要想获得别人的帮助，就要唤醒对方的恻隐之心，调动对方的怜悯之情，使对方在感情上与你靠近，产生共鸣。作为女人，要善于向对方展示自己的软弱，以此来博得对方的同情。

有一天，林肯正在办公，突然传来敲门声，进而进来一位老妇人。见了林肯，老妇人两眼一热，哭了起来。

林肯走上前去，安慰说：“您先别哭，有什么冤屈说给我，我帮助你。”

老妇人停止了哭泣，缓缓地说：“我是一位孤寡老人，我的丈夫在独立战争中为国捐躯了，现在主要靠抚恤金维持生活。可是前不久，抚恤金出纳员私底下勒索我，要我交手续费。这笔手续费非常昂贵，是抚恤金的一半。”说着，老妇人又哭了起来。

林肯听后十分气愤，他说：“放心吧，我替你打官司，一定要将那个可恶的出纳员绳之以法。”

老妇人忐忑不安地说：“我没有钱出律师费。”

林肯说：“我不收你的律师费，免费为你打这场官司。”

出纳员由于是口头勒索的，没有留下任何凭据，因而指责原告无中生有，形势对林肯极为不利。这时候，林肯两眼饱含泪水，回顾了英国殖民者对当地民众的压迫，爱国人士如何抛头颅、洒热血，如何忍饥挨饿地在冰雪中战斗，为了美国的独立血染疆场。

最后他说："现如今，一切都成为历史，英雄早已长眠地下，可是他衰老而又可怜的夫人在这里要求申诉。她之前也是一位美丽的少女，也曾经与丈夫有过幸福的生活。可是现在她已经一无所有了，变得贫苦无依。即使如此，白白享受着幸福的某些人还要勒索她那一点微不足道的抚恤金，我们能熟视无睹吗？"

法庭里充满哭泣声，法官的眼圈也在发红，被告的良心也被唤醒，承认了曾经勒索的事实。最后，法庭通过了保护烈士遗孀不受勒索的判决。

林肯就是利用老妇人的悲惨，博得了法官的同情，从而通过了保护烈士遗孀不受勒索的判决。可见，在想要得到对方帮助的时候，要显示自己的软弱，从而唤起对方的恻隐之心，调动对方的怜悯之心，从而暗示需要帮助。人心都是肉长的，只要你将自己说得足够的软弱，对方是会动心的。作为女人，如何向对方显示软弱，让他人心生怜悯呢？

1. 说出自己的可怜遭遇

人都有恻隐之心，当你把自己的遭遇说得足够可怜、足够软弱的时候，对方内心深处会萌发出一种原始冲动，想要帮助你。同时对方也明白，你选择他作为倾诉对象，自然希望他能够帮助你。因此，这种帮助会上升到一种责任。这样一来，获得对方帮助的机会大大增大。尤其是女人，当你向别人示弱的时候，如果别人拒绝帮助弱势的你，对方内心势必会遭到良心的谴责，因此，将自己的遭遇说得更可怜一些，在一定程度更能博得别人的同情。

2. 关键时候，用眼泪表达感情

如果你的示弱没有打动对方，那么不妨在关键时候流露真情，掉几滴眼泪。一般人面对别人流眼泪，都会心软，害怕别人说欺负弱者，害怕承受舆论的谴责。因此只要你一流眼泪，对方就会着急，就会想方设法让你停止。这时候，是对方压力最大的时候。作为女人，这是求人的武器，没有人愿意看到一个女人流泪。关键时候，掉几滴眼泪，给他人施加一些压力。

3. 适当恭维对方

在向别人示弱来博取对方的同情心时，也要适当地恭维对方。用你的软弱和对方的成就和成绩形成鲜明的对比。这样一来，无形之中就把你的软弱的责任归咎到对方的身上。对方背负了这种责任，那么就有义务来帮助你，让你脱离“苦海”。因此，适当恭维别人是获得别人帮助的助推剂。女人在适时示弱的同时，也要在嘴巴上加上几滴蜜。这样求人，更加能获得别人的同情和帮助。

求人要真诚，把话说得赏心悦耳

在求助别人的时候，真诚的语言往往能打动别人的心。对于女性来说，尤其是这样。至少让别人感觉到你是真的需要帮助的，这样，他人才会伸出援手，否则就是干涉你的私事。在这个过程中，你的真诚代表的是你的态度、你的请求。

求助别人，不仅仅要把你的真诚表达出来，更重要的是要把你求助别人的话说得赏心悦耳。不是你需要帮助别人就会帮助你，而是他人觉得想帮助你才行。把话说得赏心悦耳来取悦人心，让别人觉得帮助你是一种享受，这样求助于他人，更能得到别人的帮助。

小康和小周是好朋友，从小两个人一起长大，按照她们的话说就是，他们两个人虽不是一个爸妈，但是比亲姐妹还要亲。

小康在一家外贸公司工作，在公司里不怎么受器重，因此小康打算辞职，自己开拓事业。但是，想要创办自己的事业，单枪匹马肯定是不行的。于是她想让小周来帮助自己。小周虽说薪水不高，但是很稳定，而且现在有了家室。创业意味着要冒很大的风险，似乎这对她来说并不是个好的方向。

但是，小周很仗义，爽快地答应了小康的请求。于是二人风风火火地开始准备。等到万事俱备的时候，小周却迟迟没有辞职。这下可急坏了小康。

她明白，要是没有小周的帮忙，这个生意是绝对做不成的。

于是她找到了小周，小周一直低头不说话，小康似乎明白了什么。但是她不想放弃。于是说："小周，你是不是有什么难言之隐啊？"

小周抬起头，望着小康说："我老公不同意我辞职，他说我要是辞职的话，他就要跟我离婚。我也是没有办法啊。"

小康沉默了几分钟说："你现在就这么上班，啥时候是个头啊，你挣的那点工资也只能解决温饱。要是现在咱们不努力，靠男人也不是个事啊。看别人家的孩子穿得好、玩得好，咱们就能忍心让自己的孩子受苦啊。不愿意，咱们就得努力啊。现在年轻，还能闯一闯，再过个三五年，就是想动也动不起来了。一辈子就这么过去了。"

小周陷入了沉思，几分钟之后，她撇了撇嘴，说："康姐，我跟你干了，是好是坏，咱们拼一把。要是干好了，咱们就能过上好日子，要是干不好，就算我倒霉了。"

小康拍拍小周的肩膀说："不要那么悲观，咱们不是还有一半的胜算吗？"

说完，两人哈哈大笑了起来。

不久之后，小康和小周的生意做了起来。

小康在和小周的谈话中，将自己的心打开，真诚地对她进行了一番劝说。她所说的每一句话都像在小周的内心之中敲了一口钟一样，说到了小周的心坎上。由此可见，在需要别人帮助的时候，话语间尽量表达出你的真诚，把话说得赏心悦耳一些，让对方内心高兴，进而选择帮助你。那么，作为女人，如何把话说得真诚一些，让人赏心悦耳呢？

1. 用眼睛盯着对方看

眼睛是心灵的窗户，当一个人盯着你看的时候，预示着对方将心门完全打开。这时候他所说的每一句话都是发自肺腑的心里话。所以，在求助于人的时候，要用你的眼睛来表达真诚。在表达真诚的同时，不要忘了把求人的话说得赏心悦耳一些，这时候就要适当用一些语言修饰，把你希望别人帮助你的渴望心情表达出来，要事先把你的感谢表达出来。同时还需要说一些恭维的话。对于女人来说，用眼睛看着对方更能展现你的一颗淳朴的心。

2. 时不时地点头暗示

在表达真诚的时候，要时不时地点头表示暗示，告诉对方你所说的是实话，是心里话。别人听到你诚恳的语言，再加上你不断地点头暗示，内心会对你所说的话确信无疑。同时，在你表达渴望心情和对别人的感激之情的时候，你的不断点头也能告诉对方：确实是这样的。这样一来，让你所说的话更加真诚。作为女人，要学会用点头来暗示别人，从而进一步赢得信任，赢得别人的援手。

3. 适当表达你的歉意

用真诚的心来寻求别人的帮助，要适当地将你的歉意表达出来，毕竟给对方带去了麻烦。你的歉意表达得越诚恳，对方越不好意思拒绝你，越会帮助你。事实上，这也是表达诚恳的一种方式，一个内心没有诚意的人求人的时候是绝对感觉不到有歉意的。因此，作为女人，在求人帮助的时候，要学会适当表达你的歉意，在歉意中尽显你的诚恳。

把对方抬高，使其不得不为你出力

在你需要别人帮助的时候，不妨给对方戴高帽子，暗示对方的能力强，使得对方在心理上获得一定的满足感，最终也就很容易地向对方传达你想要获得帮助的暗示。女人要学会甜言蜜语，给别人戴高帽子，把对方抬高。

大学毕业，小马应聘到一家大公司做管理工作。

由于刚走出校园，小马工作经验严重不足，面对这么多的管理工作，慌了手脚。她每天都是在尽力地做到最好，可是结果却不尽如人意，无奈之下，小马想从公司找个帮手。由于自己刚来公司就进入公司的管理层，很多同事都不服气，即使是公司的清洁工阿姨都对她爱理不理的，更不用说别人了。

小马忙得焦头烂额，每天回到家就倒头大睡。姐妹们看到小马累成这样，都很心疼，于是就劝她找人帮忙。小马说："我也想呀，可是公司同事都看不起我，谁又会帮我呀?"这时候小马的姐妹说："上学的时候你是最会奉承人的，现在到了工作岗位，你就什么都不会了?"这句话一下子提醒了小马。

后来的一天，小马假装若无其事地来到前台，对小青说："小青，你看我们两个年龄差不多，可看起来你比我年轻多了。你是怎么保养的呀，教教我呗!"听完小马的话，小青不好意思地说："哪里，马姐过奖了。"

小马又说："你每天面对那么人都可以应付自如，你真有能力。还有这些资料，经你整理过之后从来没有出过错，我太佩服你啦!"这时候小青笑得更开心了。

小马乘机说："哎，我和你真没法比呀，你整理这么多东西，都可以做得井井有条，可是我就连个拆分信件都做不好，经常张冠李戴。"小青听到这话，笑着说："要不我来帮你弄吧，反正每天的信件都会先送到我这里。"一听这话，小马明白自己的高帽子戴成功了，于是就赶紧对小青说："那好呀，那就谢谢你了。"

就这样，小马成功地拉到了前台接待小青来帮助自己。随后小马又用了同样的方法，成功地争取到几个普通职员的帮助。虽然小马让他们做的都只是一些简单的工作，但是在一定程度上大大地节约了自己的时间。

其实小马很需要别人的帮助，但是由于公司同事对自己不服气，这让她不好意思直接向对方提出寻求帮助的意愿。后来，她用给对方戴高帽子的做法，暗示对方的能力很强，最终赢得了别人的帮助，进而达到获得帮助的目的。俗话说，世界上没有不求人的人。生活中，我们经常会遇到向别人寻求帮助的事情。有时候直接求助不一定能取得相应的效果，这时候，就要学会给对方戴高帽子，暗示对方的能力很强。从而让对方主动帮助你。那么，在实际操作中，要想获得对方的帮助，如何抬高别人呢?

1. 多肯定对方的能力

给对方戴高帽子的时候，要多赞扬对方的成就，多肯定对方的能力，以此来暗示对方是个有本事的人。谁也不希望自己可有可无，不希望听到别人说自己没有能力。因此，肯定对方办事能力强，无疑正中对方的下怀。既然自己的能力得到了肯定，对方自然会慷慨相助，以证明自己办事能力确实强。这样一来，你会成功达到寻求帮助的目的。作为女性，要适当恭维别人，适当肯定对方的能力，这在无形之中给对方帮助你找了个合适的理由。

2. 利用对比向对方示弱

一般情况下，只有弱者才需要别人的帮助。因此，在给对方戴高帽子的时候，除了恭维对方的能力强之外，还要用对比来向对方示弱。如果对方的能力强，而你不及时示弱，那么对方觉得你不需要他的帮助，因此而放弃帮助你。这样一来，戴高帽就失去了意义。所以，作为女人，一定要及时向对方示弱，你的示弱就是显示别人的能力强大，从而让对方把帮助你当成责任。

3. 要表达你的感激之情

给别人带了高帽，成功地获得了帮助之后，一定要及时表达感激之情。这样，对方觉得更有义务去帮助你。否则你将别人的帮助当成理所当然，那么就意味着对方的付出是得不到你的肯定的。当对方有了这个想法之后，帮助你的热情就会大大减退，更有可能改变原先的决定，放弃帮助你的想法。女人要及时地将你的感激之情表达出来，这样别人觉得帮助了你是值得的，是有意义的，继而对你伸出援助之手。

用女人的细腻言语，激起对方的保护欲

我们不得不承认，作为女人更容易得到别人的帮助，除了我们是弱势群体而容易引起别人的怜悯之外，我们还会用女人特有的柔声细语，来激起别

人的保护欲。一些男人办不到的事情,女人却能轻而易举地办到。

很多女人喜欢用细腻语言来征服别人的心。尤其是一些口才好、善于交际的女人,她们往往能得到很多人的帮助,继而让自己处处逢源。因此,作为女人,如果你的能力有限,那么就要多说些细腻语言,激起别人的保护欲,让别人来帮助你。

这个暑假里,高三年级8班的全体同学参加了学校组织的爬山活动,旨在锻炼不断进取的精神。这天,天气格外好,一大早,大家就在约定的地方集合,浩浩荡荡地出发了。和欢欢同行的有三男两女,大家一路上说说笑笑,非常开心。

转眼间就到了山脚下,大家争先恐后地开始攀登。没过多长时间,欢欢和另外两个女生已经累得气喘吁吁爬不动了。不只是她们体力较弱,更主要的是随身携带的背包像大山一样重重地压在她们的肩上。

这时候,和欢欢同行的体育委员拉了欢欢一把说:"欢欢,赶紧走啊,走了这么点路就走不动了啊。再不走的话,可要被落在后面了。"

看着生龙活虎的体育委员,欢欢想:要是能把背包扛在他的肩膀上,自己就轻松多了。可是怎么才能让他心甘情愿地替我扛背包呢?几秒钟之后,欢欢有了主意。她眼珠子一转,喃喃抱怨说:"我真是太累了,本来身体就不好,肩膀上还要扛这么重的背包爬山,不落下才怪呢!你说,我该怎么办呢?"

看着一脸无助的欢欢,体育委员只好说:"来,把背包给我,我给你背着,你只负责把自个儿扛上山就行了。"

这话正中欢欢的下怀。她装作不好意思地说:"多么不好意思啊,让你替我背包。"

体育委员拍拍胸膛说:"谁让我是男子汉呢。今天我算是任劳任怨了。"说着,接过欢欢手里的背包抗在了自己的肩膀上。为了显示自己一点也不累,体育委员率先走在了前面。

欢欢轻松地耸了耸肩,也踏上了路。另外两个女生则继续背着沉重的背包,在汗流浃背地艰难跋涉呢。

欢欢在想要获得别人帮助的时候，并没有直接把这个要求说出来，而是通过细腻言语，表达了自己的无助，从而激起了别人的保护欲，最终得到了他人的帮助。女人的细腻语言对于男人来说具有很强的杀伤力，要是说得好，便能激起男士的保护欲，让他们心甘情愿地帮助你。那么，作为女人，说细腻语言，激起别人保护欲的同时，要注意哪些方面的问题呢?

1. 及时地恭维别人

要想激起别人的保护欲，就要让他人感觉到自己很强大、很能干。当对方内心深处有了这样的认同并开始自恋的时候，也是最有可能对你伸出援助之手的时候。因为这是证明对方的最好方式。因此，要及时用甜言蜜语来恭维他人，把别人说得心里高兴了，不用你再暗示，对方自愿产生一种想要帮助你的保护欲。对于女人来说，说赞美和恭维话的时候，不妨把你的钦佩和欣赏的感觉表达出来，让男人在你的面前证明自己。在这个证明的过程中，你也得到了想要得到的帮助。

2. 适时地示弱于人

人都有恻隐之心而同情弱者，对于不如自己的人，内心深处都有一种冲动，想要帮助他。因而在男人的面前示弱，能激起他们的保护欲。在示弱的时候要懂得说细腻言语。不但说话的时候尽量轻声一些，还要面带愁容，把你的无可奈何表现出来。这时候如果男人不帮助你，内心就会受到良心的谴责。事实上，这时候你已经把自己的问题丢给了身边的男人。因而，对于女人来说，要用你的细腻语言适当地向你身边的男人示弱，激起他们的保护欲。

3. 要学会恰当地撒娇发嗲

在适当的时候，男人办不到的事情，女人却能用撒娇、发嗲的方式办到。因为这样会激起他人的保护欲，从而对她特殊照顾。因而，女人在适当的时候，要善于用细腻言语撒娇和发嗲，让你身边的男人为你而陶醉，为你“赴汤蹈火”。同样，一个会撒娇、会发嗲的女人有一些孩子气，这恰恰是男人内心之中最需要的情感，因此，她更能激起男人的保护欲。

求人不难，“登门槛”式说话能奏效

当一个人态度强硬的时候，最好不要直闯对方的情绪禁区，要慢慢地一步步地提高你的要求，要学会“蹬鼻子上脸”。在对方不经意间，慢慢达到你所期望的目的。这就是著名的“登门槛”效应。

很多时候，当你对别人提出你的要求时，对方很敏感，会一口拒绝。这时候，不妨学会使用“登门槛效应”，提出一些对方所能接受的小要求，对方觉得要求不过分，会满足你。这样让对方在满足你的要求的心理定式下，你再提出更高一级的要求，从而一步一步地侵蚀他人的心理防线。

王跃是一名销售员，一次她到一家企业去推销产品，当她敲开了经理办公室的门之后，经理见是一位业务员，就没有给他说话的机会而直接说：“本公司谢绝推销，你可以走了。”说完准备关门。这时候王跃说：“先生，我口渴难耐，想喝点水，不知道您是否允许。”

经理见对方不提推销的事情，只是想喝一杯水，于是答应了王跃的要求，让她进屋，给她倒了一杯水。

王跃一边喝水，一边和总经理聊了几句。慢慢地聊到了对方的需求，聊到了王跃所推销的产品上。经理本不打算听她介绍，但是在不知不觉中已经听完了。王跃最后拿出一套产品说：“要不您先试着用，合适了再买，不合适的话我拿走。你看行吗？”

经理觉得这也行，反正不用白不用，大不了过几天还给她就是了。于是接受了王跃的建议。事实上，等下次王跃出现在办公室的时候，经理乖乖地付了钱。不是产品有多好用，只是觉得用了对方的产品，再退回去怎么也不合适。

客户对销售员有很强的防备心理，而王跃应用“登门槛”效应，一步一步地提出要求，让客户在不经意间慢慢地接受，最终达到和客户合作的目的。那么，如何应用“登门槛效应”来侵蚀他人的心理防线呢？

1. 提出对方能接受的小要求

当你求人时，如果把你的要求直接说出来，对方或许会怕麻烦，或许会觉得帮助你压力有点大，进而拒绝与你。这时候，想要征服对方的心，不妨向对方提个能接受的小要求。如果你的小要求提得并不过分，一般情况下对方都会答应你。当对方答应了你的小要求开始帮助你的时候，再不断地通过蚕食的方法增加你的要求，这样，别人帮助了你第一步，一般不会拒绝帮助你第二步。

2. 学会拓展要求

对方满足了你的小要求，实际上已经营造了顺从你的心理定式。这时候要学会拓展你的要求。因为第一次顺从了，第二次拒绝就会否定自我，因此，对方顺从的概率远远高于拒绝的概率。当然，拓展要求的时候要把握好度，一步一步来，不可急功近利。给别人太大的压力，别人亦会觉得压力太大而拒绝你。对于女人来说，一定要学会“蹬鼻子上脸”，不要觉得别人帮助了你，就不好意思再麻烦别人。只要你把握好尺度，牵着对方的鼻子走，对方一定会在帮助了你的前提之下再次帮助你。

3. 抓住时机，提出更高要求

当你的要求一步步得到满足时，要抓住时机提出更高的要求。因为有前面的顺从，对方不好意思再拒绝你，否则对方在你心目中的好人形象就会大受折损。鉴于对方的这种心理，一定要及时提出你的要求。当然，时机一定要把握好，在你第一次要求马上被实现的时候再提出第二次要求，在第二次的要求马上被达成时，再提出第三次的要求。这样一步一步让别人来帮助你，避免了一次性提出要求被人拒绝。对于女人来说，时机把握一定要准确，不能早也不能晚。

让对方读懂你的“利用价值”

在日常生活中，我们需要别人的帮助，不管是金钱上的还是别的方面的。得到了别人的帮助,就要给予别人一定的回报,这样别人才会觉得帮助你是值得的。否则,别人为什么要帮助你呢?

我们在寻求别人帮助的时候,要让对方看到互利互惠的双赢结果,以这样的方式来提醒对方,暗示对方“帮助我你是可以得到好处的”。当对方得到这样的暗示之后,自然愿意帮助你。

大学毕业之后,小高四处找工作,但是结果却不能如愿。并不是小高不愿意做事,而是社会竞争的压力太大,很多企业水涨船高,对于没有任何工作经验的应聘者免谈。这样几次碰壁之后,小高选择了回家创业。

可是创业是需要资金的,没有资金,一切都是空谈。在选择好了行业之后,小高开始四处筹募资金。但是由于小高没有固定的收入,所以亲戚朋友对她都不信任,都不愿意借款给她,再加上是要借钱做生意,所以更加没有人来支持她了。

这时候,小高想起了自己的舅舅。舅舅早年是公办教师,尽管现在退休了,但是退休工资还是很高的,有一定的积蓄,这是小高所知道的。可是小高心里很清楚,舅舅不可能就这么拿钱出来给她,想来想去,她决定给舅舅算利息。当然,她的这个利息要比银行的利息高出5个点。这样有了利润,舅舅帮助她的可能性就更大了。

这天,她买了很多水果,来到了舅舅家。舅舅看到小高来看望自己,心里很高兴。言谈中,小高向自己的舅舅透露了自己的想法。舅舅没有明确反对,也没有应允,只是告诉小高,他需要考虑。

三天后,小高再去探望舅舅,舅舅很高兴地说:“反正这点钱放在银行跟放在你那里都没有啥区别,放在你那里还能收更多的利息。”

说完,就把存折给了小高。

在这件事中,小高就是让舅舅看到了合作的好处,从而成功地争取到了舅舅的帮助。如果没有小高提示的高于银行5个点的利息,那么舅舅可能不会把钱借给她,因为毕竟要承担一定的风险。由此可见,在向对方暗示想要获得帮助的时候,能够先让对方看到你的利用价值,成功的概率自然就比较大。在让对方看到你的利用价值,以此来寻求对方的帮助时,应注意以下几个方面。

1. 将利益讲明白

想要让对方帮助你,那么就要把对方所能得到的好处讲明白。让对方知道自己能得多少实际的利益。当然,在这个过程中多渲染得到好处的现实意义,同时还要注意,不可将你所做的事情的困难和压力说得过重,这样会增加对方的担忧,增加帮助你的风险意识。你要知道,你在寻求对方的帮助,对方帮不帮助你,往往要综合考虑利弊。作为女人,尤其要善于揣摩别人的心思,把他人的顾虑和打算完全考虑进去,在他人难以抉择的点上再加把劲。别人看到了你的利用价值,自然愿意帮助你。

2. 不要忘记讲感情

很多人觉得既然与钱有关,那么就与感情无关。事实上,这就大错而特错了。即使是利益之间的博弈,也不要忘记讲感情。话说回来,如果不是彼此之间的感情,你也求不到对方那里去。所以,在承诺对方好处的同时,也要强调双方之间的感情,不要一味地谈好处而淡忘了交情。作为女人,在谈利益、谈价值的同时,也不要忘了适当地谈感情,这样才能合作得更加长久。

3. 感恩的话说到前头

别人帮了你的忙,就要表示感谢。尽管对方有一定的利益要求,尽管对方还没有实质性地帮助你,但是一定要把感恩的话说到前头。这样一来,对方会觉得你值得帮助。而且,把感恩的话说到前头,即使对方有什么疑虑,也不好意思再推脱。所以,对方能帮助你,就要打心眼里感激,不要因为对方要利益,就淡漠了彼此之间的情感。

遇到不合理的要求巧妙说“不”

生活中,有时候我们遇到不合理的要求,总是会不知所措,或是陷入两难的境地,自己既不想伤害对方的自尊,也不愿打击对方的信心,又不想就此勉强接受对方的观点。其实在这种时候,要学会拒绝。

有很多人在拒绝别人的时候总是表现得很绅士，既不得罪人，又可以很好地表达自己拒绝对方的意愿。有时候，人们还笑称他们是“拒绝高手”。其实回头想想，他们之所以能够如此绅士地拒绝对方，重要的就是他们在拒绝别人的时候，巧妙地将拒绝的意思告诉了对方，这样能让对方心理上有个回旋的余地，更容易接受被拒绝的现实。

大学毕业后，小李来到一家公司工作。她学的是会计，在公司管理账目。总有一些人在想方设法地想从小李这里多报销，但每次小李都很友善地拒绝了。为此，小李得罪了不少人，公司很多人见了小李都甩白眼。

一天，小李在办公室总结年度账目，公司材料部张主任走了进来，笑呵呵地说：“小李，下午有时间没？咱们一起吃个饭吧。多长时间了，咱俩也没有好好聊聊了。”小李当时也没有多想，就答应了。

原来，这位材料部的张主任是小李以前的邻居，没少帮过小李。

下班后，两个人来到饭店。这天张主任非常慷慨，点了很多菜。待到三杯酒下肚后，张主任才说出了自己的真实意图。原来今年公司曾购过一大批建筑材料，这件事主要由张主任负责，今天请小李吃饭，目的就是希望小李可以帮自己多报点账。

小李明白了张主任的意思，并没有当场拒绝，而是笑着说“一定，一定”。嘴上虽然这么说，心中却很为难，她知道绝对不能答应，但是不答应又不知道该如何拒绝。这次饭局之后，张主任总是到小李的办公室转悠，小李也总是很客气地对待他。

这天，张主任看办公室里没有别人，笑着说：“小李，你看我上次跟你说的那事……”

小李抬起头说：“噢，原来是张主任啊，您说的是什么事啊？请您再说一遍，好吗？谢谢。”

在说这话的时候，小李将平时称呼的“你”改成了“您”，而且用上了“请”，最后结束的时候，还说了声“谢谢”。这些客气的词，让张主任感觉很不舒服。他笑着说：“小李啊，你今天是怎么了，怎么还跟我客气起来了呢？”

小李笑着说："张主任，有什么我可以为您效劳的。"

张主任明白了，这是小李在故意和他拉远距离。但是他还是不想就此放弃，于是说："你看，我那事你能给办一下吗？材料我都拿来了。"

小李故意说："您说什么？您能大声点吗？我没听清楚，不好意思。"

张主任没再说什么，悄悄地走了。从那以后，张主任再也没有提过这件事情。

小李在表达拒绝的时候，没有直接说"不"，而是采用了和对方客气的方法，故意拉远和对方的心理距离，让别人知难而退。由此可见，在拒绝别人的时候，不要直接和对方说"不"，而要采取相应的方式方法，让他人感觉到来自你的拒绝。那么，遇到别人提不合理的要求时，如何才能巧妙地表达出你的拒绝呢？

1. 吹捧对方，暗示想要拒绝对方请求

吹捧对方，让对方觉得自己很了不起，很能干，很有本事，无疑就是在告诉对方：你这么有本事、这么能干的人都做不到的事情，我一个无名小辈怎么能做得到呢？所以，当别人听到你一个劲地吹捧他的时候，自然明白你不愿意应允。当然，这个时候，你所说的必须是事实，对于对方来说，你的吹捧无疑是给他带了高帽子，让他知难而退。对于女人来说，要让别人显得比你强大，暗示你的拒绝之意。别人明白了，自然不好意思再强求下去。

2. 说客气话，暗示想和对方拉开距离

当你遇到别人提出的不合理要求的时候，直接拒绝难免伤害彼此之间的情感。不拒绝又绝对不能应允。这时候，在和对方的谈话中多说一些客气话，以此来告诉对方：两人之间并非那么亲密无间，你的事情不是我的事情，我不想为你受委屈。客气话一般都是在彼此陌生的两个人之间说，你突然客气起来，那么无疑是将双方摆到了陌生人的位置上，既然是陌生人，就没有理由要求什么。因此，说客气话是拒绝别人的好办法。

3. 故意贬低自己，降低对方的期望值

故意贬低自己，暗示对方没有能力帮助他，以此来破坏对方心目中自己的形象，进而降低对方的期望值，并以此来达到拒绝对方的目的，同时也避免了直接拒绝的尴尬。要学会先在对方面前贬低自己，多说自己的缺点和不足，多强调自己的问题。这样一来，对方会从你的自我贬低中明白你拒绝的意愿。因为对方要来求你，自然是肯定你的，你自动贬低，回馈给对方的自然是拒绝。作为女人，要学会用贬低自己来保护自己。对于别人不合理的要求，这无疑是最明智的应对方式。

委婉地拒绝，不伤对方的心

生活中我们经常会遇到别人的请求，若直接拒绝，那么对方在收到拒绝的信息的时候肯定会尴尬，并因此而伤心。但自己又不愿意答应对方，让自己受委屈。这时候，在表达你的拒绝之情的时候，应尽量把话说得委婉一些，含蓄一些。

人在被拒绝之后，心里都会有失落感，这时候，含蓄委婉的表达在一定程度上可以降低对方受伤害的程度，至少能表达出你拒绝别人而感到的不好意思。对于女人来说，把话说得含蓄一些，则更能让别人感受到你的善良。

相同的意思，换一种说法，会给别人更加舒服的感觉。遭受拒绝本身就不是一件愉悦的事情，如果在言语上再得不到应有的尊重，心理落差就会加大。所以在拒绝别人的时候，要尽量说得委婉、含蓄一些，让别人在遭到拒绝时感受一份温暖，但是一定要把意思表达清楚，以免去不必要的麻烦。那么，究竟如何才能委婉地表达拒绝，又不伤别人的心呢？

1. 尽量少用否定词

一般情况下，否定词直观地表达了否定的意思，比如说："不行"、"不允许"等。在使用了这些词以后，会给对方一种接受命令的感觉。事实上，谁也不喜欢别人高姿态地命令自己。尤其在被拒绝的时候，更加反感。所以，作为女人，要想含蓄地表达拒绝的意思，又尽可能不伤害到对方的自尊心，就少用甚至不用否定词。

2. 站在对方的角度说话

在拒绝别人的时候，一般情况我们都是站在自己的角度上看问题。这样无形之中就和别人形成了一个对抗体。所以，要想委婉一些拒绝别人，首先要化解这个强大的对抗体。这时候不妨站在对方的立场上看问题。让别人觉得你是在真心实意地关心他、对他好。这样一来，彼此对抗的情绪就会迅速化解。

3. 为对方的要求找个理由

被别人拒绝是件非常尴尬的事情，尤其是在公众场合之下，如果处理不好，往往会让人颜面尽失。这时候，要学会给对方提出这样的要求找个合情合理的理由，让对方明白你的态度，你所要表达的意思。在这个合理的理由的引导之下，对方找到了台阶下，有了理由便会自然放弃要求，心理上得到了很大的平衡，尽管结果是被拒绝了，但是在这个理由的暗示之下，就不会被拒绝的心理落差所伤害。

对待过分之事，要说有力度的话予以回绝

很多时候，我们觉得自己处在被动状态，面对对方的不断“进攻”，自己总觉得无力招架，想要告诉对方“不可以，不能够，真的不行”，可又顾及对方的自尊和颜面，总是一忍再忍。这样只会让对方觉得自己被接纳了，长此以往，误会就会越来越深。

真正的智者，在面对这种情况的时候总是能够应对自如，他们既不会在对方面前让自己颜面扫地，也不会伤害对方的自尊，还可以很好地表达自己拒绝的本意。在面对对方的“进攻”时，他们会选择运用更加积极的态度，来让对方知难而退，最后达到拒绝对方的目的。

小丽已经做到了主管的位置，再加上有姣好的容貌、魔鬼般的身段，还有那不错的家庭背景，因此小丽在公司里可谓是“金枝玉叶”，有很多人都梦想着能够娶像小丽这样的女子。

有一天，小丽和老板一起外出应酬客户。在酒桌上，小丽认识了一位名叫赵德玉的小伙子，对方的父亲刚好是小丽所在公司的合作伙伴。由于业务上的关系，小丽和赵德玉经常在一起工作。慢慢地，赵德玉对小丽有了感情。

之后，赵德玉就对小丽展开了进攻。他经常约小丽一起吃饭，也会送小礼物给小丽，下班的时候总是在公司门口等小丽。面对赵德玉的穷追不舍，小丽总是选择逃避，可是赵德玉的追求不但没有减退，反而越来越热情。小丽心想，毕竟对方的父亲是公司的客户，苦思冥想了好久，小丽决定换一种方式来拒绝赵德玉。

这天，小丽主动把赵德玉约到自己家里吃饭。赵德玉见小丽主动约自己，心里别提有多高兴，于是仔细把自己打扮了一番，欣然前往。

一进门，赵德玉就看到有个男人坐在屋里。进屋坐下后，那位男子给赵德玉煮了一杯咖啡。就在赵德玉端起咖啡的时候，小丽说："你尝尝，我老公煮的咖啡特别好喝。"这句话差点让赵德玉把嘴里的咖啡喷出来。

他满脸疑惑地看着小丽，小丽笑笑说："哦，忘了给你介绍，这是我的男朋友，我们打算今年年底结婚。"说着小丽把"男朋友"拉到了自己的身边。

这时，赵德玉尴尬地笑了笑，和小丽他们一起吃了一顿午餐，从那之后，赵德玉再也没有为难过小丽。

在这件事情里，小丽面对赵德玉的追求，并没有直接拒绝，而是采取了积极的态度来暗示对方。赵德玉是公司的重要客户，面对他的追求，小丽为公司的利益考虑，不好直接拒绝，于是就选择了积极面对，主动将他邀请到家里，并把"男朋友"介绍给对方，使得对方知难而退，进而达到拒绝对方的目的。

想拒绝对方，又不愿意伤害对方的自尊，或是想"买卖不成仁义在"，那就要学会在拒绝对方的时候，以友好积极的态度面对，使对方知难而退，最终实现拒绝对方的目的。那么，在具体操作的时候要注意哪些方面的问题呢？

1. 不要给对方任何机会

在面对别人的“咄咄逼人”时，不要选择消极地逃避。躲得了一时，躲不了一世，你的逃避有可能给对方传递错误的信息。所以，为了避免误会，不妨积极应对。但是积极应对也要讲究方法和策略。比如，别人希望通过非正常渠道，希望你能帮助他办个城市户口。这时候，你不妨将对方叫到家里，把相关文件拿给他看。这样，对方知道你的意思，自然不会再碰一鼻子灰了。

2. 给拒绝对方找个理由

对于软磨硬泡型的人，想要用积极的态度来拒绝他们，就要找个合适的理由，让对方明白不是你不愿意帮助他，而是没有办法帮助他。比如故事中的小丽，想要拒绝别人的追求，逃避只能让对方变本加厉，而拉出“男朋友”，从而告诉对方“不是我不接受你，是我不能接受你”，这样一来，对方自然不好意思再要求了。

情谊不减，巧下“逐客令”

很多时候我们都会遇到“不速之客”，面对这种人，总觉得不好意思拒绝，如果直接让对方离开，会显得很没有礼貌，可是不拒绝，自己又无法开展有计划的工作或是生活。这种窘境，很多人都遇到过。可是生活中还是有很多人，在保全了自己的完美形象之后，轻而易举地将这些所谓的“不速之客”请离自己的身边。

在生活中下逐客令，要达到既能让对方迅速离开，又不伤害彼此之间情面的效果，不妨采取一些暗示性的语言和动作来告诉对方，你很忙，没时间和对方闲聊。进而让对方自动告辞。

小李是公司的人事部经理，因为管理人事调动，所以她的办公室总是会有进进出出的拜访者。对于这种走后门托关系的事情，小李非常厌恶。可是又很头疼。

这天，小李在办公室，突然一阵敲门声传入小李的耳朵。小李说了句："请进！"伴随着开门声，进来了一位中年男子，她头也没抬地随口说了一句"什么事？"

"李经理，是我。"听到这话，小李抬起头一看，原来是公司的王文。

小李和王文关系很好，于是她热情地招呼王文坐下，并让秘书给王文倒了杯水，两个人就开始闲聊起来，聊了一会儿后，王文说出了自己的来意。原来王文的女儿今年刚毕业，找不到合适的工作，就想让小李帮忙引荐到这家公司。

听完王文的话，小李苦笑着点点头，说尽力而为吧。其实小李很清楚，王文的女儿不过是个中专毕业，而且学习还很差，这样的人怎么可能到公司里来呢。但小李一时又不好意思拒绝。

这时候小李故意将秘书叫进来问："小张啊，那个会议是几点钟的？"说的时候冲秘书小张眨了一下眼，小张明白了经理的用意，于是就说："是十点钟的。"

之后，小李总是频繁地看表，而且和王文聊天时也表现出心不在焉的样子。面对这种情况，王文实在是坐不住了，于是就说："李经理，你忙，我还有点事，先走了。"

其实，在这个事例中，小李能够绅士地拒绝对方的要求，就是运用了恰当的技巧和方法。在对对方下逐客令的时候，很好地掌握了下逐客令的艺术，进而使得对方自动告辞。那在现实操作过程中，我们应该怎样掌握下逐客令的艺术呢？

1. 运用频繁看时间的方式来暗示对方

面对那些所谓的"不速之客"，我们要想将他们逐之门外，就要学会运用心理暗示。在他们停留在房间不愿离开的时候，我们可以以频繁看时间的方式来暗示对方离开。如果你频繁地看时间，就会传达给对方，你时间很紧张，你有急事要忙，面对这种情况，对方一般都会自动选择离开。这样既下了逐客令，又做得含蓄，不至于让别人下不了台。

2. 借助给对方找别的事情做来暗示对方离开

如果你想下逐客令，但又不知道怎样才能很有礼貌地使对方离开，你可以忙你的工作，然后再给对方找点别的事情做，比如看看书、看看花之类的事。这样你既不会让对方觉得怠慢他，也还可以表达自己想要让对方离开的意思。只要对方不太笨，应该能理解你的意思而知趣地离开。

盛情难却时，如何不伤和气地拒绝

很多人人缘好，脸皮薄，总觉得拒绝对方是一件令双方都很尴尬的事情。确实如此。将“不可以、不行”这样的字眼放在对方面前，会伤彼此之间的感情，但若是承诺下来又做不到。很多人为此陷入深深的自责当中无法自拔。

将你的拒绝之情表达清楚，而又不伤害彼此之间的和气，关键在于表达拒绝时的方法。比如说在你要表达拒绝对方的时候，可以先吹捧对方，让别人有被拒绝的心理准备，还可以利用客气话和别人保持距离、假装糊涂或者故意贬低自己等。把你的拒绝含蓄地暗示给他人。

张宇和李艳是大学同学，而且她们还是班里的文艺委员。班里的文艺活动一直都是李艳负责组织，张宇负责实施，所以每次李艳都会把自己的想法拿去和张宇商量，最后才会定下具体的实施方法。

最近学校又到了举办元旦晚会的日子，要求各班准备一个节目，然后再由系里进行筛选，最后决定出前三名，送到学校参加元旦晚会。

李艳心里很清楚，这次表演的文艺节目一定要具有很大的竞争力才行。为了准备节目，李艳费了很多心思，最后她决定准备一个藏族舞蹈节目。

像往常一样，李艳把这个想法拿去和张宇商量，同时她还邀请张宇参加自己的舞蹈。听完李艳的想法后，张宇觉得有些不太合适，但他也很清楚李艳为这个节目所花的心思，所以也就不好意思直接拒绝。

想了半天，他对李艳说：“李艳，你真是太有想法了，能够想出这么好的点子。男女二重唱并伴有舞蹈的节目，也许全学校就你一个吧。不过，你不觉得这样做难度会很大，而且也不好协调？如果把男女二重唱换成女生独唱，把藏族舞蹈换成现代舞，效果会不会更好呢？”听完张宇的话，李艳连连点头。

如果听完李艳的想法，张宇直截了当地告诉她，自己不同意李艳的想法，那李艳肯定心里会很不好受，无法接受这个结果。毕竟李艳为了这个想法费了不少心思。而恰恰相反，张宇没有这么做，他保留了李艳辛辛苦苦的功劳，又很好地表达了自己拒绝接受对方想法的意愿。想要拒绝对方，又想保持自己的绅士风度，那就不要用直接的态度来表达自己“不情愿”的本意，否则会在一定程度上打击对方的积极性。那么如何做才能不伤和气，又能拒绝他人呢？

1. 接受对方的想法时多肯定他人

在拒绝别人的时候，如果一开始就告诉对方“我不同意，我不愿意”，那么对方一定会接受不了，而且会非常生气。因此，在接受对方的意见和想法的时候，要多肯定对方，肯定对方的付出，肯定对方取得的成绩。这样让对方心里觉得美滋滋的，即使之后被拒绝了，也会让别人觉得你善解人意。同时，你在肯定别人的时候，对方也会感觉到你要拒绝他，因而也有个心理准备，当你的拒绝之词说出来之后，别人也不会有太大的心理落差。对于女人来说，尤其要注意这一点，在拒绝别人的时候尽量保护对方的情感免受伤害。

2. 多用客观事实来强调无奈

你身边的人有求于你，而且盛情难却的时候，很多人为了维护彼此之间的情感，选择委曲求全。事实上，这个时候大可不必如此。你没有必要直接地告诉别人，你不愿意帮助他，而是找出客观的事实来告诉别人，你能力有限，帮不了他。一般情况下，求助的人不会强迫你去做你根本做不到的事情。这样可以避免了直接拒绝别人带来的伤害，又维护了彼此之间的情感，可谓一举双得。当然，在强调自己能力有限的同时，还要对别人表示歉意，因为你没有帮助，对于别人来说，多多少少是种伤害。

3. 拒绝别人的时候找好出路

在拒绝别人的时候，不要一口回绝就不闻不问了。要适当地提出新的建议和意见，让对方也认识到新的建议比原来的想法要好。这样，对方也能接受这个被拒绝的事实，否则别人会觉得你是在存心刁难自己，你在伤害他的感情，因为你否定了他。因此，在你拒绝别人的时候，一定要找好出路，让别人心服口服。这样，尽管你拒绝了他，但是你依旧在为他着想。尽管为你不能帮助他而感觉到难受，但他同样会为你的关怀而深受感动。

第九章 从容表达，当众发言女人驾轻就熟

当众发言是赢得别人的支持和认可的最佳手段。但是，在大多数女性的眼里，当众发言需要太大的勇气和智慧。如果你在发言的时候，不自信、紧张，那么你的语速会变快，你的声音会发抖，这会给人留下极坏的印象。因此，对于女性来说，从容淡定地表达是获得别人认可和肯定的前提。如果你连当众表达的勇气都没有，很难想象你会有更大的成功。当然，从容淡定也是可以学习和练习的。

克服紧张感，自信淡定地表达

一般交谈时，我们面对的基本上都是一个人或者是两三个人，交谈的时候觉得很自然，很舒服。但是如果面对的人稍微多一些，我们就会紧张。这是因为我们担心自己说不好，被别人嘲笑，因为人多了，标准就会不一样，评判也会相异。

出现了紧张之后，一定要对自己进行积极的心理暗示，自信一些，淡定一些。要相信自己的能力，同时对于别人的好坏评判不要太在意。这样，当你自信满满的时候，当你觉得无所谓的时候，你的心就会放开，紧张自然会慢慢消失。

对于大学刚刚毕业的寒霜来说，得到这样一个工作机会，实在是太不容易了，她觉得是老天对她的眷顾。于是她迫不及待地打通了电话，对方大概了解了一些她的基本情况后，要求她前去面谈。

当寒霜带着简历出现在公司的会议室之后，才发现自己的面前坐着公司的六七个领导。这与她之前预想的并不一样。一下子面对这么多人，她的内心开始紧张，她担心自己表达不好，引起某个人的不悦，从而失去这个机会。

看着好几双盯着她的眼睛，她的心在狂烈地跳，她甚至不知道该选择一个怎样的开场白将自己介绍给别人。但是很快，她脑子里闪出了这样一个事实：轻松一些吧，自己并没有决定权。于是，她露出了一个真诚的微笑，然后开始从容淡定地介绍自己。

“各位领导好，我叫寒霜，毕业于……”

当她介绍完之后，她对自己的表达感到满意。她没有再感到紧张，她也不担心自己得不到这份工作会怎么样。她将在座的领导当成了学校的老师，当成了身边的朋友，她只是向朋友介绍自己，有什么好紧张的呢，她是这么想的。

事实上，也正是因为寒霜的冷静和淡然，赢得了在座领导的一致好评。因为这份工作正是冷静细心、能扛得住压力的人才能胜任的。

就这样，寒霜如愿以偿地获得了这份让很多人羡慕的工作。她明白，要是当时面试的时候稍微表现出一点儿紧张，那么这个机会便与她擦肩而过了。她赢在了淡定，赢在了从容，赢在了心态上。

寒霜在突然面对六七个领导面试的时候，感到异常紧张，后来在她淡定从容的表达之后，赢得了领导的欣赏和青睐，最终获得了梦寐以求的职位。由此可见，在众人前介绍自己的时候，如果你感到紧张，那么不妨淡定一些，从容一些，这样能在一定程度上克服你的紧张心理。那么，作为女人，如何才能做到自信淡定地表达呢?

1. 声音不妨稍大一些

很多人平日里说话的时候声音很大，但是在人多的时候就不敢大声说话，这是内心紧张的表现。事实上，说话的声音大一些，会增强你的气场，增加你的自信心，在这种积极的心理暗示之下，你的内心便会慢慢地平静下来。相反，当你说话气若游丝的时候，你的心里就会有这样的认同：我不行，我表现很差。在这种消极暗示之下，你会更加紧张。因此，作为女人，千万不要觉得在人多处大声说话会丢面子，会不淑女。事实上，你的卓越表现就是从大声说话开始的。

2. 不要太在乎好和坏

当你说话太想追求好的效果的时候，你就会小心翼翼，举步维艰。这样的结果就是对自己越来越苛刻，越想表达得好，越觉得表达不好。这样对自己有一个失败的心理暗示，你就会越来越紧张，你的表现也会越来越差。因此，作为女人，不要虐待自己，苛求完美。把最终的好与坏、成与败看得淡一些，这样你的内心就会平静很多。当你的内心平静如水的时候，你就不会觉得紧张了。即使紧张了，也会慢慢地平静下来。

3. 给自己假设个身份

我们知道，也很多情况下，说话之所以紧张，是因为觉得自己身份卑微，在那么多地位悬殊的人面前摆弄，会被人看不起。事实上，这时候，你若给自己假设个身份，就不会觉得和别人之间有了差异，你的内心自然也就不会再紧张了。因此，作为女人，如果你不敢在人多处说话，或者在人多处说话会感到紧张，那么在说话之前给自己假设一个身份，让你在这个身份的帮助和暗示之下，淡定从容地表达自己。

众人面前说话，语速声调拿捏好

在众人面前说话的时候，如果语速过快，声调过低，则会给别人一种你很紧张的感觉。即使这时候你不紧张，也会开始变得紧张。因为你总是担心别人不看好你，而恰恰你的表现印证了这一点。

女人比较敏感，更加在乎别人对自己的看法。再加上女性在众人面前说话的机会相对来说比较少，所以当众发言的时候很容易紧张，越说越快，声音越来越小。这样的结果，对于女人来说，并不是一件好事。

五月，学校又组织了运动会，作为大学生运动会上拿过长跑冠军的肖文来说，这个舞台是她的。在学校的安排下，她在运动会开幕式上代表全体运动员发表讲话。按理说，这对肖文来说是巨大的荣耀。可是在这么多人面前讲话，她还是第一次。

她走上了台，开始按照预备的材料讲话了。她说："各位领导，同学们，大家好……"她的声音在颤抖，说话的速度也很快。越是这样，她的心跳得越快，短短的几分钟感觉很漫长。

这时候，她的体育老师悄悄地走到了她的身边，给她端了一小杯水，借机在她的肩膀上拍了拍。肖文的心慢慢地稳了下来，声音也变得沉稳，语速也明显地慢了下来。当她讲完话之后，台下响起了雷鸣般的掌声。很显然，她的讲话获得了老师和同学们的认可。

走下台后，体育老师走了过来，对她说："肖文，你刚才声音颤抖，语速很快，我们都不知道你在说什么呢！你紧张什么啊？这难道比长跑更吃力吗？"

肖文笑了笑说："我也不知道怎么回事，当时特别紧张，我担心自己说不好，会被同学们嘲笑。当时我感觉恨不得找个老鼠洞钻进去，那种压力远比跑长跑要大得多啊！"

体育老师说："你啊，非要给自己背那么多的负担。本来很轻松的一个讲话，你非要把自己弄得像个犯错的小学生一样。"

肖文不好意思地笑了笑说："多谢老师的教诲，刚才要不是你来到我身边，给我鼓励，真不知道会怎么样呢。想想都后怕。"

肖文因为很少在观众面前说话，所以站到台上的时候很紧张，说话的语速很快，后来在老师的帮助下，才得以纠正，最终以平稳的语速和语调完成了这次讲话。由此可见，在众人面前说话的时候，一定要拿捏好语速和语调，这样你的讲话和发言才能赢得别人的认可，你才会被他人所接受。那么，作为女人，在众人面前讲话的时候，如何拿捏好语速和语调呢？

1. 说话前进行积极的心理暗示

当一个人内心深处紧张的时候，说话的语速会不断加快，声调会不断减低，会发抖。因此，在众人面前讲话的时候，首先要克服的是自己的紧张。在众人面前说话之前要对自己进行积极的心理暗示，对自己说"我很棒"，"我是最好的"，"我一定能行"。这样一来，你的底气足了，在接下来的发言中就会信心十足。当你坚定不移地相信自己一定能行的时候，你的语速就会慢慢地缓和下来，语调就会平稳下来。作为女人，要想在众人面前说话拿捏好语调，在发言之前，要对自己进行十足的心理暗示。

2. 用深呼吸让自己平静下来

如果你在发言的时候感觉到心跳加快、呼吸急促，那么毫无疑问你很紧张，你的语速会越来越快，声调会发生颤抖。这时候，如果不及时地调整，那么可想而知，如此发展下去，你的发言会是多么糟糕。因此，在发言的时候，如果发现自己有上述情况，不妨稍加停顿，做一个深呼吸，让自己平静一下。当你的心不紧张的时候，呼吸不急促的时候，你的语速自然会慢下来，语调也不会再颤抖了。因此，作为女人，如果你不习惯当众发言，说话的时候紧张了，那么不妨做个深呼吸，让自己平静下来。

3. 增强内心承受压力的能力

很多人之所以在当众发言时声调和语速变样，是因为内心的承受能力低，感到恐慌。这种情况往往发生在一些很少当众发言的人身上。所以，平日里不妨多在人多处说话，增加自己的心理承受能力。这样，在当众发言的时候就会轻车熟路，不会感到紧张了。对于女人来说，要敢于用当众发言来增强自己的心理承受能力。

用真实充沛的情感感染每一个听众

在发言中，向陌生人介绍自己的时候，真实充沛的情感是不可少的，因为别人可以从你的语言中流出的情感判断出你是否坦诚。有真实充沛情感的发言者往往会给人留下一个真诚、可靠的印象。

对女人来说，有真实充沛的情感的发言更是通向成功大门的金钥匙。在说话前，先把说话内容梳理一下，然后把最能感动听众的细节通过自己的真情流露出来，这样才会让人觉得你是一个有内涵的人。

小雪和小红在一家外资企业的同一个部门上班，两人每年的业绩都被评为优秀，而且两人在公司的人际关系也相处得很好。最近，由于公司有一个部门经理退休了，所以公司决定面向公司全体职员公开竞聘这个空缺岗位，听到这个消息后，小雪和小红都报名参加了竞聘。

在竞聘会上，小红是这样演讲的：尊敬的各位领导及同事，大家上午好！我是销售部的小红，我在公司已经干了五年了。在这五年期间，我获得过销售部“先进个人”称号，获得过“最佳营销人员”……小红一口气把自己在公司这五年来获得的奖励一一说了出来，在听众席上，有的公司领导听得险些打瞌睡了，同时，销售部的经理也在回想有没有哪个奖项是小红自己无中生有的。

轮到小雪了，她自信地走上演讲席，说道：尊敬的各位领导及同事，大家上午好！我是销售部的小雪，我在公司已经干了五年了，在这五年期间，一直得到销售部的张经理、人事部的李经理、技术部的王经理以及其他领导的关心和帮助，我在此要真诚地感谢他们！记得在金融危机爆发后，公司的销售业绩大幅下滑，正在大家都信心全无的时候，公司领导，特别是张经理在精神上给我们打气，在生活上关心困难职工的生活问题，在业务上给我们耐心的指导，最后我们终于战胜难关，销售部的销售业绩稳步上升……

小雪重点介绍了自己取得的几项成绩，她每介绍自己取得的一项成绩前，都要把如何获得这项成绩的经过，特别是其中的感人细节都说出来。

最后，小雪得票最多而当上了部门经理。

小雪和小红同在一个部门，同样有着优异的业绩和良好的人际关系，但是她们的最后结果却是不一样的，为什么呢？其实是小雪能够从容地用自己的真情实感通过感人的细节把自己的业绩讲给观众听，从而感染了观众，让观众觉得真实可靠，最后获得了自己期望已久的经理职位。因此，说话的时候饱含真情，用真诚心的去感染每一个听众是非常重要的。那么，如何才能做到善用真情实感去感染每一个听众呢？

1. 说话饱含情感

说话的时候要用自己的真心、诚心去感染听众，而不是用华而不实的话去敷衍听众。换位思考一下，如果你自己是一个听众，别人对你说话的时候总喜欢用一些华而不实的辞藻不着边际地谈，相信你也会感到反感的。在你的言语中饱含真情，每一句话传递的不仅仅是一个信息，更主要的是传递情感。作为女人，更擅长于情感的流露。要运用好这个武器，每一句话饱含真情，让别人为你而感动。

2. 说话要坦诚

任何事物都有正反两面，人亦不例外，人无完人，孰能无过。说话除了要讲自己的优点外，还要谈谈自己的不足，这样才能让人觉得你是一个真实的人，而不是喜欢卖弄的人。实际上，谁也不喜欢听空话、套话。因此说话的时候，不妨坦诚一些，你的真情流露会感染别人的情绪。对于女人来说，要善于用一颗真诚的心把话说到对方最柔软的内心深处，继而引起对方的情感共鸣。

3. 话要说到听众的心坎上

在生活中，你会发现有些人滔滔不绝地说了半天，旁边的听众个个无精打采，而有些人只说一两句话，便能够引起听众的共鸣。很明显，后者更能够把握住别人的内心究竟喜欢听什么，然后把话说到别人的心坎上，一语奏效。事实上，只有你所说的是对方想听的，才能勾起对方想要听下去的欲望，否则你所说的话便没有任何意义。因此，对于女人来说，说话的时候要带感情，并且让每一句话都落在对方的心上，才能感染别人的情绪。

让你的开场白具有“致命”吸引力

当众发言的一个重要部分就是开场白，一个好的开场白可以给人留下一个好的第一印象，即使你后面的发言不太精彩，也会给听众留下不错的感觉。如果你的开场白缺乏吸引力，会让听众一开始就感到乏味，之后的故事再精彩，效果也会大打折扣。对于女人来说，这一点尤为重要。

1. 细心准备

开场白之所以能够吸引听众，其实是因为能够引起听众的共鸣。如何才能引起听众的共鸣呢？细心准备是关键。具体来说，首先，弄清楚听众的文化层次及兴趣爱好，提早摸清听众的底细，便于准备有侧重点，让自己一开口发言便是听众的兴趣所在；其次，弄清楚自己发言时的优缺点，比如你说话快就容易乱，那么你就放慢语速，反则反之。

2. 欲贬先褒

在工作发言中，很多时候因为工作关系不得不对某些同事提出批评，这个时候如果你直接批评的话，虽然被批评者自觉理亏，当时无话可说，但是心里面必定不痛快，未必会认真反思自己的缺点，这样往往起不到预期效果。这个时候，聪明的上司一般都先表扬被批评者的优点，然后再指出缺点。这样就弱化了批评给人带来的不快，同时还不会伤了同事之间的和气。

3. 出奇制胜

生活中,大多数人都厌倦了老生常谈,是因为发言者说的话没有一点新奇,引不起人们的兴趣,因此,要做到出奇制胜,找准听众最关注且易忽视的地方,然后出其不意,攻其不备,定能大获全胜。

言简意赅,切忌啰嗦冗长

在生活中,你仔细观察就会发现,言简意赅的人说过的话,人们往往会记得很牢;讲话啰嗦的人说过之后,人们不仅记不住他说过的话,而且还很厌烦。

对女人来说这一点尤其要重视,因为很多女人发言的时候不重复好几遍就觉得听众听不明白。

王大姐是一个热心肠的人,平时遇着邻居之间有矛盾就喜欢主动去化解纠纷,村里面因为她的存在而增添了不少和气。人们都说王大姐化解纠纷有妙招,但是村里很少人能学得会,据说法庭的调解员还曾向她讨教过。

有一次,邻居李大爷家的两个儿子因为分财产而闹得邻里不安,大家都束手无策。这时候王大姐出来了,她首先不是去劝说,而是认真倾听各方的说辞,之后找准了两兄弟争吵的核心问题:财产分配不均。

找准焦点问题后,王大姐开始说了:“老大,你的兄弟身体经常有病,而且平时对父母也很孝顺,对你也很尊重,你可以适当让一步。”

老大不服气:“我的负担很重,我让一步,谁来让我?”

王大姐说:“是兄弟情分重要,还是财产重要?”

老大低头沉默了。

说完了老大之后,王大姐对老二说:“你大哥已经成家了,负担又很重,虽然平时对你很照顾,但你也要体谅你大哥。”

老二很委屈地说:“我的身体不好,财产少了怎么生活?”

王大姐说："财产再多也会有用完的一天，但是兄弟情分是用不完的。况且你的财产用完了之后你大哥也会照顾你。"

老二也不再说什么了。

然后兄弟二人和和气气地把财产分配好了。

王大姐抓住两兄弟的争论焦点，迅速各个击破，几句话的工夫就平息了一场争吵。

王大姐之所以能够成为化解纠纷的"名人"，其中最重要的一点就是：她能够找到别人争论的焦点，然后有的放矢，通过简洁而不简单的语言把矛盾解决。如果王大姐当时也跟着双方啰啰嗦嗦地争论，那么不仅化解不了矛盾，而且还会火上浇油。因此，言简意赅对于喜欢发言的人，特别是女人来说，是相当重要的。既然它如此重要，我们应该怎样才能做到言简意赅呢？

1. 迅速找准中心

对于听众来说，迅速找准谈论的中心是基础；如何才能找到中心呢？可以通过从表入里的分析法、因果推断法等。比如王大姐通过兄弟二人的争吵内容，从果索因，得出二人争吵的焦点是财产分配不均。

2. 快速组织语言

快速组织好语言，可以让你发言的时候有条不紊，别人听着一下就能够知道你说话的逻辑结构。否则，说话吞吞吐吐的，会让听众大皱眉头。因此，快速组织语言是关键。如何才能快速组织语言呢？在宏观上，可以通过时间先后顺序、前因后果法等逻辑顺序给自己说话的大体内容排序；在微观上，可以通过提主干法，迅速组织好每一句话的主干，然后适当添枝加叶即可。

3. 细心挑选要点

要想使说话不啰嗦，其实只需拣重点说就行，其他次要的内容，要么不提，要么一言以蔽之，只有这样才能保证你的发言在最短的时间之内收到最好的效果，否则，即使你滔滔不绝地谈论半天，听众还是不知你发言的目的。

4. 加强持久练习

世上无难事，只怕有心人，只要你坚持练习，假以时日，你发言时定可以达到言简意赅的程度。古往今来，多少口才高手，无不是在和别人的唇枪舌剑中练习出来的。因此，加强持久的练习是手段。具体来说，可以通过辩论赛、讨论会以及多参加演讲的方式来练习。

巧妙解除卡壳尴尬，继续从容发言

对于女性朋友而言，很多时候说话容易卡壳，如果卡壳之后不能及时解除尴尬，那么势必让说话者与听者都难受，如何才能解除尴尬呢？此时话锋一转，另起炉灶，或者从另一个角度来阐述这件事情，都可以让发言能够继续进行。

小刘今年大学毕业，然后报考了地方公务员考试，经过自己的努力，终于通过了笔试，进入了面试。小刘平时很内向，不喜欢跟别人说话，跟别人说话时很容易卡壳，为此，她感到很苦恼。

不久后，面试开始了。轮到小刘的时候，小刘在引导员的引导下紧张地走了进去，然后向各位考官鞠躬问好。

待小刘坐好之后，主考官开始给小刘讲面试要求："这次面试总共有3道题，每道题目有5分钟的回答时间，请考生在回答的过程中不要故意透露自己的个人信息，违者按作弊论处。"

念完面试规则之后，主考官开始念题目："第一题：很多青少年沉迷于网络，为了上网玩游戏，很多青少年旷课、逃学。对于网络，你怎么看？"

小刘思考了一分钟，看着众多考官，有些紧张地说："青少年沉迷于网络，为了上网玩游戏而耽误学习，这本身是不对的。"

说到这个地方，小刘不知道下面该怎么说了，突然，她想起了有一本"面试宝典"上讲了结构化面试的回答技巧：对于一件事物要从正反两个方面区分别论述，一分为二地看待。

大概停顿了十几秒钟，小刘继续说道："网络是一把双刃剑，既有好的一面，又有不好的一面。好的一面，比如我们可以通过网络来了解外面世界，做到足不出户便可知天下事，还可以用网络来进行资源共享，学习和交流知识；不好的一方面，网络中有大量的病毒可以使我们的计算机瘫痪，有很多不良信息会让很多网民堕落，有很多游戏会让青少年沉迷于其中而不能自拔。综上所述，网络是一把双刃剑，但是起关键作用的还是我们自己，只要我们端正心态趋利避害，就能够运用好网络，就能使网络为人类造福。"

小刘一口气回答完之后，说："谢谢考官，考生第一题回答完毕！"

接下来的第二题、第三题，小刘也是这样巧妙地避开了卡壳的尴尬。

几个月后，经过体检、政审、公示等程序，小刘走上了公务员岗位。

小刘是一个不善于表达的大学生，但是她为什么能在这么激烈的公务员竞争中获胜呢？其原因就是她能够转危为安，巧妙地解除卡壳尴尬，继续从容发言，从而获得考官的信任，然后走向成功。因此，对女性朋友来说，巧妙解除卡壳尴尬，继续从容发言对重获听众认同是至关重要的。既然它如此重要，我们该如何做到巧妙解除卡壳尴尬呢？

1. 学会玩幽默的文字游戏

当你卡壳的时候，如果无话可说，可能大家都会尴尬，如果你巧妙地运用幽默的文字游戏，氛围马上就会变得轻松起来。因此，在生活中要注意积累一些幽默的文字游戏，这样到关键时刻才能做到肚里有货而心不慌。

2. 换个角度来阐述话题

很多时候，感觉无话可说，不是真的没有话可以说了，而是我们自己对这个问题分析得不透彻，或者分析的方法不对。众所周知，任何事物都有正反两面，正的或者反的那一面可能又可以分为很多小面，因此，在发言卡壳的时候，我们不妨换一个角度来阐述这个话题，也许还会有意外的惊喜。

总结工作发言，谦虚中巧表功

在工作中，大家都任劳任怨，但是每次提拔的时候总是没有她的名字，而有些人在职场上却能够平步青云，节节高升。其中的奥妙之处就在于，前者只知干活而不知道表功，结果被埋没；而后者却能及时表功，赢得了机遇。由此可见，在低头拉车的同时，还要抬头看路。尤其在总结工作发言的时候，要学会适当地用谦虚的口气表功。

小刘和小张都是上个月进的公司。小刘大学刚毕业，涉世未深，初出茅庐，缺少社会经验，而小张则是已经毕业好几年的“老手”。老板把她们俩安排在一个销售团队工作。

平时做销售工作，小刘可以说是兢兢业业的，遇到难缠的客户或者遇到需要登门拜访而又住得远的客户，小张都会找理由让小刘去干。

就这样月复一月，很快就到了年底，公司董事会决定每个部门都要做工作总结。

轮到小刘的时候，她说：“尊敬的各位领导大家好！以下是这一年来我的工作情况，请各位领导审查：这一年虽然有一定的销售业绩，学到一些销售经验，但是与50个客户谈失败了，有10个客户因为售后服务不好而投诉了我……总之，我一定会吸取失败的教训，争取下次把工作做好。”

小刘一边说，下面的领导一边皱眉头。说完之后，有些领导还议论：“小刘的社会经验不足，还要加强学习。”

轮到小张的时候，她说：“尊敬的各位领导！以下是我这一年来的工作情况，请各位领导审查：这一年中我收获了很多经验教训，在3月份，因为我的工作没有做好，导致10个客户流失，后来我总结了上次的教训，终于在4月份争取了100多个客户；5月份，因为我们的售后服务不好导致客户纷纷退货，我吸取了这次的教训，终于在接下来的几个月里争取了500多个客户……总之，对于取得的成绩我不能骄傲，对于失败的教训，我要深刻反思。”

小张讲完之后，下面的领导纷纷点头称赞，心里想：“还是毕业后工作过几年的人办事能力强。”

一年之后，小张被提拔为销售部的经理，而小刘仍然在销售岗位上兢兢业业地干着。

可以看出，同样是在一个部门，干同样的工作，为什么小张能够被提拔而小刘不能呢？其原因就是，小张在工作总结的时候，善于在谦虚中巧表功；而小刘则实事求是，甚至掩盖了自己的功劳。试想一下，如果你是一个领导，从她的工作总结中无法找到她的成绩时，你还有什么理由提拔她呢？因此，对女性朋友来说，在兢兢业业工作的同时，总结工作发言，谦虚中巧表功，也是相当重要的。那么如何才能做到这一点呢？

1. 表功前学会谦虚

但凡高傲的人，不管她有多厉害，都不会博得别人的好感。如果你能够学会谦虚，那么即使你的工作业绩不太突出，人们也会认为你人品还不错。正如俗话所说：智的缺陷可以通过德来弥补，而德的缺陷是智无法弥补的。因此，在表功之前不妨谦虚一下，这样更能让人认同你。

2. 谦虚中巧接功绩

如果一个人一味地谦虚，很可能让人误以为他真的就像自己说的那么差。比如上例中的小刘，她一味地谦虚，再加上她本身又是刚毕业，所以很容易让领导误认为她真的没有什么成绩。而如果在谦虚之后巧妙地插入功绩，则会让人觉得她还是不错的，而且不邀功。比如小张在每说完一件失败的事之后，总会说从中学到了什么教训，在下次取得了什么成绩，从而博得了领导的赏识。因此，在谦虚中巧说功绩有助于全面展示自己，获得领导的认同。

3. 表功要点到为止

谦虚中巧表功的目的是表功，但是不要用长篇的文字去阐述自己的功绩。在表功的时候要拣功绩最大的、最有代表性的事迹来作为表功的材料，切忌夸夸其谈，否则让人一听就知道你谦虚是假，表功是真，从而让听众觉得你很虚伪，结果就会适得其反。因此，在表功的时候要把握好度，点到为止。

巧用比喻修辞，发言生动别样

在生活中，只要你仔细观察就会发现，同样一句话，有些人说出来就富有诗意，听起来别样生动；而有些人说起话来，即使是一件好的事情，听起来也很不入耳。尤其是在当众发言的时候，把话说得生动别样，能赢得别人的认可和肯定。

因此，对于女人来说，发言的时候不妨巧用一些比喻修辞，把话说得不寻常一些，从而生动别样，耐人寻味，会收到意想不到的效果。

新学期开始了，学校即将举办开学典礼，校领导决定在每班抽一个代表出来发表新学期的感言寄语。小王是理科班的一名尖子生，因而，班主任就让小王当班里面的代表。

小王是一个重理轻文的学生，平时总是沉浸在书山题海中，很少与人交往，这一次，因为时间太短，她来不及写稿，所以只好硬着头皮去参加新生代表发言。

轮到小王发言的时候，她说："尊敬的老师和同学们，大家早上好！在这金秋时节里，我们迎来了一个新学期，在此，我代表我们理科 1 班向辛勤工作的园丁们问好！"

说到这里，她感觉无话可说，但又觉得这样内容太少。看着窗外的秋景，她灵感一生，想到了用比喻。

她接着说："秋天像一个金色的钟，它时刻提醒我们要记得收割庄稼，重拾已经遗忘在上学期的知识；秋天又像老师的教诲，总是教导我们要多种庄稼，到了这个时候才有收获；秋天像钢琴家指下美妙的音乐，它总是默默地滋养着我们，让我们身心愉悦……最后，在这金秋时节里，我们衷心地祝愿老师们在新的学期里身体健康、工作愉快，祝愿同学们学习进步。谢谢大家！”

小王说完后，顿时响起了热烈的掌声，班主任也欣慰地笑了。

事后，同学悄悄地对小王说：“当时，你中间停顿的时候，我真为你捏了一把汗。你最后是怎么想到说那么多富有诗情画意的话的？”

小王微笑中露着一丝得意地说：“不告诉你！”

小王从一个不善言谈的人变成一个说话富有诗情画意的演讲高手，令全班同学刮目相看，这是为什么呢？其原因就是小王是巧用比喻修辞，从而使本来就无话可说的发言精彩起来。如果当时小王不用修辞，也许说完谢语之后就无话可说了，从而造成紧张尴尬的局面。因此，尤其是对于不善言谈的女性朋友来说，巧用比喻修辞，可以使你的发言别样生动。那么，如何才能做到这一点呢？

1. 抓住时机巧用比喻

用比喻使你的发言别样生动是有一定的条件的，只有在恰当的时机说出来才会起到事半功倍的效果。相反，如果把握不好时机，那么即使你的比喻句用得再精彩，也不会达到预期的效果，往往还会给人留下一种华而不实的印象。因此，抓住时机巧用比喻是非常重要的。对于女性朋友来说，在当众发言时，在想要表达内心情感，而又一时找不到合适的语句的时候，不妨用一下比喻。

2. 善于挑选恰当的比喻

用比喻句可以使发言生动别样，但不是所有的比喻句随便安放在发言中都会使发言生动别样，这是需要比喻与内容相符合，用得恰到好处；否则，随性而发，生搬硬套，乱用比喻，那么往往会给人留下一种词不达意、矫揉造作的印象，从而起到负面的效果。因此，善于挑选恰当的比喻也是至关重要的。作为女人，对生活的触觉更加敏锐，在运用比喻的时候，要注意符合社会生活习惯，否则会闹出笑话；比喻要和前后内容相符合，否则会让人觉得你是在生搬硬套。

3. 比喻不妨更新颖一些

在学习和生活中，你会发现有很多比喻已经是众所周知的了，人人皆会用。这种比喻一旦说出来，听者感觉不到新意，往往觉得你语竭词穷，是在故意拖延时间，从而引起反感。因此，作为女人，在当众发言的时候切不可陈词滥调，要用新颖一些的比喻，这样可以使你的发言富有新意，令听者身心愉悦。

第十章
驰骋社交场合，玲珑口才尽显名媛风范

作为一名女性，拥有好的口才在社交方面是很有优势的，不仅可以展现自身的风采，而且可以给对方留下一个好印象，拓展自己的人脉，能够左右逢源。然而，口才也不是天生的，而是经过训练拥有的。例如，从接触人的第一步开始，用话语给对方留下一个好印象；在交流中注意倾听和做出回应，让对方感觉自己受到了重视；说的话要符合自己的身份，让人感觉自然等。这些小的细节最容易被我们忽视，但又最容易被他人重视，正所谓“细节决定成败”，练就玲珑口才，可以尽显名媛风范。

初次见面，把话说到位留下好印象

俗话说，“酒逢知己千杯少，话不投机半句多。”有的人一见如故，两个人在一起有说不完的话、聊不完的事；而有的人在第一次见面后就一辈子形同陌路。这样的情况不在少数，而是就在我们身边发生着。之所以会这样，就是因为初次见面有些话可以说，有些话则需要保留一下。给人留下一个好印象，为下次见面打好基础才是重要的。尤其是女性，在初次和人见面时，不要苛求对方成为自己的知心朋友，而是要注意自己的言行，试探着了解对方，这样才能有针对性地找到两个人的共同点，从而将话说到一起去、说到位，留下好印象。下面就介绍几种初次见面说话的小技巧。

1. 介绍自己要巧妙

初次见面，自然要互相介绍。介绍自己是与对方接触的第一步，所以新颖的介绍往往可以抓住对方的心。例如，一个人叫“郝鑫”，那么在介绍自己时可以说：“你好，我是郝鑫，可以给你带来好心情的郝鑫。”这样一来，对方在想这个人叫什么时，就可以联想到“好心情”，然后就能一下想起来郝鑫。用巧妙的方式介绍自己，虽然简单，但是能给对方留下深刻、良好的印象，让对方记住自己。见面介绍自己，虽然是一个非常简单的过程，但是这里面却包含了很多技巧，好的自我介绍往往能让之后的交往水到渠成，而失败的自我介绍则会为下一步交流设置障碍，所以注重和完善这个过程很有必要。

2. 适当呼叫对方的名字

欧美人在生活或者工作中说话时，常说“史密斯先生，来杯咖啡好吗”，或者“史密斯先生，关于这一点，你的想法如何”。总之，他们经常将对方的名字挂在嘴边。也许这种做法有些太平常了，根本没有什么值得人们去关注的地方，然而，令人不可思议的是，此种做法往往使对方涌起一股亲密感，宛如彼此早已相交多年。其中一个原因就是，他人感受到对方已经认可自己。在我们的社会里，大部分人不习惯或者不愿意直呼别人的名字。殊不知，呼喊别人的名字可以增进彼此的亲密感，尤其当你们不熟悉的时候，你喊出对方的名字，会给对方一个惊喜。

3. 交谈要保持微笑

在和别人第一次见面时，女人的微笑和赞美会有一种微妙的力量。陌生朋友会被你的微笑感染，认为你是一个很有亲和力的女人。你对他的微笑，会让彼此一下子从陌生人变成朋友。很多女人和陌生人第一次见面时，总难以消除紧张和畏惧。其实，这种心理是可以调节的，微笑就是一种积极的心理暗示，是一种非常有效地克服紧张和恐惧心理的好方法。很多人在初次见面时总是给自己很大的心理负担，总是担心自己这里做不好、那里做不好，结果真的什么都没做好。所以要放松，保持微笑，对方轻松，自己也轻松，能够在初次见面给对方留下好印象。

初次见面很重要，所以要把握机会，调节好自己的心态，进行自然、成功的交流。

寒暄是与人亲近的第一步

寒暄是自我推销和人际交往时与对方开始沟通和交流最常用的方法。最普遍的就是见面打招呼，这往往是与人亲近的第一步。比如说“你在哪里发财”，这样的寒暄语极普通，倒也没有什么。而有些问候就不能简单处理，你得斟酌一下字句了。比如说对女性的寒暄，人家肥胖，绞尽脑汁在减肥，你一见面就傻傻地恭维人家发福了，就显得不合适了。

当有一位朋友不邀而至，贸然闯进了你的办公室，而你正在忙于工作，很难抽出时间与其交流，这时如果直接告诉对方“来得不是时候”，或对之爱搭不理，都很可能得罪人。那么这时该采取什么样的办法呢？其实，这种情况并不难处理，只要用委婉一些的语言，便可以暗示对方应尽早离去，而且还不至于使其难堪。可以在见面之初，一面真诚地对其表示欢迎，一面婉言相告：“我本来要去参加公司的例会，可您这位稀客驾到，我岂敢怠慢。所以专门告假五分钟，特来跟您叙一叙。”这句话的“话外音”，乃是暗示对方：“只能谈五分钟时间”，但因说得不失敬意，在对方的耳中就要中听多了。

问候，也就是人们相逢之际所打的招呼、所问的安好，在多数情况下，二者应用的情景都比较相似，都是作为交谈的“开场白”来被使用的。从这个意义讲，二者之间的界限常常难以确定。寒暄的主要用途，是在人际交往中打破僵局，缩短人际距离，向交谈对象表示自己的敬意，或是借以向对方表示乐于与之结交之意。所以说，在与他人见面之时，若能选用适当的寒暄语，往往会为双方进一步的交谈做良好的铺垫。

总体来说，人在初次见面时，一般都会以对方给自己留下的第一印象做本能的判断，如果是好印象，那就无形中提升了其魅力，反之，则会对对方在心里产生排斥。所以，必要的寒暄语是人际交往的关键，要善于把握寒暄的时机，用口才为自己的生活和工作带来更大的成功。

倾听是打动人心的最好语言

在与他人进行交流时，不仅要自己主动说，而且要听对方说。有些人之所以会在和他人交谈时获得大量的信息，就是因为他们注意倾听，能够知道对方在想什么，能了解对方的真实需要，从而能够有针对性地进行交流，便能够获得良好的沟通。其实，作为女性，倾听往往更能体现知性的一面，说话者会觉得自己受到了尊重，从而能够更好地表达，获得理想的沟通效果。

1. 秉持客观态度

有的人因为对对方有偏见，所以在对方说话时，从来不认真听，总是“戴着有色眼镜”去看别人，这样一来，经常扭曲或者误解对方的意思，从而使沟通寸步难行，人际关系自然不能有良好的发展。所以要在对方说话时，秉持一种客观的态度，要能够包容对方的缺点，从而使自己能够怀着一颗平常心去聆听他人的讲话，进而获得更多的信息，了解对方的立场、观点、态度以及对方的沟通方式。这对双方的进一步沟通都是十分有益的。

2. 肯定对方

倾听是对对方的一种肯定，如果不注意聆听，那么对方一定会认为自己没有受到重视，没有得到肯定，这时对方的心情肯定不会特别好，这会导致其说话的思维受到影响，不仅不能将自己想说的话表达出来，而且会在内心产生不满，这对于双方的交流会起到阻碍作用。所以，要在对方讲话前调整好自己的状态，能够以一种肯定的态度来对待对方，在对方说话时能够做到倾听，这样一来，对方能够感到自己受到了尊重，从而对面前的人产生一种好感，愿意将自己内心的话拿出来与对方分享，使交流真诚地进行下去。

3. 保持谦虚

倾听需要一种谦虚的态度。如果一个人目中无人，常常瞧不起别人，那么他一定不会用心去听别人说些什么。一个人要有一种谦虚的态度，因为“天外有天，人外有人”，“一山还比一山高”，所以一个人不能看到自己的成绩就沾沾自喜，觉得没人比自己强，而要有一种“三人行必有我师”的态度。平时有不懂的就虚心向他人请教，这样的态度自然就会要求一个人去仔细听别人的话、了解他人，这样一来就能更好地倾听他人的话，促进双方的交流。

倾听不是被动地接受，而是一种主动行为，是一个渴望成功的人必须掌握的技能。倾听不仅能够使一个人更好地认识自己，发现自我，而且能够在某些时候产生共鸣，这种共鸣能够使双方感觉存在进一步沟通、交流的必要，从而更加愿意将内心的话讲出来，这对于双方的交流是非常有益的。

换位思考——永远不败的谈话前准备

换位思考，就是将交谈的两个人的位置交换一下，站在对方的位置上来看待自己，或者以对方的态度来看待一些问题。这种思考方式的好处就在于，能够使人跳出一个思考的范围，不再受某种限制，尤其是在遇到某些问题想不开时，换位思考使人们能够从其他角度看问题，从而找到问题的解决方法，使问题能够有比较好的解决方式。换位思考是设身处地为他人着想，即想人所想，理解至上。这种处理人际关系的思考方式提倡人与人之间要互相理解、信任。学会换位思考是人与人之间交往的基础，人与人要互相宽容、理解，多站在别人的角度上思考，这对双方能够进行顺利的交谈是很有必要的。

有一个农民在田间劳动，感到非常辛苦，尤其是在炎热的夏天，更是感到苦不堪言。他每天去田里劳动时都要经过一座庙，经常看到一个和尚坐在一株大树树荫下悠然地摇着芭蕉扇纳凉，很羡慕这个和尚的舒服生活。于是他告诉妻了，自己想到庙里做和尚。妻子没有强烈反对，只说："出家做和尚是一件大事，去了就不会回来了。我明天开始和你一起到田间劳动，及早把当前重要的农活做完了，可以让你早些到庙里去。"从此，两人早上同出，晚上同归，中午妻子提早回家做了饭菜送过来，在庙前的树荫下两人同吃。时间过得很快，田里的主要农活完成了，择了吉日，妻子亲自送他到庙里，并说明了来意。庙里的和尚听了非常诧异，说："我看你俩，早同出，晚同归，中午饭菜同吃。家事，有商有量；讲话，有说有笑，恩恩爱爱。看到你们生活得这样幸福，羡慕得我已经下决心还俗了，你反而来做和尚?"结果，这个农民放弃了出家的念头。

这则故事中的妻子非常聪明，她没有在丈夫想出家时立即表示反对，而是站在了丈夫的角度上思考了问题，知道丈夫是想要一种舒服的生活，于是她决定用自己的行动感动丈夫，最后把和尚都感动了。丈夫骤然明白了自己的生活才是最幸福的，放弃了出家的决定。换位思考，是自我学习的好方法。这种思考方式提倡与人处事要站在对方的立场上来全面考虑问题，这样看问题比较客观公正，可防止主观片面。平时与人交流不要苛求，要有一种宽容的态度，做到将心比心，做到知足常乐。

换位思考是人对人的一种心理体验过程，是达成理解不可缺少的心理机制。它客观上要求我们将自己的内心世界如情感体验、思维方式等与对方联系起来，站在对方的立场上体验和思考问题，从而与对方在情感上得到沟通，为增进理解奠定基础。人与人之间要互相理解、信任，并且要学会换位思考，这是人与人之间交往的基础。

说话符合身份，让人感受到你自然的美丽

很多时候，女性为了给对方留下一个好印象，会刻意地学某些自己认为比较能够吸引人的说话方式。其实，这样的做法往往不能达到想要的效果。因为，一次两次还可以坚持模仿，之后随着交流的深入，会显现出自己真正的交流方式，结果让对方识破，觉得这个人不真实，结果适得其反。我国大教育家叶圣陶先生说："要说真话，说实在话，说自己的话。"所以一个人要想得到对方的认可，说符合自己身份的话，最自然地展现自己才是最好的交流方式。

小张是一家商贸公司的经理助理，当经理在时，她说话还是很讲分寸的，但是当经理出去办事的时候，小张就开始说一些官腔很浓的话，例如对公司里比较年轻的职员说："年轻人，做事要有激情，不要懒懒散散的，混日子是没有好结果的。"殊不知，小张今年刚 28 岁，所以她的一番话经常会引起人们的反感。小张也因此在开展工作时遇到了很多阻碍，也使公司的业务开展遇到了瓶颈。

也许小张有些借着经理的余威颐指气使，或者她根本没有这个意思，只是提醒大家要好好工作，但是她没有意识到自己的话语不符合自己的身份。作为年轻人的小张拿出一种长辈、领导的架势来和同龄人说话，自然不会受到欢迎。所以要想让人们接受，让人们认可，就要从自己的实际出发，说符合自己身份的话，这样人们才能觉得这个人比较真实，在交流中才能感受一种自然的美丽。

很多女性朋友为了在和人交流时给对方一个好印象，会比较做作，这种做法也许会在初次见面时给对方留下一个好印象，但是交往时间长了就会

熟悉，那么这时就不会再继续装下去，这时对方就会发现面前的这个人与之前完全是两个样子，这样一来，对方会认为这种女人表里不一，从而从心中会产生一种戒备或者厌恶，不利于双方的进一步交流。

说符合自己身份的话，做符合自己身份的事，言与行是一个人素质最直观的表现。一个人如果说了太多不合自己身份的话，会使自己感觉不舒服，在自己的心里蒙上一层阴影，因为一个人只有在做自己时才是最轻松的。试想，一个心态不佳的人如何能做好他的本职工作？所以说话就说自己的话。也许有的时候水平有限，会让自己显得并不是那么有才华，但是这是最朴实的展现、最真实的自我，人们会接纳、会欣赏。说话符合自己的身份，展现自己最自然的一面，使人感受最真实的美丽，这样是有利于社交活动的进行的。

探知他人身份，说更合人心的话

说话是一门艺术，虽然都是将内心的想法通过语言表达出来，但是并不是所有的想法都能通过话语表达。在交流中，话不能随便说，尤其是一些比较重要的社交场合，要有所选择，说对方爱听的话，对方不喜欢的要保留。所以这就要求女性朋友要在交流前了解对方的身份，根据不同的身份说不同的话。不要哪壶不开提哪壶，否则不但不会讨人喜欢，而且会使交流举步维艰。

每一个人的生活背景、教育背景都是不一样的，所以看待问题时的角度和想法也都是有区别的。同样的一句话，这个人爱听，那个人可能就不喜欢听。俗话说“射箭要看靶子，弹琴要看听众”。这要求女性朋友在交谈时要看对方的身份，针对不同对象和对象的不同情况，根据对方的身份、职业、经历、文化教养、思想、性格、处境、心情等，采取不同的策略，用不同的言语表达。

说话“无的放矢”，不看对象，效果肯定好不了。就像有些人总是自我感觉良好，然后一交流起来就滔滔不绝，根本不注意对方的反应，殊不知对方已经开始反感了，这样的交流又怎么能深入呢？和一个哲学家讲一个产品时，介绍产品的生产过程、生产工艺和产品结构，那么哲学家肯定会云里雾里，摸不着头脑，即使介绍得再详细也是徒劳。那么和一个工人交流时，讲哲学的一些流派，也是不合适的。其实，人们平时的说话实践也证明，交际方式要根据对象的身份而有所区别，对师长、上级等措辞要礼貌一点，以示尊重；与朋友说话，则可以亲切一点，自然一点，这样能使关系更加融洽；而对晚辈，多用关心、爱抚的口吻说话为好。

在社交中，常常碰到心理特征、脾气秉性、语言习惯及职业年龄等各不相同的人。怎样才能打开对方的话匣子，增进相互之间的了解，怎样才能与对方一见如故、一拍即合呢？这就需要根据对方的个性与心理，运用不同的谈话技巧。说话交流总是双向的，不论是在公共场合发表演讲，还是和别人随意交谈，除了说话人以外，还有说话的对象。为此，我们一定要看清对象，从对象的不同特点出发，采取不同的交流方式，从而创造一种和谐、融洽的气氛。

温润言谈，和气谈话

说话和气，一直是中华民族的传统美德。我国自古就有“和为贵”的思想。出自北宋时期的《名贤集》中的“良言一句三冬暖，恶语伤人六月寒”，至今广泛流传民间，并被人们作为处理人际关系的信条。明末清初朱柏庐治家格言中提出“居家戒争讼，讼则终凶”，要求家庭成员之间尽量避免争吵，认为争吵是危及家庭幸福的凶兆，并说“家门和顺，虽饔飧不继，亦有余欢”等，强调家庭成员的和睦相处乃幸福之本。

说话不和气，危害是很大的，这点我们不可小看。有时候，很多社会悲剧的发生，都是由于说话语气不对引发争吵酿成的。在现实生活中，总有那么一些人因为说话不和气，引发他人愤怒，有的演变成刑事案件甚至群众性事件，因言语不和引发的案件比比皆是。所以，要注意谈话的语气。有的人在社会生活中，对他认为有用的人说话很客气，对他认为没有用的人说话就很难听，这种做法是非常不可取的。因为人不能仅仅为了利益活着，而是要有真感情，这样才能真实地活在这个世上。

在大街上，一名老者看见一名青年男子随地吐痰，便劝告道："哎哎哎，讲点文明好不好？"青年男子听后，立即回敬说："老家伙也该文明入土啦！"老人家听后火冒三丈，立刻大声说道："你这年轻人说话怎么这么不讲道德！"这个青年也毫不示弱，大声说道："你这老头说话就文明吗？"两个人争吵不停，周围的人赶忙过来劝说，把老年人和青年男子分开，这才制止了这场争吵。

从这个例子中可以看出，当两个人话茬不对的时候，要注意语气，不要影响和气，一旦伤了和气，那么双方就有可能陷入争吵，这样的情况下，矛盾是不会被化解的。有的人在处理问题时，不怎么讲究说话方式，让人产生反感，自己还冠之以"我这人就是直"的美称，殊不知世界上的事情并不都是"直"的，还有弧形的、圆形的。所以我们要选择适当的场合，以适当的方式进行表达。当然，讲说话要和气，并不是说要讲那些假惺惺让人肉麻的谄媚之语，而是要附有真诚、信任、鼓励、支持情感的和谐之音。

说话要和气，是为人处世的最基本要求。任何人都不能孤立于社会存在，无论你从事什么职业，要想取得成功，实现自己的目标和愿望，就必须有良好的处世为人，而处世为人离不开社会交往。在与社会交往过程中，说话是否和气，既体现个人的内在涵养，又体现为人的品质，同时也决定了自己的人缘好坏。一个人成功，固然有多方面的因素支撑，但良好的人缘在助推自己事业成功和目标实现的过程中，是至关重要的。一个说话和气的人，必然会受到别人尊敬，人缘就好；一个说话不和气的人，往往受人怨恨，人缘也会较差，其事业发展也会受到一定影响。人们常说细节决定成败，如果说话是一个细节，那么说话也决定你的成败。

从大家都能聊起来的话题入手

交谈很重视一个话题选择的问题，如果话题合适，那么大家都有得说，随着话语的增多，人们内心的陌生感会逐渐减少，从而使交流变得比较随意轻松。相反，一个人在与他人交流时只是想着自己感兴趣的话题，一谈起来就兴致盎然，这样的谈话是缺乏互动的，一旦没有与对方建立沟通，就不会有深入的谈话，不会有好的沟通效果。所以，交流要从大家都能聊起来的话题入手。

小刘是一家公司的业务经理，应酬吃饭对她来说已经习以为常，但是这的确是一件苦差事，特别是她单枪匹马主持饭局的时候，既要面面俱到地点菜配酒，又怕冷落了宾客，真是分身无术。但是，多年的商务饭桌经验使小刘见多识广，曾见过有人一味奉承，低俗不堪，有人黄色段子层出不穷，有人海阔天空不着边际，还有人自言自语狂妄自大等。作为饭局的主持人，小刘总是能够察言观色，雅俗共赏，从大家都能聊的话题入手，这也往往是小刘主持饭局成功的关键。

饭局是现代商务中不可缺少的一环，很多生意都是通过饭桌上的交流做成的。但是想把饭桌上的交流搞好不是一件容易的事，商务饭桌上面对的通常是一些新近谋面或各怀目的之人，既不可推心置腹，又不可直奔主题，然而在这样缺乏共同语言的状态下却偏偏要主人打发至少两小时的饭局，少一点功力真是掌控不了。因此，如何在商务饭局上寻找共同的话题，引发大家的欢声笑语、激烈讨论是饭局的关键。

不同的生存环境让我们形成了不同的文化背景，这就导致了我们在交流时形成不同的模式。比如说在北极附近居住的爱斯基摩人，因为他们生活在冰天雪地的世界，所以他们描绘雪的词特别多，比如说有30个词来描绘雪。再比如说，在非洲沙漠里有一个部落，他们生活在沙漠环境中，他们可能有30个不同的词来描述沙子或者石头。当爱斯基摩人和非洲沙漠部落的人遇到一起的时候，他们就很难沟通。爱斯基摩人脑海里想到的是冰天雪地的情形，而非洲沙漠部落里的人想到的是一片沙漠，一片荒芜。他们想到的是不同的图景。在这种情况下，要打破这种交流上的障碍，就要寻找一个他们能够共同感兴趣的话题，比如说，食物和水。因为不论谁到了一个新的环境，都要去寻找食物和水。要寻找他们能够共同理解的话题。

在交流中要切记不要光从自己的兴趣点入手，要学会找到双方的共同点，从双方都能聊起来的话题入手，使交流得以顺畅进行。

投其所好，适时迎合对方的兴趣

在与人聊天时，要注意的一点就是把握对方的兴趣。如果对方没有什么积极的反应，在这样的情况下，你说的话就像肉包子打狗，说出来就没有什么回应了。每个人都会对自己感兴趣的话题进行更多的关注，所以在谈话中可以试着了解对方的兴趣，投其所好，适时迎合对方的兴趣，使谈话更加顺畅地进行下去。

小刘是一家电脑公司的业务人员，一次他向一家公司推销电脑，对方说道："虽然我们公司很想买升级电脑，但最重要的是费用上的考虑。"小刘听后非常自然地说道："我了解贵公司有费用上的考虑，所以我才会提这样的建议。升级电脑不仅处理速度快，又可以搭配更多的应用软件，可以让人事费用和其他业务成本大大降低，长期来说，贵公司反而可以省下更多经费。"结果对方一听到可以省更多费用，立刻答应签约。

小刘正是抓住了客户想降低费用的心理，从长远着眼，帮助客户分析少花钱的办法，从而使客户感觉这家电脑公司很能为客户着想，并且从长远来看，的确能够减少花费，所以很快答应了签约。

适时地迎合对方的兴趣点，使话题能够有比较好的延伸，使双方的谈话能够顺畅地进行下去，这对社交是非常重要的。

第十一章

纵横职场，女人谈吐不俗令人折服

在职场，女性同样可以纵横驰骋，那些谈吐不俗的女人总能给人留下深刻的印象。口才是职场女人的硬实力，秀出你的口才，让领导和同事刮目相看。例如，在同事之间，温情语言体现对同事的关心，促进人际关系，使自己在工作上左右逢源；在与同事讨论交流时，先肯定对方，再提出不同的建议；注意什么该说什么不该说，不要轻易进入职场上的话语禁区，等等。如果能将这些口才技能驾驭，就能令女人谈吐不俗，纵横职场。

口才是职场女人的硬实力

职场是一个需要用实力和能力来使自己生存的地方，尤其是女性，虽然在社会上属于较为弱势的群体，但是同样在社会上扮演着重要的角色。女性在职场谋生，向他人证明自己的实力是很必要的。在证明自己实力方面，除了平时的工作就是口才，这往往是起到重要作用的因素，口才也是职场女人的硬实力。

小洁是一家软件公司的工程师，在公司里，竞争是十分明显的，要想有高的薪水就需要有过硬的技术，但是小洁的技术在公司中并不是最出众的。然而，小洁同样能够受到领导的赞赏，领到较高的薪水，同事们也都对她十分认可。原来，小洁和公司里的每一个人都有良好的沟通，人们都非常享受和小洁的交流，小洁良好的口才为她加了不少分。

口才对于一个职场女性来说是非常重要的，有的女性反应敏捷、措辞准确、侃侃而谈，能娴熟地进行交谈，真有些“兵来将挡，水来土掩”的架势；而有的女性则对答迟钝、怯于开口，十分被动。在说话水平正被越来越多的人所看重的今天，两者的优劣便显得一清二楚。为改变这种“才不外露”的现状，切实提高自己在社会生活中的竞争力，训练自己的口才是十分有必要的。

人才不一定具备口才，但有口才的人必定是人才。一个人的口才，不是简简单单就可以形成的，而是广博的知识、丰富的联想力、敏锐的思考力等的综合发挥。要使自己的话言之有理、言之有物、言之有序，并以有声、有形、有情的立体方式展现给听众。

有人说，市场经济又叫“朋友”经济，人际关系又是另一生产力。一个人的讲话水平，可以决定他的生活层次，大到齐家治国，小到求职升迁，哪一项都不能离开口才。口才就是竞争力，这是不争的事实。

语言是打开心锁的钥匙，能说会道的女人能在最短的时间内敲开对方的心扉，赢得别人的认可和喜欢。每一个女人，都应该具备这种把话说到对方心坎上的本领。从现在开始，你要学会让自己优雅的谈吐如春雨一般去滋润对方的心田。当你的说话本领变得愈加高超之际，幸福和成功的大门就会为你打开。

秀出你的口才，让领导对你刮目相看

中国人讲究内敛，就是有什么才华一般都是通过实际行动来逐渐获得人们的认可，不提倡过分的张扬，那些显摆自己的人容易遭到人们的唾弃。然而，随着中国与国际的逐步接轨，这样的观念已经逐渐发生了改变。由于很多快餐式的交往正在频繁发生，人们需要在第一时间抓住对方的心，尤其是职场上的初次见面，秀出自己是非常有必要的。作为一名女性，大胆适时地秀出自己的口才，能够让领导刮目相看。

秀出口才一是自己要有能力，还有就是把握机会，能够成功利用展示自己的舞台。

法国女性小说家、传记作家莫洛亚说过这样一句话："漂亮的人怀疑自己的智慧，聪明的人又怀疑自己的魅力。"这句话说出了人们在社会交往中的一种恐惧心理，这使很多女性不能将自己的话说出口，错过了秀出自己的机会。

其实，任何人都不是完美的，如果你总是怀疑自己的魅力而不敢展现自己，那就如同默默无闻的小草，永远也无法让别人关注到你。自我怀疑以及由此带来的胆怯是我们自己给自己设下的枷锁，要解脱这个心的枷锁就必须走出困局。女性应当像美丽娇艳的花朵一样绽放，发出自己夺目的光彩，而不是像小草一样默默无闻。所以，作为职场女性，要用一种坦然的心态正视眼前的一切，把自己能够展示的口才有板有眼地秀出来，让领导情不自禁地对你刮目相看。

温情言语体现你对同事的关心

同事之间除了竞争还有合作，毕竟大家都是在一起工作，为了一个共同的目标一起奋斗的人，所以平时不要只是把同事视作自己的竞争对手，他们同样是你的朋友，平时对同事的生活、工作、情感等方面进行一定的关心是很有必要的。同事之间，也许因为一句话就会结下持久的恩怨，也许因为一句话就会建立良好的关系，所以应注意和同事说一些温情的言语，让同事感受到你对他的关心。

职场谋生是一件很有难度的事，比如同事之间相处久了，新鲜感逐渐退却，彼此间的缺点开始暴露，随着彼此熟悉度的增加，就会不自觉地忽略对方的优点，对彼此间的缺点很敏感，这是使工作陷入困境的征兆。那么这时就需要进行必要的调节。有的人会认为这需要投入大量的精力和时间，工作的时间被耽误了怎么办？其实这种担忧是没有必要的，一句温情的关心或一句得体的建议，都会让同事感觉到你对他的重视，无形中增加对你的好感，从而起到调节作用。聪明的女人都应该知道，在一个人疲劳、无奈、急躁的时候，需要他人的帮助，这时一句“加油，我们和你在一起”、“我很理解你，不过我更相信你会成功”、“需要帮助别和我客气，加油”，等等，这些充满温情的话会给处在不佳状态的同事一种莫大的鼓舞，让他们感受到你的善意，增加对你的好感。

工作容易使人感到乏味、枯燥，使人心情糟糕，如果你能在一成不变的工作中加点“调味”，相信会使你的工作开展得更为顺畅，同事间的关系也会更加融洽，使你自己变得更有吸引力。

张霞剪了一个新发型，她非常不满意，几乎和理发师吵起来。当她极其不安地到了公司的时候，同事们都齐声称赞她的发型清爽和简洁。张霞在这一片赞美声之中，原来的怨气一股脑儿全消了，心情变得大好，随后几天的工作都非常顺利。

张霞本来对自己的发型是没有信心的，之所以会获得好的心情和动力，完全是同事们对她的肯定产生的作用。发型不好看就如同工作中遇到了不顺，这时同事给予适当的关心，是能够帮助调节情绪的，这样不仅能渡过难关，而且能促进彼此间的关系，使双方都获得好的发展机会。

另外，别人对待你的方式，大部分取决于你对他们的态度。你对待同事的态度充满温情，同样，同事对待你也会非常得体。有的女人总是抱怨同事对自己不热情、不友好，其实她应该先反省一下自己对待同事的态度。这就像面对镜子，如果镜子中的形象令你不悦，原因一定是你的脸上表现出了不悦。想要别人如何待你，你就先如何待别人。所以平时要怀着一种平和的心态，用温情的语言体现对同事的关心。

推功揽过，几句话让你树立威信

面对着荣誉、利益，人们通常都是选择去接受，而不是推开，这样的做法看似平常，但是这种做法并不是大智慧。在职场，不贪功、主动承认自己的过错才是真正要做的，因为这样的行为是需要魄力和勇气的。在这个世界上，凡是成功的人，大多都懂得与别人分享美名，在他还没有成功的时候，懂得与人一起分享利益，所以，朋友帮助了他。当他成功以后，又懂得推功揽过，功劳都是大家的，失误自己承担。

晋国有一名叫李离的狱官，他在审理一件案子时，由于听从了下属的一面之词，致使一个人冤死。真相大白后，李离准备以死赎罪。晋文公说：“官有贵贱，罚有轻重，况且这件案子主要错在下面的办事人员，又不是你的罪过。”李离说：“我平常没有跟下属说，我们一起来当这个官，拿的俸禄也没有与下属一起分享，现在犯了错误，如果将责任推到下面办事人员身上，我又怎么做得出来。”他拒绝听从晋文公的劝说，伏剑而死。

像李离这样的官员能够以身作则，说一不二，下属不服都难。现在有很多领导在见到利益和功名时就第一个冲上去，在出现错误时就想方设法找个替死鬼，转嫁给下属，虽然自己轻松了，但是却留下了骂名。领导干部在功劳面前应该保持淡定，在错误面前一定要坦诚，这样才能服众。推功揽过，有助于与下属形成相互信任、相互支持、相互谅解、配合默契的心理环境，从而形成相互激励、相互推动的向上力量。给下属以信心、鼓励和宽慰，使下属放下包袱、放开手脚开展工作，与领导同甘共苦，进退一致，形成团结进取、共谋事业的良好氛围。

古人云："责人重而责己轻，弗与同谋共事；功归人而过归己，尽堪救患扶灾。"在错综复杂的社会中，谁也不能保证永远不会发生失误。领导者要以身作则，做好表率，对工作推功揽过，勇于负责，对下属失误容忍宽待。在总结下属成绩时，要充分肯定，允许下属超越自己。切忌有了成绩是自己的，出了问题是下面的。如若这样，必然为下属所不齿。能否做到推功揽过，这是对领导干部政治素质、心理素质的考验。推功揽过，还需要领导人的见识，能够在错误发生时深刻地总结导致错误的原因，具体地认识到领导责任，既能够看出事物的相互联系，又能够看到事物的变化，这是一种高明的见识。

每个人在面对功劳时都不免会去想办法争取，据为己有，如果心底一点这样的想法都没有，那么这个人反而不会成为职场中的一名悍将。但是一个想成大事的人，必须要有一种与众不同的心态，尤其是领导者，要想在下属心中树立良好的形象，树立有力的权威，就需要有不凡的气度，只有这样下属才会从内心真正服从你。所以，除了施威之外，推功揽过是很必要的一点。

先肯定他人，再提出不同建议

和他人进行交流难免会出现意见相左的情况，当自己不同意对方的意见时，可以提出自己的看法，然而在提出不同建议时要讲究一定的方法，很多时候不能太直接了，因为每个人都有自尊，都需要得到他人的尊重，所以在提出自己的建议之前要先肯定他人，对其值得认可和借鉴的方面予以肯定，然后根据实际情况提出自己的建议，这样提出的建议往往会获得他人的认可，取得比较好的效果。

小静所在部门的主管比较严厉，对自己的下属比较苛刻，而且很多时候不分青红皂白就对下属一顿批评，下属通常只是默默忍受。然而小静对这样的情况实在无法忍受了，她决定在适时的时机向主管提出自己的想法。一次，小静要去做一件经理交代的事，这时主管走过来给小静安排其他的任务，小静刚说自己有事，还没来得及解释，主管就开始发飙了。小静忍无可忍，在主管说完后对他说："你说的都很有道理，因为我们都要为公司的利益着想，但是有些问题是不能一概而论的。"之后小静将自己的意见非常坦然、有条理地讲了出来，最后主管接受了小静的建议，改正了自己的一些问题，使部门内部人际关系更加和谐了，工作效率也更高了。

如果小静在给主管提意见的时候非常直接，那么主管一定脸上挂不住，即使小静提出的意见非常切实中肯，主管也有可能会比较恼火而不去听那些建议，从而使彼此间的关系更加紧张。因此，小静在提出建议之前先对主管的工作进行了肯定，这样一来，就为意见的提出进行了有效的铺垫，从而使主管能够对小静的意见进行仔细的考虑，改正自身的不足。

我们在与人沟通时要努力寻找身边每个人的优点，他们必定有优于你的地方。他们的优点，我们一生都习用不尽。但是人无完人，有些问题是非常显而易见的，这时就需要比较真诚地提出来，在取得帮助他人改正缺点的效果后，别人是会怀着一种感激的心情来对待你的。不过，虽然提建议是必须做的，但是提意见的方式是需要斟酌的，是需要采用合适的方案的。

作为职场女性，尤其是领导者，不要采取劈头盖脸的批评方式，那些无明火只会让下属找不到方向感，这样一来，不但不会达到让下属认识到错误的目的，反而会激起下属的不满情绪，使沟通更加难以进行。所以在准备给对方提出建议时，可以先对其进行肯定，比较平静地讲道理，让其知道眼前的这个人是真诚的，并不是无理取闹，然后再针对其不足的地方进行诚恳的指正，从而进行良好的沟通，达到使对方接受的效果。

帮同事圆场，增进同事间情谊

每个人都会遇到困难，在这个时候如果有人过来帮助自己，那么自己对这个人的印象一定非常深刻，并且会想办法在适当的时候对他进行报答。俗话说“受人滴点水之恩，当涌泉相报”，同样的道理，在同事难堪时，及时帮同事圆场，同事会在适当的时候心怀感激报答你，这样一来，同事间的情谊就得到了很大程度的增进，会建立真挚的友谊。

刘晔是一家公司的业务员，每天要往返于本公司与其他公司之间，非常忙碌，同事们都看在眼里。但是每个人都有自己的工作，所以也不能帮刘晔做些什么，只能在心里默默支持他。然而，一次刘晔因为工作太繁忙了，忘了将一个文件带到一家公司，结果被经理抓个正着，一顿训导不可避免。正在刘晔难堪的时候，他的同事张月走过来对经理说：“最近刘晔的身体状况不是很好，工作量也比较大，他刚才还和我说要去送那个文件，您就别生气了。”经理听后，也知道自己有些失态，于是就不再责怪刘晔。刘晔心里一直对张月心存感激，对张月非常好，两个人的关系一直不错。

如果刘晔在被经理批评时，同事只是在一旁观看，有的人甚至感到庆幸没有说到自己，那么刘晔心里一定会感到非常悲凉。这样，公司里会形成一种人人自己顾自己，只要事不关己就高高挂起的气氛，这对公司的发展是非常有害的。都说一个好的人缘能够给工作带来帮助，但是人缘的好坏很大程度上取决于自己做了什么，怎么去做。所以在同事遇到难堪时，不妨抛开一些顾虑去帮助同事说几句话，这样往往会收到意想不到的好效果。

很多女人比较喜欢斤斤计较，帮助同事总是怀着某种目的，如果在经过一番深思熟虑后发现自己从中得到的利益并不多，便马上收手，看别人的笑话，这样的人发展空间不会太大。一个人心有多大，舞台就有多大，在同事陷入难堪时，不要吝啬你的帮助，不要袖手旁观，帮同事圆个场，增进彼此间的情谊，让工作充满精彩。

不要轻易进入职场上的话语禁区

在职场中，有些话可以说，但是有些话是不该说的，这就是职场上的话语禁区。这些话语包括薪金待遇、小道消息、不健康的话题等，因为这些问题比较隐私或者不合时宜，所以在职场一定要注意避免轻易进入这些话语区，否则将会带来一系列麻烦，影响同事间的关系，不利于工作的开展。

王磊是一家电视台的记者，他平时工作非常认真，十分敬业，新闻敏感很强，经常能在别人最容易忽视的地方挖掘出有价值的新闻，这也使他成为了行业内的佼佼者。一次，台里来了一名实习的女大学生，跟着王磊跑新闻。在闲暇时，两个人聊起了天。王磊几句话让大学生感觉这个人十分平易近人，于是也开始放松起来，一会她突然问王磊："师傅，您一个月能挣多少钱啊，听说台里的杨××一个月能拿好几千呢，我挺佩服的。"王磊听后，脸上立刻没有了笑容，两个人陷入了一种尴尬的境地。

这名女大学生在和王磊聊天时，一句话犯了两个错误，首先她问起了王磊的个人薪金待遇问题，然后又开始八卦其他人的薪水，这种小道消息虽然不能够使人信服，但是说者无心，听者有意。王磊作为一名资深的记者，他对这些问题的思考不会仅仅停留在表面上，这样就很容易使同事之间造成误会，不利于人际关系的维护。

其实，职场上的话语禁区有很多，是需要我们引起注意和重视的。有的人在办公室闲聊时，会考虑得比较少，有什么说什么，只要能取悦他人就算达到目的，结果，很多人选择了说黄色笑话。这种形式的聊天如果发生在非常熟悉的朋友之间，当然没有什么，因为彼此间无话不谈。但是如果是并不熟悉的同事之间，那么就需要斟酌一下了，因为这样的聊天会让对方一时不知道怎么去接，同时会有损自身的形象，气氛不但不会和谐，而且会变得十分尴尬。尤其是女性，更是要注意话题的选择，千万不要让对方觉得自己很轻浮，这样不利于自己今后工作的开展。

另外，还有一些诸如夫妻感情、家庭纠纷等生活中的事情也不建议带到工作场合交流，因为这涉及个人的隐私。平时喜欢挖别人隐私的人一定喜欢搬弄是非，最终成为不受欢迎的人。其实，像不去触碰“高压线”、打人不打脸、骂人不揭短的这些原则和分寸，大家都能理解，并且会有意识地提醒自己。但同事间熟识之后，说话的时候就往往不经过大脑了，这是一个非常危险的信号，因为越是随意的话往往越能触犯话语禁区，从而破坏同事间的人际关系。职业素养中关键的一点就是工作与生活分开。办公室里容易聊天，说起来只图痛快，不看对象，事后往往懊悔不迭。然而，说出口的话如同泼出去的水，再也收不回来了。所以平时一定要提醒自己，不要轻易触犯话语禁区，维护良好的人际关系。

领导要恩威并举，白脸红脸的话都会说

在下属的眼里，领导者似乎就是高高在上，颐指气使，从来不会有很多问题去担心，只是做出决策就可以了。然而，事实并不是这样。领导其实是一门艺术，领导者如果能够做好，那么下属就会有步骤地开展工作，工作就会十分容易进行，否则一个科室、一个部门就会陷入一种混乱的境地，没有了方向，工作自然是一塌糊涂。就拿领导对待下属的态度来说吧，有的人认为领导应该威严，有的人认为领导应该和蔼，其实真正懂领导的人应该两者都具备，恩威并举，“白脸”、“红脸”都会唱，这样才能真正服众。

王元在一家理财公司做了很长时间，平时业务很熟练，经常得到领导的赞许，但是时间长了，自己有些飘飘然，自我感觉过于良好，很多工作开始出现了失误，并给公司造成了一定的损失。经理发现这个问题后马上找到王元进行谈话。起初，经理非常恼火，对王元大发雷霆，王元自己也感到了事情的严重性，但是心里还是有抵触情绪。经理在批评了王元后，态度逐渐趋于缓和，并对王元说：“其实，你的能力我还是非常认可的，你之前为公司做

出的贡献，我们都不会忘。我真的希望你能端正态度，再接再厉，我相信你以后将会做出更大的成绩。”王元听了经理的话后，诚恳地向经理道歉，并在之后的工作中做出了更加优异的成绩。

如果领导在谈话中对王元的错误一批到底，根本不会给他任何的机会，那么王元很可能会在之后有更大的抵触情绪。这不仅不会让王元改正自己的错误，而且为公司埋下了一颗定时炸弹，所以这个领导“红脸”、“白脸”一起唱，真正诠释了领导的艺术，也使王元从心底接受了领导的意见，这对公司的发展是非常有利的。

作为领导，要善于同不同类型的人打交道，善于沟通，这是有好人缘的技巧之一。针对不同类型的人要有不同的交流方式，这样才能达到自己想要的沟通效果。在遇到下属把工作搞砸的时候，要及时地做出反应，该严厉时当然要严厉，不能姑息纵容，因为这样才能让下属记住自己的错误。当然，不要把话说绝而让下属无路可退，在进行适当的批评后，与下属进行耐心的沟通也是非常重要的，正所谓唱完“红脸”后要唱一唱“白脸”。沟通，可以让别人了解自己，也可以让自己了解别人，不断增进彼此的理解，减少误会和摩擦，这样一来，下属才会真正认识自己的错误，心服口服。

做领导的，不要恃才傲物，对下属总是一副高高在上的感觉。如果你习惯了恃才傲物，看不起别人，那么总有一天你会独吞苦果。当然也不能过于软弱，让下属觉得毫无威信可言。领导讲话要恩威并举，这样才能让下属真正心服口服。

给上司台阶下，铺设自己的前途

俗话说“得饶人处且饶人”，谁都不想被逼得太紧，所以作为一名女性更要懂得站在他人的角度考虑问题，体现自己知性的一面。在与同事、上司的相处过程中，要知道什么是应该去争取的，也应该知道什么是一定不要去做的。尤其是在与上司相处时，一些交流上的问题是一定要引起注意的，因为这是给自己铺设前途的重要途径。这样的问题体现在很多方面，例如在上司下不来台时，一定不能继续“将军”，要给上司台阶下。

刘丽平时工作十分努力并且非常严谨，她的细心勤奋在单位中是出名的，大家都纷纷向她请教秘诀，但是她从不因此骄傲自满，而是很谦虚，非常有风度。一次，领导突然走过来，将手上拿着的表格交给刘丽看，并对刘丽说：“小刘，这个填错了，给人家造成了很大的麻烦，你这样工作怎么能行？”面对领导的质问，刘丽一时有些紧张，办公室里的其他同事也都为刘丽捏着一把汗。但是刘丽看了之后发现领导拿错表格了，这张表格上的填法并无错误，于是她平静地告诉了领导。领导看后发现，的确是自己出了错误。这时办公室里充满了奇异的氛围，大家都看着领导，领导一时有些下不来台，这时刘丽说：“领导，我听说您最近为单位的事日夜操劳，您要注意身体啊。这张表做得太差了，我都看不清，更别说您了。”这时领导脸上露出了喜色，事情就这样轻松化解了。

试想，如果刘丽在发现领导的错误后非常激动地告诉领导错了，然后再穷追不舍，不管不顾地让同事们看领导的笑话，也许同事们会感觉没有什么，并且会使那些同样受到领导批评过的人站在刘丽一边，但是领导并不是在这次难堪之后就选择辞职，而是会一直伴随着大家，那么之后的工作难度可想而知了。所以一个人目光要长远，不要只顾一时的舒服，很多时候，人的路正是因为看得远，所以走得直。在这一点上，有些女性表现得比较差，她们在被冒犯一次后总是会记在心里，然后寻找机会报复。尤其是被领导训导过后，当她们遇到领导出错时会哪壶不开提哪壶，往伤口上撒盐。其实，这样的做法只是舒服一时，因为它无异于自取灭亡。

宽容厚道，能让人时且让人，能包容时就包容，这是有好人缘的技巧之一。特别是作为一名女性，要有广阔的心胸，才能有广阔的舞台，所以在职场，在上司出现问题的时候，不要穷追不舍，更不要作为发泄私愤的机会，要切记给上司台阶下，才能更好地铺设自己的前途。

多赞赏同事与下属，让你更受欢迎

有的领导比较喜欢通过不苟言笑树立自己的威信，虽然这并不是不可取的方式，但是，时间久了，会拉大自己与下属之间的距离，尤其是心理距离，下属不愿意将内心的想法拿出来与大家分享，这样大家就会心里想一套，做起来又一套。一个上司如果能通过领导力、执行力、亲和力与下属打成一片，让下属都怀着一种既尊重又亲近的状态来工作，那么众人的心一定是齐的，大家都往一个目标努力，形成合力，工作的开展想不顺利都困难。所以，作为职场中的女领导，多去赞美同事和下属能够使自己更加受欢迎，有更好的发展前景。

周涛是宣传部门的主管，公司的宣传工作都由她来一手操控，不但井井有条，而且宣传效果总是十分到位，这让公司的名气也在与日俱增，给公司带来了不小的利益。在周涛工作时有一个比较和谐的现象，那就是大家都会非常听从她的安排，几乎没有人会与其产生矛盾。后来人们发现，周涛总是在为下属安排工作的时候说一句："小伙子今天很精神嘛，好好做啊，做出你的风采。"下属往往会因此在内心产生一种激情，这种激情激励着他去做好工作。当下属高效率做完手中的工作后，周涛又会说："嗯，不错，果然是个可塑之才，努力吧，你前途无量啊。"这时下属心里又会产生一种动力，身心的疲惫全然不见了。

周涛的工作方法是很值得其他领导借鉴的，她十分会用赞赏去鼓励下属，这样的做法不仅和谐了人际关系，而且能够给下属一种激励，使他们更加愿意去做手中的工作，并且愿意去做好。试想，如果周涛仅仅是板着脸对大家发号施令，想必没有人会一直保持一种愉快的心情去做事，当一个人的状态不好时，往往就会产生抵触情绪，这是不利于工作的进行的。

美国哲学家约翰·杜威说："人类本质里最深远的驱策力，就是希望具有重要性。"此话不假，作为一个正常人，每个人都渴望被认可、被肯定，甚至被崇拜。当然也没有任何人愿意被他人蔑视,每个人都希望获得他人的尊重,而赞美无疑可以使人们的自尊心得到极大的满足,使对方感觉到他是一个重要的人。所以,职场女性要学会一些基本的赞美技巧,并尽量在生活、工作中赞美身边的每一个人。此外,赞美还是人际交往过程中不可或缺的"解毒散",许多让我们尴尬甚至无可奈何的事情,都可以用它来化解。不过在具体运用时,还要注意到"到什么山唱什么歌",用合适的钥匙开合适的锁。

女领导切记,要在适当的时候给予同事和下属一定的赞赏,肯定他们,这也会使自己得到同样的肯定,使自己更加受欢迎。

恭维上司别过火,说到点儿上更重要

每个人都渴望自己的价值得到认可,渴望得到别人的赞美。尤其在付出了辛勤和复杂的劳动之后完成的工作,更是期待别人的注意和赞赏。同事之间如果能经常用毫不吝啬的语言赞美对方,在工作的时候激情会更高,工作效率也会提升。对上司的赞美就更不用说了,上司高兴了,对自己也会更加看重。但是对上司的恭维要点到为止,千万不能过火,以免弄巧成拙。

有个公司的总经理在抓好公司业务的同时,结合工作实践撰写了一本有关经商之道的书稿。部门经理这样称赞他:"您在企业工作真是一个错误的选择,如果您专门研究经营管理,我相信您一定会成为商务管理的专家,会有更加突出的成果问世。"总经理听完部门经理的一席话,不满地说:"你的意思是说我不适合做公司的总经理,只有另谋他职了?"见总经理产生了误解,本来想给总经理"戴高帽"的部门经理吓得头冒虚汗,连忙解释:"不,不,不,我不是这个意思,我是说……"这时,女秘书过来说:"部门经理的意思是,您是个多才多艺的人,不仅本职工作抓得好,其他方面也非常出色。"

部门经理的用意很明显,就是想表达一下对总经理的赞美,以博得好感,但是语言的组织和表达方式不当,产生了与预期相反的效果,幸好女秘书过来解围，否则部门经理就要难堪了。可见，恭维上司不仅要把握火候，而且一定要把话说到点上，这样才能产生预期的效果。总之，赞誉之词人人都渴求，人人都需要。称赞上司也得有方法和技巧，如果称赞领导不恰当，反而会弄巧成拙，只落下一个“溜须拍马”的坏印象。

一位著名企业家说过：“促使人们自身能力发展到极限的最好办法，就是赞赏和鼓励。”如果我们想搞好与同事和上司的关系，就需要多去发现别人的优点、成绩。当然，我们对这些人的赞美是有原则的，在表达时不要过火，要把话说到点上。用词要得当，要根据不同人的性格来使用我们的赞美语言。对待城府深的同事，赞美要点到即止；对待性格活泼外向的同事就不要吝啬赞美的词汇，多夸奖对方会让他很开心。同时，注意观察对方的状态是很重要的，如果对方恰逢情绪特别低落，或者有其他不顺心的事情，过分的赞美往往让对方觉得不真实，所以一定要注重对方的感受。

赞美是一种行之有效的交往技巧，它能够有效地拉近人与人之间的心理距离，使彼此迅速地产生沟通的愿望。学会赞美上司会让你的前途一片光明，这无疑对你以后的职场发展大有好处。

第十二章
爱恋馨语，婚姻中用言语滋养爱意

男女之间最微妙的感情就是爱情，当爱情开花结果的时候，就是双方步入婚姻殿堂的时候。虽然随着婚姻生活的展开，双方的感情可能会随着时间慢慢变平淡，但是婚姻并不是爱情的结束，而是一段更为奇妙的旅途的开始。因为如果双方都为了彼此的感情维系而努力，那么婚姻生活是充满爱的，是会让双方感到幸福的。这里面主要讲究一个技巧，那就是用言语滋养爱意，用爱恋馨语让爱情更加甜蜜，婚姻更加幸福。

无论说什么，先给男人留足面子

男人都是十分好面子的，所以作为女人，尤其是妻子，在他人面前给自己的丈夫留足面子，可以让男人感到自己的妻子非常体贴，有一种莫名的幸福感，同时也会对自己的女人更加关爱。一个会给自己男人挣面子的女人，肯定会得到男人的欣赏和疼爱。在家里，也要给男人面子，这样会让男人觉得你尊敬他，懂得为妻之道。下面就介绍几种具体的方法：

1. 公共场合给男人留面子

到公共场合是夫妻双方不可避免的一种情况，很多时候，女人喜欢陪自己的男人去一些人流密集的地方，而男性并不喜欢这样做。男人会根据具体的情况进行分析，如果自己的妻子是一个体贴的能够在众人面前给自己脸上贴金的人，那么他当然愿意到各种公共场合，以显示自己的风采。但是如果自己的妻子不懂人情世故，随随便便在自己面前撒泼，那么男人一定会感到头疼，就更别提让女人陪着自己去公共场合了。

2. 突发情况给男人留面子

生活不是按照自己的想法展开的，所以生活不会是平平淡淡，而是会充满各种各样的突发情况。女人要在平时做好这方面的心理准备，一定要处理好这些突发情况，让男人感到非常有面子，这样做不仅会给男人一种惊喜，而且会让男人印象深刻，哪怕只有一次，也会历久弥新。作为女人，千万不要在突发情况发生时大呼小叫，而要相信自己的男人能够很妥当地处理这件事情。你沉得住气，就是给了男人莫大的面子。男人也是人，不要一厢情愿地认为男人就是要保护女人，有时候，适当地保护男人，可以一举多得。

男人爱面子，通常是被一种很强的自尊心所驱使。对于男人来说，你什么都可以动，千万动不得的就是其自尊心。一旦男人觉得自己没有了自尊，那么，他会感到在众人面前抬不起头来，这对一个男人的伤害是致命的。那么要想做一个成功的女人，就必须学会在言谈中给自己的男人挣面子，这其实是一门非常深的学问，而且很有难度，因为不是所有女人能够学会的。

撒撒娇让男人对你更动心

女人想要男人爱自己，漂亮的确是很重要的一点，但是漂亮的女人不一定能制服男人，会撒娇的女人才是男人的“克星”。撒娇是女人的杀手锏，一出手就会击中男人的死穴。没有男人能抵挡得住女人的撒娇，看看林志玲的“嗲”让众多男人为之倾倒就知道。总之，掌握了撒娇的技巧，男人立刻缴械投降。下面就介绍几种撒娇招数，助你迅速绑住男人心。

1. 装傻充愣

当自己的丈夫回家晚或者不按时回家时，作为一个女人心中一定不会舒服。尤其是男人们会拿一些“在外应酬”、“同事聚会”等作为借口时。女人们会很无奈，因为很多时候她们知道自己老公不回家的真正原因，但是如果一味地追问，又会引起丈夫的反感。然而问题得不到解决，对于两个人的感情是非常不利的。在这样的情况下，女人可以装作什么都不知道，表现出很相信自己老公的样子，在电话里慰问：“老公你辛苦了，不要喝太多了，注意身体，早点回来，我熬了汤。我等你回来陪我一起睡，因为没有你，我就是睡不着 。”电话里满是柔情，几句肉麻的话让男人心疼并心动，并且会产生一种愧疚感。男人们看见自己的女人如此信任自己，并且为自己无怨无悔地付出，他们心中的愧疚感就更强了，因此，即使他们真的在外面受到诱惑，也会三思而行。

2. 动情女人味

当一个男人费尽心思去猜自己的女人内心活动时，往往会有极大的兴趣，因为男人都有征服女人的欲望。所以女人在男人面前如果毫不掩饰地说出自己的心里所想时，这对男人来说没有吸引力。女人不妨让自己更具吸引力，更具女人味。可以告诉他，自己在单位或者朋友中是很“迷人的女人”、“很多男人拜倒在自己的石榴裙下”，这样男人会有一种危机感，从而会更加珍惜你。

女人撒娇的方式还有很多，只要运用适当，就可以达到调剂情感的效果，可以让男人更动心，从而促进双方的感情，让婚姻生活更加甜蜜。

蜜语甜言，让他感受到柔情蜜意

在婚姻生活中，日常的沟通和交流是必不可少的，但是如果交谈的话题仅仅限于柴米油盐或者工作，那就不免会有些乏味，长久下去，会使双方失去爱情本应该带来的情趣，从而导致感情变淡。那就不妨多说些甜言蜜语吧。

1. 多些夸赞

每个人都爱听夸奖的话，尤其是处在婚姻中的男人们。男人们之所以喜欢听到赞美，不仅仅是因为赞美之言好听，更重要的是他们能够从这样的话语中得到肯定和一种自我满足的成就感。身为妻子，多说些贴心的话语，多一些温柔的夸赞，一方面能够使丈夫从甜言蜜语中得到听赞美之言的满足感，另一方面也是在表达对丈夫的一种关心和肯定。得到妻子的赞美，也就意味着得到了妻子的肯定，这对于婚姻中的男人来讲是一件非常值得自豪的一件事。每个男人都不希望妻子每天对着自己唠叨甚至颐指气使，有时候男人在外面工作可能会遇到一些不顺利，这样的情况下，男人回到家里面就更加需要妻子的赞美来增加自信。如果此时妻子不能给予安慰，那么就很可能会引起夫妻双方的争吵甚至是隔阂。在婚姻生活中，如果妻子能够时常说一些夸奖的话，不仅能够给平淡的婚姻生活带来一些别样的情趣，还可以增进夫妻双方的感情，使婚姻更加稳定和持久。

2. 多些关心

在婚姻和家庭中，男人往往扮演了一个强者的角色，其实，男人比女人更渴望得到关心。工作的压力、家庭的责任都会使男人变得脆弱。身为妻子，对丈夫多一些关心，多说一些关切的话语，不仅能够使丈夫从中得到安慰，也可以帮助丈夫适当分解压力。从另一方面来讲，对丈夫多一些关心，不论是生活上的嘘寒问暖还是工作上的叮咛嘱咐，都可以表现一个妻子的贤良淑德。在表达关心的时候，语气温柔也是需要注意的一个方面。一句关心的话语如果用生硬的语气来讲，不仅可能得不到应有的效果，还可能会增加丈夫的反感，但是如果换成用温婉的语气来讲，结果可能就会大不相同。男人都希望自己的妻子是温柔的，语气温柔不仅能够让丈夫“乖乖听话”，还可以使丈夫对自己的好感度增加，有助于增加夫妻间感情。

夫妻间的相处是一门高深的学问，多说些甜言蜜语，让丈夫常常能够感受到柔情蜜意，这是每个男人都喜欢的，对于女人来讲，也是做一个好妻子应该具备的一个重要因素。因此，在日常生活中不妨尝试一下，养成习惯，会给婚姻生活增添不一样的情趣。

说点傻话，让男人觉得你需要保护

虽然聪明的女人能够让男人比较轻松，能够给予男人更多的帮助，但是女人太精明了，就会引起男人的注意，甚至是戒心。所以女人平时既要洞察男人的一些细微变化，从而采取相应的应对措施，让男人觉得温馨、体贴，同时也要注意在适当的时候说点傻话，装一装傻，让男人觉得自己的女人也需要保护，从而去很好地呵护。这样一来，两个人的感情就会一直保持一种刚刚好的状态。

首先，“傻傻”的女人能够有一个良好的心态，容易自我满足。欲望少了，烦恼自然就少了。越是“聪明”的人要求越多，车子、票子、房子样样不愿屈于人下。如果女人能依靠自己的聪明拥有这些，最好不过，如若没有，就会抱怨不停，把这种压力强加到自己的男人身上。而“傻女人”有自知之明，反而容易满足，粗茶淡饭一样过得有滋有味。

其次，“聪明”女人常常比较敏感，别人无意中一句话她能分析出多种意思，于是，揣测、猜忌便由此而生，家庭战争不可避免，把简单事情复杂化，结果只能是累己累人。而“傻傻”的女人则不会庸人自扰，平时说些很朴实、真挚的话，从而使双方的情感生活更加稳定。

最后，“傻”女人只量收获，不量付出。太过精明是导致婚姻解体的一个因素：给自己父母的钱总比给对方父母的多、自己的工资留着私用而不参与家庭建设、付出就一定要有收获，等等，与这样精于算计的人生活在一起，只会让对方心冷。“傻”女人心里有一个特殊的量具，她只量收获，不量付出。她们会和自己的男人说“看，我们又赚了多少钱”，或者取得了哪些成绩，很少去和男人抱怨自己付出了多少，有多么辛苦。

都说女人心比海深，但是有的时候，男人要比女人复杂得多，他们既希望女人聪明，又害怕女人比自己聪明。或者希望女人有睿智的思想，外表却娇憨可人。所以女人在保持自己的聪明的同时，要时不时地说点“傻话”，这样一来既能够博得男人的欢心，又能够获得男人的爱护。

婉转良言，使丈夫明白自己的缺点去改正

人难免都有缺点，也都需要进行改正，最重要的是要先能够知道自己的缺点在哪里，之后才是如何去改正。男人对待自身的缺点一般有两种情况，一种情况是存在缺点，但是自己还没有发现，需要别人指出；还有一种是明明知道自己有缺点，但是碍于面子不肯承认。无论是哪种情况，作为婚姻中的妻子，都应该积极发现丈夫的缺点并指出来，这样一方面可以使丈夫变得越来越优秀，另一方面也可以使双方相处得更加和谐，使婚姻生活更加幸福。

1. 注意语气

男人都是非常好面子，处在婚姻中的男人们也是一样。尽管夫妻间已经很亲密了，但是如果有时候妻子说话语气不恰当，还是会让男人觉得丢了面子。身为妻子，应该学会照顾到男人的面子，在指出对方缺点的情况下，语气的使用就非常重要。如果使用指责的语气就很可能会引起丈夫的反

感，不但不能使丈夫认识到自己的缺点，还可能会造成夫妻反目。所以，要先了解丈夫的脾性，只有弄清楚了他喜欢听什么样的话，能够接受什么样的说话语气，才能更好地让他看到自己的缺点并愿意改正，这也就是所谓的“投其所好”。值得注意的一点就是，在表达的时候千万不要让对方感觉到你有趾高气扬、理所应当的样子，男人都希望自己的妻子温婉可人，而不是一个“母老虎”，因此，即使是在丈夫犯了错的情况下也应该注意自己的语气，尽量温柔婉转。

2. 注意方式

说话的方式也是一个值得注意的方面，但是并没有一个固定的合适方式，应视情况而定。有些时候，当面指出丈夫的缺点是一种最直接也最能够表达清楚自己意思的方式，可以直接告诉他哪里做得不好需要改正，应该怎么改。在一些缺点不便于直接指出的情况下，就可以使用婉转的方式来提出，有时候委婉的方式更能够让人容易接受。也可以先从一些别的相关话题入手，在聊天的过程中慢慢将他的缺点引出来，不至于太过突然。总之要尽量使用对方能够接受的方式。

3. 注意场合

男人好面子，切记不可以在公共场合或是有朋友在场的情况下直接指出他们的缺点，这样会让男人觉得下不了台。因此挑场合非常重要，在一个合适的场合谈话有时候会起到事半功倍的效果。最好是在双方独处的时间和空间，只有夫妻双方在场的情况下，男人就可以放松心态，不会太过在乎面子问题，对于自身的缺点也可以从容接受，妻子也就可以更好地表达自己的意见和态度。

少一点唠叨，多一点“语出惊人”

夫妻在一起的时间长了，免不了磕磕碰碰。语言是连接两人之间的纽带，纽带的好坏直接决定关系的和谐与否。有技巧的说话方式不仅是家庭幸福的法宝，更是衡量感情的尺码。

唠叨虽是夫妻间的常见病，却非不治之症。有的时候可以根据双方的性格特点选择说话的方式，例如，可以把话直接说出来，而不留任何暗示性的余地。

玛丽家厨房天花板上的灯泡坏了，玛丽望着10英尺高的天花板心里想："换灯泡当然应该是6英尺多高的丈夫应该做的。"于是她就对丈夫说："厨房洗涤池上方的灯泡坏了。"吃饭的时候，她又将这句话说了一遍。可是一个星期过去了，每天都重复这句话的玛丽按捺不住了，她看丈夫还没有动静，最后终于发火了："你为什么这么长时间了都不换灯泡？"结果丈夫说了一句："你没让我换啊。"

在一般人看来，玛丽的意思已经非常明显了，那就是告诉丈夫，灯泡坏了，要他换一个。丈夫之所以置之不理，很大程度上是因为玛丽每天都说一遍，他感到十分厌烦，故意等妻子说出下半句。而玛丽偏偏以为丈夫会在自己的催促下完成这个工作，结果没有把下半句道出，这使得双方的沟通产生了障碍。婚姻学家梅洛迪·洛曼曾经说过："女人若不提明确要求，男人就可能误解或忽略她的需要。"如果玛丽干脆利落地和丈夫说灯泡坏了去换一个的话，就不会出现这样的情况了。所以很多时候，把自己想要表达的意思直接说出来，不要让对方猜，更不要每天都唠叨一遍，这样沟通的效果要好得多。

露西是一名笔记员，有良好的职业习惯，每次开支票用钱都记上账，这为家里的开支做了一个很好的记录，也为家庭理财提供了很好的帮助。但是她的丈夫却很少记账，自己花了多少钱、做了些什么事都记不清楚。每当银行寄来透支账单时，露西就唠唠叨叨地责怪丈夫，丈夫也知道自己错了，于是总是保证下次一定记账。但是效果似乎并不明显，到月底，银行结单仍是透支，两人又开始重复老一套。

从这个例子中不难看出，露西和自己的丈夫陷入了一种无赢家的争论模式，也许丈夫真的是想改掉自己不记账的习惯，但是露西每次都重复那句话，很可能使丈夫内心产生了一种习惯性的适应感，也就是当露西说出记账的问题时，丈夫听过就算了，没有再引起注意，结果丈夫最后还是没有养成记账的习惯。对于这样的问题，露西可以不用唠叨，可以向丈夫建议采用复写纸支票，因为这样可自动留下副本，丈夫就不用因为自己不记账而感到烦恼了，问题轻易就解决了。

曾经有人说“唠叨是爱情的坟墓”，但是很多女人没有意识到这一点，甚至错误地认为自己的唠叨是对他的爱，殊不知脾气急躁又爱唠叨，没完没了地挑对方的毛病很伤害对方，不断的唠叨会把一些本来很小的事情加以无限放大，只会使得夫妻关系越来越紧张。所以，少一些唠叨，多一些“语出惊人”，效果会更好。

多一些坦诚沟通，少一些多心猜疑

想要婚姻生活能够更加和谐和长久，良好的沟通是必不可少的，只有双方进行交流，才能知道对方心里在想什么，在希望什么，就可以避免一些不必要的猜疑，才可以更好地磨合，使婚姻生活更加融洽。

在婚姻中，妻子不对丈夫说出心中的想法一般有两种情况：一种是故意不说，希望丈夫能够猜测自己的心思，用这种方法来检测丈夫对自己的爱或者对自己的了解和关心；另一种是在一些较为敏感的问题上，由于担心说出来会造成夫妻间一些不可预知的状况而故意隐瞒。

先拿第一种情况来说，女人都或多或少会有一些小心思，心里明明有想法，但就是不愿意说出来，想让丈夫去猜。如果丈夫能够恰好猜对，那么皆大欢喜，但是如果丈夫没有去猜或者猜错了，那么就可能会引发争吵或者矛盾，那么妻子就会认为丈夫不爱自己了或者别的什么。有时候，丈夫由于工作或其他方面的压力感到特别疲惫，这时候如果妻子还是执意要丈夫猜测自己的心思，那么就很可能会招致丈夫的反感，引起争端。因此，对于自己内心的想法，妻子应该及时地与丈夫进行交流沟通，让他准确地明白你的意思。在第二种情况下，在一些可能会造成夫妻间误会的问题上，就要实话实说，千万不能隐瞒，更不能欺骗。有时候明明是只要说出来、讲清楚就可以化解误会的事情，却偏偏因为害怕被误会而不解释或者隐瞒不讲，这样的话，一旦被丈夫得知，就可能会引来更大的误会，再解释起来就会更加麻烦了。

其实在婚姻生活中，最难得的就是沟通二字，婚姻是靠夫妻二人共同努力维护的。对女人来讲，丈夫是婚姻中自己最为亲近的人，所以对自己的丈夫还有什么不能坦诚说的呢？只有将心里的话讲出来，多与丈夫交流沟通，让他能够感受到你的真诚，他才会给予同样的真诚。双方都能以诚相待的话，就可以使婚姻中隐藏的不稳定因素减少，使婚姻更加稳固。

引导爱人把他的苦说出来

现如今，工作压力大，生活压力同样在不断增加，人们所面对的各种压力，很多时候因为不能得到良好的发泄而淤积在内心。在这方面，男性的情况要比女性严重。因为在一个家中，男性承担的往往比较多，所以很多时候他们需要妻子的宽慰，需要妻子的理解。作为妻子，帮助丈夫缓解他的压力意义是很大的，采用合适的办法引导爱人把他的苦处说出来，能够很好地缓解压力，同时也能够营造和谐的家庭氛围，保证彼此感情的稳定。

小李从事 IT 业有几年了，平时的努力工作换来了比较丰厚的回报，所以生活上也比较富足。在创业的过程中他遇到了自己心爱的人小卓，无奈两个人由于现实原因不能结婚，最后只能选择分手，但是联系一直没有断。后来，朋友给小李介绍了一个女朋友，并在次年结了婚。婚后的生活很平淡，但有一点让小李的妻子感到心神不宁，那就是小李仍在和小卓保持联系，而且小李没有和妻子明讲，这种暧昧的关系为小李夫妻的情感生活蒙上了一层阴影。最后，小李的妻子决定和小李进行一次深谈。她并没有单刀直入切入主题，而是从别的事情谈起，逐步往这个事情上靠，最后小李也明白了妻子的良苦用心，于是和妻子说了小卓最近经济比较拮据又没有人能帮助的事情，并向妻子做出了帮助完小卓就不会再有什么联系的保证，这才使双方的关系重新步入了正轨。

从这个例子中不难看出，小李的妻子为了婚后的和谐生活花了很多心思，她很担心小李前女友会给他们的生活造成影响，但是又不能太直接，因为一旦处理不好就会影响到双方的关系，就更加不利于问题的处理，所以小李的妻子非常谨慎地与小李展开交谈，逐步引导小李将内心的话说出来，最后使问题得到了解决。其实很多时候，丈夫内心的秘密是妻子很想了解但是又不能了解的，因为男人有时会顾忌很多东西，所以不愿意讲出来。这时最好的方法不是强硬逼问，而是用合适的方式去引导，这时男人内心会有一种温暖的感觉，从而愿意将内心的苦讲出来。

小郑和小婷是一对新婚夫妇，两个人是经朋友介绍认识的，因为彼此一见钟情，很快就结婚了。但是婚后小郑对小婷总是忽冷忽热，小婷已经有所感觉，却又不知道如何开口。一次饭后，两个人在沙发上看电视，小婷和小郑心平气和地谈了一次，从两个人认识开始谈起，后来引导着小郑往对自己的态度上说。最后小婷了解到小郑一直觉得小婷太外向，异性朋友比较多，很不放心，然后小婷向丈夫非常诚恳地做出了解释，给丈夫吃了一颗“定心丸”，两个人的感情更加融洽了。

对于这类问题，男人是不愿意开口的，因为这会丢面子，所以作为妻子，正确引导是非常关键的，小婷就非常好地做到了这一点，并使双方的情感回归了正轨。很多时候，男人内心中的秘密不比女人少，而且男人不喜欢讲出来，所以要想去了解，一定要注意用合适的方式去引导，从而获得良好的沟通效果。

妙语生花，让爱历久弥新

婚姻不是一天两天的事情，在漫长的婚姻生活中，怎样保持新鲜感，让爱不会随着时间的流逝而逐渐变淡，是值得女人好好钻研的一个问题。在这里，我们就来看一下怎样更好地使用语言来保持爱情的新鲜感。

1. 言语间多些幽默感，换个叙述角度

婚姻之初，两个人相处会觉得一切都是新鲜的，但是时间久了，每天谈论的都是那些生活、工作上的事情，难免就会感觉枯燥和乏味，久而久之，双方谈论的话题就会变得越来越少，对交流也会越来越缺少兴趣，最终会使婚姻生活变得索然无味。在日常生活中每天经历的的确是这样那样的“旧事”，在这种情况下，就可以试着换一种讲话思维，换一种表达方式，将原本平淡无味的事情变得生动起来。由于女人性格中有着天生的细腻成分，因此对于女人来说，在与丈夫交流的时候可以在某些小细节方面进行一下斟酌和改变，既可以表达出想说的话，又可以与以往的交流有些不一样。一句话所包含的那个意思是不会改变的，但是通过不同的方式表达出来的感觉就会不同。语气的改变、语速的改变或是切入点的改变，都可以让说出来的话有新鲜、不一样的感觉。一句平淡无奇的话转换一个角度或是加进去一些俏皮的形容词进去之后再讲出来，给丈夫的感觉就会大有不同，丈夫听了就会觉得有新意，不仅可以增加些情趣，还可以从中找出新的话题，也可以让丈夫看到一个有新鲜感的妻子。这样不但可以达到谈话的目的，而且还增加了不少的新意和情趣，何乐而不为呢？

2. 适当打情骂俏，说些小情话

随着步入婚姻的时间越来越久，夫妻间也越来越熟悉，恋爱时候的激情慢慢退却，大家都不再把爱的字眼挂在嘴边，生活变得越来越平淡。事实是，结婚以后两人之间的爱不会变少，而是时间久了大家提及的越来越少。有时候只要有一点点的小刺激，就会将这些隐藏起来的爱意重新激发出来。有些女人认为，如果说话不严肃就会让丈夫觉得自己轻浮不稳重，因此在婚后就会将一些感情丰富的语言和词汇拒之门外。其实，适时地说些贴心的情话，偶尔打情骂俏一下，会让女人看起来更加可爱，不仅不会降低自己在男人心里的形象，还会使他感觉到很有情趣和情调，对促进夫妻间的感情很有帮助。男人都不喜欢死板严肃的妻子，作为女人，在适当的情况下说一些调情的话，调节好两人之间的气氛，对于保持婚姻的新鲜感是非常有用的。

第十三章
家庭沟通，与长辈和子女真情交流

家长和子女的交流是非常必要的，有的时候亲子不和，很大程度上是因为沟通出现了问题，没有进行良好的情感交流。子女在成长的过程中会遇到各种各样的情感问题，如果长辈能够进行正确引导，就会使子女的情感沿着正确的方向健康地发展。如果不能正确引导，则会出现各种各样的问题，致使家庭沟通不畅，产生各种各样的问题，破坏家庭和睦。在家庭沟通方面要讲究技巧，从而使家庭成员之间的关系更加和谐融洽。

与丈夫和父母的沟通有技巧

女人在生活中，与丈夫和父母的沟通是最为频繁的，因为他们是女人生活的重要组成部分，因为有这些人的存在，女人生活的圈子才能称为家。在与丈夫、父母沟通的时候可以随意性比较强，因为这些人是自己再熟悉不过的人，但是有些时候由于想法不一致或者说话方式的差别，很多时候会产生误会或者矛盾，所以在交流时也需要讲究一些小技巧，从而使沟通达到一个比较理想的效果。

1. 语气应温和

在讲话时，一个人的语气是能够体现一个人的情绪和态度的。当一个人的语气比较轻快时，那么他的心情一定很放松，讲话时脸上即使没有笑容，也不会出现比较紧张的表情。在这样的状态下和他人进行沟通是比较理想的，因为当你放松时，对方就不会拘谨，两个人都能非常自如地思考和说话，交流就不会受到限制，可以开诚布公，可以畅谈。在对丈夫说话时，要注意的就是语气的把握。

例如，丈夫下班回家，这时候需要妻子用比较温柔的语气来问候一下丈夫，这样做的效果就是能够让丈夫那颗因为工作而疲惫的心能够找到家的感觉，一种幸福感油然而生。聪明的女人一定要注意理性看问题，即使发现丈夫做了一些让自己感到气愤的事，也不要在丈夫进家门那一刻就开始以审讯的口吻逼迫丈夫，因为那样做的效果往往是相反的，不但不会获得自己想要的答案，而且很可能会招致丈夫的无明怒火，双方的争吵不可避免。

再比如，到父母家中看望二老，说话一定要表现得十分开心。特别是到婆婆家的时候，更是表现得十分期待见到二老。即使夫妻二人在去婆家之前有小别扭，也不能把情绪带到婆家让公婆发现。说话时要注意以晚辈的口吻进行交流，千万避免生硬，更不能咄咄逼人。子女孝顺，父母安康，家庭才能和谐。

2. 内容应适度

在和丈夫交流时，内容的选择是比较讲究技巧的。有的时候要看对方的心情，选择适当的内容。有的人会说，和自己的老公说话还用看脸色、还用提前想一想吗？平时说话当然可以随便一些，不用想太多，但是当丈夫工作压力非常大，情绪很糟糕的时候，自己还不识趣地和丈夫争论家里的灯坏掉了为什么不修的问题就显得自找麻烦了。在这些比较特殊的时刻，要调整自己的心态，即使内心有再大的抱怨也要在说出口的一刹那收住，因为在那样的情形下，即使自己说得再痛快，问题也不会得到解决，只能是图一时之快。

在和父母沟通时，要注意尽量把自己生活中好的一面告诉父母，让父母少操心，即使有些生活中不和谐的问题很想和父母说，也要注意说话的方式。情绪不要过于激动，更不要哽咽或者泪流满面，这样会让父母担心。父母养育儿女已经不易，成家后还不让父母省心，就是不孝的表现了。

父母和丈夫是自己最亲密的人，和他们交流时可以无拘无束，但是也要讲究一些小技巧，细节的把握往往能够起到意想不到的作用，从而促进彼此间的感情，使一家人其乐融融。

做个嘴甜的媳妇，哄着婆婆心欢喜

古往今来，婆媳关系一直是一个很难处理好的关系。尤其是现在，很多家庭在国家实施计划生育政策后都只有一个孩子，家长都十分娇惯自己的孩子，这使得孩子成熟得比较晚，很多人成年后还不懂事理。尤其是一些女孩，十分任性，在嫁到男方家里后还是我行我素，惹得婆婆不高兴，使家庭关系紧张，夫妻关系也受到影响。所以在这些方面，作为女性，要懂得如何克服自己的小性子，哄婆婆欢心。其实这不仅是讨好，更重要的是家庭和睦的需要。

1. 婆婆优先

做媳妇的，相夫教子很重要，但是尊敬长辈同样不能忽略。在对待婆婆的问题上，媳妇一定要理性，在自己家里做什么都无所谓，做错了父母也不会说什么，但是在婆婆家时，再由着自己的性子来就不合时宜了。首先，婆婆是老公的亲娘，在和婆婆发生矛盾时，老公站在哪一边是非常难以抉择的。如果自己采取强硬的态度，那么很可能会引起老公的不满，再加上婆婆的愤怒，那么后果可想而知。所以在这样的时候，要采取以柔克刚的战术，先让着婆婆，婆婆说什么就是什么，在事情过去后再和老公道出自己的苦衷。这样一来，不仅让婆婆觉得自己的儿媳妇很懂事，气先消一半，而且会让老公很有面子，从而一举两得。所以在和婆婆有矛盾时，一定要忍让，做到婆婆优先。

2. 婆婆说得对

婆婆在和自己说话时，要注意倾听，态度一定要好，千万不要一副心不在焉的样子。如果婆婆说得不对，不要马上就去反驳，指出错误所在，因为在他人说话时擅自打断是不礼貌的，再加上是自己的长辈，就更显得无礼了。如果婆婆宽容大度，就算走运了；如果婆婆抓住不放，自己是不会有好果子吃的。所以在听婆婆讲话时，一定要秉持一种“婆婆说什么都是对的”的态度，这样能够让长辈从内心有一种喜欢之情，这对于婆媳关系的处理是非常有利的。一些比较严重的错误必须指出的时候，就不要装傻了，但是提出来要讲究方法。首先，要以一种商量的口吻，比如“妈，我跟您商量个事”或者“妈，刚才我有一点不明白，能不能和您探讨一下”等作为开场。其次，要注意措辞，多一些“请”、“您”等礼貌用语，这样能够让婆婆感觉到儿媳妇很尊重自己，从而愿意继续听下去。最后，一定要把问题说清楚，不要有任何的死角，使婆婆能够认识到错误所在。这里要注意的一点是，千万不要最后说婆婆错了，要用“不太合适”、“有些不适宜”等词汇，让婆婆觉得儿媳妇还知道给自己留面子，从而从心里喜欢儿媳妇。

“嘴甜”也是尽孝，仔细想想，现在的老年人在物质上并不苛求太多，他们需要的是子女精神上的赡养，仅仅给老人送钱送物是不够的。“嘴甜”也不可小看，一是“嘴甜”的媳妇心里时刻装着老人，洞察老人的心思，尽力让老人开心；二是“嘴甜”的媳妇常伴老人身边，可以使老人精神愉快，有利于健康长寿，讨得老人欢心。所以，“嘴甜”也是尽孝。做个嘴甜的媳妇，好处是很多的，因为不仅能够哄着婆婆开心，而且能使自己受宠，婆媳关系搞好了，就能进一步促进夫妻关系，从而使两个人的婚姻生活更加幸福甜蜜。

和家人少说气话，多说温情的话

人在生活中难免会生气。人在生气时会有几种表现，有的会失去理智，很疯狂地说着一些不着边际的话，做着一些夸张的动作；有的会沉默不语，自己生闷气，然后把内心的不满用一些非常伤人的话发泄出来；还有的会非常具有攻击性，话很少，直接动手。这些比较失常的行为都是在人们生气的时候会做出来的，然而这些气话多会使彼此间的关系紧张，尤其是和家人说气话，是很伤感情的。所以要多说一些温情的话，使整个家庭能有一个良好的氛围，有和谐的关系。

小丹和丈夫已经结婚五年了，夫妻关系很融洽，但是最让小丹感动的还是公公和婆婆经常挂在嘴边的那句话：“我们这辈子最大的成就，就是有一个好家庭、一个好儿子、一个好媳妇。”老一辈的这种温情，对孩子们有非常深的影响，这也是小丹和丈夫的生活非常合拍的一个重要原因。小丹的丈夫平时工作忙，如果他回来得晚，小丹就在那等着，即使心里很生气也不会说气话，而是等自己平静了再去问丈夫原因，小丹的丈夫也总是被小丹的体贴感动。

小丹和他的家人过着幸福的生活，这离不开家庭成员之间的理解和关心。那些温情的话语能让每一个人感到温暖。人在被他人温暖后，内心总是有一种想去温暖他人的冲动，所以这就形成了一种良性循环，使整个家庭充满温情。家庭成员之间如果发生矛盾，在生气的情况下说的话是很有攻击性的，所用的词语就像锋利的刀，尤其是对关心自己的人说出这些话，是能够伤害对方的心的。很多家庭的破裂都是由于一些矛盾引起了争吵，双方都在气头上互不相让，气话一出口便让人感到伤心。缺乏理性的头脑不能有效地控制语言，就这样，人们互相伤害，结果是谁都不愿意看到的。

怎样才能处理好家庭成员之间的关系，这是摆在家中的最关键的问题，尤其是夫妻之间。正所谓“百年修得同舟，千年修得共枕”，夫妻就是两个半球，“半个球无法滚动，要有另一个半球”。所以要想家庭和谐，夫妻之间、家庭成员之间相处要理解、信任、尊重、宽容。在生气时，数到三十再说话，因为气头上什么话都能说得出口，等冷静下来又会后悔，这样做，虐待自己，也虐待他人，何苦呢？所以，在有怒气的时候，转过头去看另一边，转移注意力，避免因为一时气话伤害到别人。家庭成员之间的关系需要用温情的话来维护，这种方式不仅能够给人一种心灵上的抚慰，而且能促进成员之间的情感，使整个家庭的氛围更加和谐融洽。

子女教育，重在高效沟通

对一个家庭来说，下一代的教育是十分重要的一个问题。很多家长很发愁子女的教育，是因为和子女的沟通出现了障碍。没有有效的沟通，子女便不能接受家长的引导，那么教育上就会出现很多问题。所以，子女教育，重在高效沟通。

老郑的儿子快高考了。在这个冲刺的阶段，老郑似乎比儿子还着急，他每天都提醒儿子要努力，每次都说邻居家的某某考上了某名牌大学，自己同事的孩子考上了全国重点。老郑以为这样就能激励儿子，让儿子也有动力朝着这个目标努力。然而事与愿违，老郑的提醒不但加重了儿子的心理压力，而且使儿子感到十分厌烦，有的时候还会和老郑发生语言冲突，不但学习成绩没有上升，反而有所下降。这让老郑感到很着急，也十分无奈。

也许老郑是望子成龙比较急切，这种心情是可以理解的，毕竟每个家长都希望自己的孩子能够有出息。但是老郑忘记了儿子此时的内部压力已经非常大，再加上老郑的外部压力，那么很可能会造成孩子在精神上的巨大负担，有崩溃的危险。所以，此时老郑应该做的不是去给儿子压力，而是鼓励，多和孩子进行一种旨在使孩子身心能够得到放松、并且能够获得一定信心的交流。这样的交流不仅会给孩子带来动力，而且这种交流不需要太多时间，点到为止，所以比较高效。

其实，这不只是老郑遇到的问题，很多家长都认为对孩子教育很困难，主要体现在与孩子沟通方面。家长在与孩子沟通时，总是从自身的角度提要求，但孩子总是达不到要求，结果自己常常感到很痛苦，有一种挫折感。孩子对家长的说教往往会产生逆反心理，家长不让孩子做什么事，孩子偏去做什么事，严重的情况下，孩子会用行动表示反抗，如果这种情况得不到有效的改善，会有比较严重的后果。例如，孩子长大后，有很多事情宁可跟自己的朋友说，也不愿意跟家长说，家长很难掌握孩子心里到底在想什么，就没办法互相沟通。家长苦口婆心，用心良苦，自以为"为孩子做了一切"，可是结果总是不尽如人意。

家长对孩子的影响力和说服力，是家长和孩子之间有效沟通的基础。很多人比较善于说教，一开口就是分析，一开口就是道理，然而常常会忽略自己或者别人的情感和感受，这样就难以对孩子产生影响力和说服力，也就谈不上相互间的有效沟通。所以家长要根据孩子的实际情况来采取相应的沟通方式，要考虑孩子的感受，多做高效的沟通，这才是家长们教育子女应该采用的方法。

了解孩子的心性，说贴合孩子心理的话

与孩子沟通，做家长的一定要对孩子有所了解，这就像我们平时和朋友沟通一样，如果对自己的朋友不够了解，那么沟通起来就会按照自己的想法，然而对方很可能对我们所说的话不感兴趣或者意见不统一，这时就产生了沟通障碍。这种现象同样适用于家长和孩子。很多家长和孩子沟通困

难，这在很大程度上是因为没有说贴合孩子心理的话，这样一来，孩子很可能不会去听家长所说的话。所以，要了解孩子的心性。在这方面母亲应该做得多一些，效果也会更好一些。

要和孩子良好沟通，首先要感受和理解孩子。作为家长，要知道孩子此时此刻在想些什么，需要什么，奋斗目标是什么等。如果家长对孩子的脾气秉性、状态都不了解，那么就无法去影响他。其次，家长要注意控制自己的情绪，如果家长的情绪不好，要尽量避免教育孩子，否则无法达到教育的目的。再次，要表达对孩子的理解。比如，家长跟孩子反复强调要怎样做，孩子似乎也听得很仔细，但实际上，孩子还是没明白家长的意图。对同一句话，家长和孩子理解的方式和角度都是不同的，家长对孩子误解自己的意思或者没有按照自己的意思去做，要多想几个可能性，不要马上指责，不要马上给孩子下结论，比如，不专心、不认真、不尊重家长等。家长要从各种角度去理解孩子，而不要一味主观臆断。

有一个上幼儿园的小男孩，一天兴冲冲地回家对妈妈说："我们班来了一个小姑娘，很好看的，我真喜欢她。"妈妈说："大概这个小姑娘很可爱，所以你喜欢她。"第二天，孩子对妈妈说："我真的爱上她了，长大以后，我能不能跟她结婚啊？"妈妈说："如果长大以后，你依然像现在这么爱她，妈妈一定会同意你跟她结婚的。"这个小男孩很开心。但实际上，小男孩后来再也没有提起这个女孩。

试想，如果这个家长用成人的眼光来看待这些问题，用严肃的语气告诫孩子，或者严厉地批评孩子思想有问题，或者将问题描述得有多么严重，那么孩子一定会有抵触情绪，会选择不和自己的妈妈沟通。另外，孩子还会觉得很奇怪，因为他现在还不懂爱情，对小女孩的喜欢只是那种最天然的、对某些人或事物的喜欢。这个家长之所以会和孩子有良好的沟通，就是因为她知道自己的孩子只是觉得新来的小姑娘赏心悦目，思想上并不会有多复杂，所以家长顺水推舟地回答了孩子的问题，听了妈妈的回答，孩子很高兴，就这样，在轻松的氛围中，将问题巧妙地化解了。所以家长要教育孩子，必须先读懂孩子。

和孩子交流，不要急于提供真理。要先理解孩子的心性，了解孩子的脾气秉性，说贴合孩子心理的话，才能使交流更加顺畅、有效。

配合真实情境，让孩子受到深刻教育

对下一代的教育是非常重要的，因为这一方面会关系到一个家的兴衰，另一方面会关系到社会的发展。如果每个家庭都重视对下一代的教育，那么社会成员的整体素质就会提高，社会就会更健康、更快速地发展。在对子女的教育方面，要本着实事求是的原则，不能想当然，更不能编造，最好能配合真实情境说教，让孩子受到深刻教育。

林燕和丈夫有着一个幸福的家庭，因为他们的儿子奇奇很聪明懂事。小男孩在10岁时正是非常淘气的阶段，而奇奇虽然也很活泼，但是从来不做让家长头疼的事，就像一个“小大人”，所以邻居和朋友见到奇奇就夸个不停，这让林燕夫妇感到十分欣慰。然而，这不是天生的，而是和林燕的教育有着很大的关系。林燕每次在和奇奇一起看新闻时，就拿电视里的实例对奇奇进行教育，告诉他什么是对的、什么是错的，比如，拾金不昧、把垃圾丢进垃圾桶保护环境、待人接物有礼貌等。并且在生活中注意那些原型，及时地配合真实情境教育孩子，这些都让小奇奇深受教育。

林燕平时很注意对孩子的教育，并且懂得用事实说话，这都可以让小奇奇有一个实际的参考和模仿对象，从而达到了很好的教育效果。10岁的小男孩正是模仿能力很强的时候，这个阶段要多对其进行正面的教育，因为这会影响到他今后的成长，如果教育不当，很可能会使孩子误入歧途，这对孩子的成长是十分不利的。

有些母亲喜欢将道理编成故事告诉孩子，而没有根据实际情况来进行教育，这样的做法效果是不明显的。因为现实毕竟是现实，孩子不能生活在幻想的世界里，所以家长们一定要根据实际情况对孩子进行相应的教育。例如，看到有人捡到前面一个人掉下的钱包赶忙追上去还给对方，家长就应该马上告诉孩子这种行为是对的，是值得鼓励的，那么孩子会把刚才的一幕看在眼里、记在心上，当他遇到这种情况时自然就会想起妈妈告诉他的话，捡起地上的钱包物归原主。

现实的教育总是深刻的，是能够给孩子留下足够深的印象的，所以家长平时要注意配合真实情境说教，帮助孩子在一条正确的道路上行进、成长。

多说有礼仪涵养的话，潜移默化影响孩子

孩子在幼年时，没有行动的标准，他们唯一能模仿的就是自己的父母、家人。作为孩子的父母要注意自己的言行，在这个阶段孩子的表现很大程度上是父母对其影响的反映，或者说是父母的影子在孩子身上显现出来。所以，作为母亲要多说有涵养的话，时刻注意自己的言行，在潜移默化中影响孩子，帮助孩子养成一个良好的性格。

1. 日常言谈要注意

很多家长在带着孩子出去的时候不注意自己的坏习惯，比如在见到自己的朋友，尤其是那些比较熟悉的好朋友时，说话会非常随便，一些脏话或者带脏字的玩笑话也不自觉地就蹦出来了。说者无意，听者有心。孩子很可能就在无意中学会了这句话，然后在和小伙伴玩耍的时候当成口头禅说出来。这时小朋友可能不会有什么大的反应，但是那些孩子的家长很可能会听到，并觉得你家的孩子没有教养，有的家长还会上前责骂两句，并让自己的孩子远离，不要和你的孩子一起玩。不知道自己做错什么的小孩会感到莫名的委屈或者惊恐，这会对孩子的健康成长造成影响，特别是心理方面，如果在幼年时心理发生了扭曲，对之后的成长是十分有害的。作为母亲，要在平时注意自己的言语，例如在接受别人的帮助时说“谢谢”，在别人表示感谢时要回应“不客气”，这样一来，孩子会无形中将这个情形记在脑海里，遇到类似的情况时会很快地反应过来自己该怎么做，从而给人们留下一个好的印象。

2. 处理夫妻矛盾要避开孩子

夫妻二人有矛盾的时候要特别注意解决的方式,尤其是孩子在场的时候,要注意自己的语言和行为。很多夫妻在闹矛盾的时候根本不顾孩子的存在,会大吵大闹甚至大打出手,这不但使孩子受到惊吓,而且使孩子的心理蒙上了一层阴影,对孩子的成长是十分不利的。夫妻间产生矛盾的时候,如果孩子在场,那么双方一定要克制,要相约时间和地点,避开孩子解决问题。

为了孩子的健康成长,家长们煞费苦心,有些人说要有专门的时间来教育孩子,从而有系统性地使孩子受到良好的教育。这样的做法固然不错,但是为什么不在平时就一点一滴开始注意,从无声的培养开始呢?母亲注意自己的言行,多一些礼貌行为,多一些有涵养的话语,在潜移默化中影响孩子朝着好的方向发展,效果会更好。

如何告诉孩子他犯了错

孩子犯错误是再平常不过的事情了。成人还在不停地犯错,何况孩子呢。但是这里要注意的是,如何告诉孩子他犯了错是很重要的。如果一个孩子在犯错后,家长秉持着那句“人非圣贤,孰能无过”而不对孩子进行任何的批评教育就放过了,那么孩子在之后会觉得自己做的不是错的,在某种程度上是对的,这样做的后果就是孩子会再次犯错,是非观念变得模糊。这是非常危险的。那么母亲该如何告诉孩子他犯了错呢?

1. 指出错误

在孩子犯错时,要指出孩子错在哪,这是最基础的一步,也是最关键的一步。如果一个孩子在犯错时都不知道自己错在哪,那就麻烦了。例如,当一个孩子看到伙伴手里的一个玩具自己很喜欢,就过去抢,或者在伙伴不在时将玩具拿过来,然后自己玩得不亦乐乎,而家长对于这样的行为视而不见时,孩子就会觉得这样做没有什么不妥。随着年龄的增长,他最后很可能会因为社会上不良因素的影响演变成抢劫犯或者偷盗者，给社会带来不稳定因素。但是有些母亲看到孩子这样做时会毫不留情地去打骂，这样做虽然让孩子知道自己做错事了，但是孩子也许并不知道自己错在哪，只知道自己被妈妈打了一顿，从而在心里产生一种抵触情绪。所以在遇到这种情况时，妈妈最好先让孩子把东西还回去并道歉，然后告诉孩子别人的东西要经过主人的允许才能拿，否则是不对的。这样一来，孩子就知道自己错在哪，在遇到类似情况的时候就不会再犯错误。

2. 使孩子认识错误

使孩子认识错误是教育孩子很关键的一步。例如，当孩子撒谎时，妈妈要对孩子分析撒谎的坏处，让孩子认识到犯这种错误带来的不好的影响。有的妈妈会给孩子讲很多古人的故事，例如“狼来了”、“匹诺曹”、“烽火戏诸侯”等，也有的妈妈比较实际，会结合生活中的一些实例来使孩子明白诚实是非常重要的等，这些方法都是比较好的。当然最好的还是后者，让孩子意识到在现实生活中撒谎的坏处是很多的，明白自己要诚实做人。

父母不是完美的，在孩子逐渐成长的时候，确实可以认识到父母并不是知识和真理的唯一来源，甚至很多人会推翻父母的权威性。但是，父母一直给了孩子无条件的关注与支持。从妈妈那里，孩子首先知道世界上有人爱自己，有人支持自己，孩子在了解世界的同时也接纳自己。对自己的接纳与热爱是人前进的动力。所以，妈妈对待孩子的错误，不能过度打骂，也不能置之不理，要采用适当的手段让孩子意识到错误，正确认识错误，用端正的态度改正错误，培养孩子良好的品格。

如何批评孩子，并使其欣然改正

对孩子的批评是必要的，因为孩子的一些错误只有在家长的指正下才能改过，但是要想让孩子接受批评并欣然改正是需要一定的技巧的。有些妈妈一旦批评起孩子就会非常生气，这样一来就会失去理智，将很多与问题无关的事情也拿过来,恨不得将孩子骂个够,这种批评方式虽然让妈妈泄愤了,但是这样的批评不要说孩子,成人都不会接受的。这种不被接受的批评又怎么能让别人去欣然改正错误呢?

刘倩的女儿今年16岁。一年前,她发现自己的孩子早恋了,但她没有强加干涉,只是旁敲侧击暗示早恋的不好,希望女儿自己能够解决。马上要面临中考了,她发现孩子这两天的情绪一直很不好,感觉孩子很痛苦,有很多烦恼似的。她想与孩子沟通,可孩子封闭自己,保持沉默,做父母的干着急。终于,刘倩忍不住主动和孩子说了自己内心的想法,并把自己的一些经历讲给了孩子。当孩子愿意和自己说内心的想法后,她便把孩子做得不对的地方很坦然地讲了出来。这样的方式使孩子认识到了自己的错误,并且很愿意接受妈妈的建议,在随后的学习生活中,刘倩的女儿情绪好了许多,也稳定了许多。

刘倩和孩子的沟通方式是比较成功的,她知道该如何引导孩子将自己的想法说出来,并且把对孩子的批评进行得比较适度。初中阶段是孩子成长的关键时期,思维在这个阶段成长,尤其是心理上,会逐渐形成自己的思想,在遇到外界的影响时会非常不稳定,犯错误也是常有的事。所以这时父母一定要注意批评孩子的方式,不要急于批评而不把握好自己的情绪。如果用比较激烈的言语去批评孩子,那么正处于叛逆期的孩子会更加反感,不但不去反省自己的错误,而且会由于逆反心理偏偏去做那些错误的事。

在孩子比较在乎自己自尊的时候,尤其是初中阶段,作为母亲,如果出了问题就对孩子一味申斥,尤其是当着其他人的面,不允许孩子申辩,那么非但起不到教育效果,反而会引起他对你的排斥和反感。孩子听到你劈头盖脸的"教育",想到的是自己很没有尊严,今后还怎么能在同学们面前抬起头来,不会反省自己到底是不是错了或错在哪里。所以作为母亲,要好好引导,对孩子进行批评时,要注意言语和方式,既维护孩子的自尊,又把问题说到位。

怎样和子女交流彼此的心里话

孩子在成长，不仅仅是身体的成长，而且还包括心理的成长。母亲对孩子在心理成长方面的教育和引导很多时候要比身体上的照顾难度还大。孩子的心理发展有两个反抗期，第一个反抗期是两岁左右，第二个反抗期是中学时期。孩子在两岁左右，家长会突然发现自己可爱的乖宝宝满地打滚、发起脾气来了。心理学家将这种现象解释为孩子自我意识成长的表现。孩子在小学时很听话，但进入中学后就会发生很大的变化，产生强烈的逆反心理，这也是非常正常的。这时的孩子自我意识有了明显发展，凡事都有自己的思考和看法，处于一种心理断乳期。

如果孩子处于这两个时期，那么妈妈要注意和孩子沟通的方式。

1. 换位思考，保持良好心态

妈妈要想让孩子说一些心里话，那么一定要注意不能让孩子感到压力，在这个过程中不要发脾气，要保持冷静，尤其是孩子的情绪也很急躁时。如果妈妈自己不能很好地控制情绪，那么可以尝试换位思考，这样就能够从其他的角度去理解孩子，从而保持一个良好的心态和孩子进行沟通。对任何事物都可以从不同的角度去认识，危机有时可能也是转机。妈妈们都认为自己应该有一个“出众”的孩子，要是孩子很“普通”，就会感到特别失望。比如，孩子考试成绩不理想，就认为他不可能学好了，就绝望了。其实任何孩子可塑性都是很强的，家长要勇于尝试新的沟通方法，抱着鼓励和期望的态度跟孩子沟通，而不是怒气冲天地指责孩子。

2. 沟通时理解孩子的难处

每个孩子在成长的过程中都会遇到各种各样的问题，这些问题很可能会影响孩子的成长，那么作为妈妈就要想办法和孩子建立良好的沟通，从而帮助孩子解决这些他们不知所措的问题。尤其是那些独生子女，他们被家长给予了厚望，所以承受着家庭给他们的巨大压力。很多妈妈一看孩子的成绩不好，或者学习不努力，就会大发雷霆，将孩子大骂一顿。其实这样的做法让孩子更有压力，使他们不选择妈妈作为交心的对象。所以妈妈可以设身处地地多想想孩子面临的升学压力，想想孩子多年辛苦的学习和经历的无数次考试是多么不容易。妈妈不要总是觉得“孩子不争气，让自己丢了脸”，要多想想谁失败了都会难过，谁面对激烈的竞争都会担心、害怕。当孩子感觉到妈妈十分体谅自己的时候，他们就会很愿意将自己的心里话讲出来。

妈妈一定要多加注意，要认真观察孩子的情绪变化，主动地跟孩子进行沟通。在跟孩子沟通时，要注意引导孩子，从而使孩子将内心的想法讲出来。

第十四章
玩转谈判，巧舌如簧令女人稳操胜券

谈判是一项很重要的社会活动，通常是在一定的场合下，人们通过协商、交涉、商量等途径来实现一定的目标，这些目标包含的内容比较广泛，但往往是以一些利益的实现为主要内容。现代社会，谈判涉及的范围很广，我国女性的社会地位也在不断提高，所以女性在各种谈判中扮演的角色也越来越重要。所以，在谈判中巧舌如簧可以令女人稳操胜券，本章就将针对这一问题，介绍几种谈判的技巧。

谈判前缜密布局，句句说到对方心坎上

谈判桌虽小，但是要研究的问题不少。从技巧上看，谈判大致可以分为谈判前、谈判中、谈判结果三部分。谈判前要缜密布局，这样才能做到心中有数，临危不乱。作为女性，细心是一大优势，考虑问题比较全面，尤其是细节上，总能找出亮点。另外，女性在话语的操控上也有一定的优势，比如能将每句话都用恰当的语气和合适的词汇说到对方的心坎上。谈判前的布局主要可以从以下几个方面着手准备：

1. 分析双方的状况

在谈判前对双方市场状况、政治形势等方面进行比较详细透彻的分析是非常必要的。在这里要特别注意一点，那就是要通过对以上资料的分析得出对方与己方的依赖程度，这样才能在问题的设置上有比较科学的拿捏，从而达到恰到好处的效果。如果没有很好地了解双方的依赖程度，只是凭感觉去加筹码，施加压力，话不但不能说到对方的心坎上，而且最后可能会导致对方不买账，谈判以失败告终。

2. 了解对方的谈判目标

对方想要什么，这一点是需要摸清的。如果不知道对方想要的，那么就会根据自己的想法去设置问题或者谈判筹码。当自己估计对方想要得比较多时，就会拿出比较多的筹码，也许最后很容易谈成了，但是可能会出现消耗己方资源较多的情况，出现了不必要的浪费。但是当自己估计对方想要得比较少时，会准备比较少的谈判筹码，从而不能达到对方满意的程度，最后不能达成一致。在了解对方的谈判目标时，要持一种比较理性的姿态，进行科学的分析，较为全面地掌握对方的信息，充分了解对方的谈判目标，这样才能“根据想吃的去喂”，最后使对方上钩。

3. 总结之前的谈判记录

之前的谈判记录是很重要的，分析之前的谈判能够很好地发现其中的经验，也能找到其中的不足。这时可以把不足之处找出来进行进一步的分析，发现具体问题，然后制订相应的解决方案，争取不再出现同样的问题。在总结时要特别注意那些之前有过合作、眼前又要面临谈判的对象。这时可以根据对方的特点制订相应的谈判方案，这样一来，谈判的针对性就加强了，效果也会好得多。

4. 对手的谈判风格分析

俗话说“知己知彼，百战百胜”，对手的谈判风格是比较重要的一环。有的人喜欢比较激烈的辩论，有的人喜欢比较稳妥地出招，还有的人喜欢用简单的形式解决问题。所以可以根据对方的特点采用相应的谈判方式，从而使对方感到熟悉，以便进行下一步的交流。或者是采用让对方感到有压力的方式，这样往往能够打消对方过盛的气焰，从而平衡和调节谈判桌上的氛围。

在谈判桌上的女性，给人的印象都是女强人类型的，比较强硬，甚至凶悍，很多比男性有过之而无不及。但是并不是说所有在谈判桌上与对方周旋的女性都必须是那样的，而是可以根据自身的特点设计自己的谈判风格。例如，可以是举止优雅、让人一见赏心悦目的那种，为人处世落落大方，女性魅力和办事能力一样令人刮目相看。总之，谈判前的准备工作是十分重要的，要有缜密的布局才能达到句句都说到对方心坎上的效果。

营造强大气场，让表达直入人心

在谈判时，有时谈判现场会有比较轻松的氛围，大家在一种比较和谐的情况下进行着比较融洽的会谈。但是大多数情况是双方处在剑拔弩张的状态，这时要想获得谈判的成功，就不能让对方在气势上压倒自己。所以，无论是强硬型，还是较为温柔型的女性，在谈判时都要注意气势的营造。因为这不仅关系到自己的状态，而且可以给对方施加压力，逼对方就范。在气势的营造方面有几种比较好的方式，也有一些需要注意的问题。

1. 沉稳与干练

首先一点就是要沉稳。如果一个人总是毛毛躁躁，会给人一种不踏实的感觉。另外，这种比较毛躁的外在表现会让谈判对手觉得你没有做足准备，心里没有底，从而在内心产生一种蔑视的情绪。这样一来，没有开始谈判就输了一半了，再想扭转局势需要很大的耐力和智慧。除了要沉稳，还要有一种干练的风格，就是说话表达要清晰明了，不要拖泥带水。尤其是女性，如果能有一种干净利落的架势，就会给对方一种无形的威慑力。

2. 气质与自信

一个人的气质是十分重要的，它是一个人内在涵养或修养的外在体现，尤其是女性的气质，很多时候都是在无声无息中流露，但是却极大地影响着周围的人们。很多具有独特气质的女性能在讲话前将眼前的男性征服。气质不仅是外在的华丽的服饰，而是还包括内在的特质的外露。然而这种气质不是一朝一夕就能具备的，而是要在平时注意知识的积累、品德修养的培养，总之要不断地丰富自己。另外非常重要的一点就是自信，如果一个人对自己都没有信心，还怎么要求别人对自己有信心？所以只有自己相信自己，别人才会相信你。自信的人有一种感染力，是形成气势的重要因素。

3. 勇气与激情

在谈判桌上，勇气是不可缺少的。当谈判遭遇瓶颈时，不要慌乱，拿出勇气，沉着应对才是上策。勇敢的女人往往能比男人给人们留下更深刻的印象，因为男性象征着阳刚，女性象征着阴柔，所以女性的勇敢往往能有足够的威慑力，让对手感到惊叹。在很多时候，谈判是十分乏味的，尤其是陷入僵局的时候，双方需要极大的耐力，此时精神上处于疲惫和懈怠状态，效率极为低下。而这时的激情不但能给对手当头一棒，而且能够激发人们的潜力，在关键时刻挥出精彩一笔，成功打破僵局。

一个人的风度往往是通过个人的言谈举止、为人处世等方面体现出来的。有时候，为了大局着想，即使对对方十分不满，也要有一种风范，一种让对方在心里佩服的能力。在遭遇突发情况时，不要慌乱，保持一种临危不乱的姿态，同样会给对手一种意外，气势就是在这样的你来我往中形成的。作为女性，在细节上做工作，要比男性有优势。所以在平时要注意积累，在谈判桌上，使自己的表达深入对方的内心，出其不意地获得成功。

探求对方真实需求，把握谈判先机

俗话说“对症下药”，要想治病，得先知道是什么病。同样，谈判就像给对方“看病”，在谈判开始前，获知对方的真实需求对谈判成功是十分重要的。获知谈判对手的真实需求不但可以使自己的准备工作能够更加完善，而且能够让自己的内心不会因为未知因素过多而感到无所适从。了解和把握谈判各方的需要和动机是任何一项谈判得以进行和完成的首要前提，只有在这个基础上充分准备才能把握谈判先机。

1. 了解对手的需求

需要从来就不是一种纯粹的内心需求，需要总是社会性的，它由社会所创造，并以社会的形式得到满足。人们之所以会发动、进行和完成一项活动，是因为这项活动能满足人们的某些需要。同样，谈判也是人们为了实现某种需求而进行的。谈判之前，人们会为实现某种需求制订一定的计划，设计一定的谈判方案，如果能了解对手的需求，就可以大致估计出对方的方案，从而更有针对性地去制订己方的谈判方案，见招拆招。在谈判中，任何一方都是既有所得，又有付出。从纯经济的角度考虑，谈判的基本出发点似乎应当是以最少的付出获得最多的自身所需。如果知道了对方的需求，就可以根据实际情况付出，从而满足对方的需求，避免不必要的浪费。

2. 洞悉对手的动机

谈判的动机是谈判需求中很重要的一项，主要表现为谈判各方为什么要举行这一谈判，是人们进行谈判的内部动因。谈判就像两个高手间过招，在出招前要观察对手的行动，要洞悉其下一步要出的招数，从而做出相应的防御或者需找空隙进行攻击。洞悉动机可以分为几个阶段，首先，在谈判开始时，要知道对方的谈判目标，要能清楚谈判各方为什么会选择对方作为自己的谈判对手，通过对这些表象的分析可以在一定层面上了解对方的心理状况。其次，在谈判中，观察对方的动机是增强了还是减弱了。在这种情况下，同样可以获知对方的心理状态。例如，随着谈判的深入，有的谈判方会愿意终止谈判，而有的谈判方则希望能将谈判进行到底。针对不同的态度，可以对己方的谈判策略进行调整，增加筹码等，从而获得最好的谈判效果。

3. 根据对方的需求出招

世界著名谈判专家尼伯格把谈判中双方的需求情形分成以下六大类：谈判者为对方的需要着想；谈判者让对方为自己的需要着想；谈判者兼及对方和自己的需要；谈判者违背自己的需要；谈判者损害对方的需要；谈判者同时损害自己和对方的需要。例如在一项商务谈判中，卖方如果希望买方在价格上做出让步，那么卖方就要考虑在质量或其他方面做出一些让步。从维持长期合作的贸易伙伴关系和建立企业良好形象的角度来看，谈判者在制订让步策略的时候，要根据己方和对方的需求，计算每一行为的付出和收获，并决定哪一个选择对双方更有利。

总之，要获得先机，就要提前掌握对方的真实需求，这样一来，不仅有利于满足己方的要求，而且有利于双方获得双赢。

多说好话，“和气生财”才是根本

负面语言一旦说出口，就像一种能量，这种像电磁波一样的物质能量辐射到他人身上，也会反弹到自己心里。很多人都有过因为说错话给自己和他人造成很大痛苦和困难的经历，也有很多人因为说好话给他人带去愉快，给自己一个好心情。在谈判桌上，人们虽然需要互相角力，但是并不是让人们恶言相向，而是要注意语言的选择。多说好话，“和气生财”才是根本。说好话一方面可以使人们内心产生积极的反应，另一方面对自己也是一种抚慰，使自己时刻保持状态。

1. 说好的话要真诚

人都爱听好话，爱听悦耳的话。当人们听到自己愿意听的好话时，内心会有一种轻松、愉悦的情绪，并对说话者的印象比较好。在谈判时，说好话，尤其是女性，会让对方心情瞬间转好，并一定程度上觉得自己的对手是一个通情达理的人，会愿意通过谈判达成双方的共同意愿，这就为谈判开了一个好头。说好话的前提是内心想的内容是好的，因为这样的表达是发自内心的，是真挚的，否则，会给对方一种装出来的感觉，这样不但不会达到预期的沟通效果，而且会让对方觉得眼前的谈判对手虚情假意，从而打心底不愿意合作。另外，说好话也不是指从不提出批评。在说话时要真诚，在一些该提出意见的地方，要客观地提出，不要因为某些因素而去掩盖，否则说些人人都能听出来的假好话，这样还不如不说。

2. 往好的一面说话

天下事总是有两面性，有好就有坏，所以要尽量去说优点、说阳光的一面。在谈判过程中，难免会遇到双方都不肯让步的胶着点，这时，不要因为一时气急而将一些非常难听的话摔到桌面上，这样做的结果只能是使双方在僵局中徘徊。这时要冷静地分析当前的形势，然后把事物好的一面通过自己的话语展示给在场的每一个人，这时，大家不仅会用一种带有佩服意味的眼光去看待发言者，而且会从中受到鼓舞，想办法扭转颓势，对于推动谈判的进行会有比较明显的效果。有些时候，我们看待一些人和事都只看到其消极的一面，使事物显得那样糟糕，结果一直抱怨他人不努力、事情不得推进，最终陷入怨天尤人的古老陷阱。所以，注意事物积极的一面、往好的一面说话是很重要的。

3. 把话说好

有时候人们会因为各种因素不能将自己要表达的意思正确地表达出来，比如一些话不宜直接说出，而是需要有技巧性地表达，结果由于急躁很直接地说出来了，产生了比较坏的影响。所以不要着急，要好好酝酿，把话说好。

先以退为进，看准时机再放“狠话”

在人们眼中，女性是温柔的，但是在谈判桌上，除了“有理、有利、有节”外，还要用一些让对方印象深刻甚至刻骨铭心的话，这样往往能够产生比较大的影响力。当然，这样的话不是一开始就拿到桌面上来，而是可以先以退为进，看准时机，从而达到一锤定音的效果。特别是在商务谈判中，退让是常用到的谈判策略之一。深谙这一技巧的谈判老手们往往都能用暂时退让换来进两步的谈判结果。

1. 把握让步时间

以退为进比较重要的一点就是先退，那么这个退不是一开始就无休止地退，而是根据形势的发展，把握谈判节奏，在比较晚的时候退。一些事都是因为来得太快，显得很容易，而得不到珍惜，所以对方等得越久，越觉得来之不易，就能够比较珍惜。因此，在谈判进行了较长的一段时间后，或者进入僵局的时候，做出己方能承受程度上的让步，从而使问题得以解决，获得向前迈出的更大一步。

2. 打探虚实，以退为进

很多人在谈判时经常不会听对方所讲的内容，而是只顾自己讲自己的，全然不对大局进行把握，这样一来，虽然可能在后面的谈判中以退为进，但是可能用了过多的筹码，产生了不必要的浪费。所以，在谈判中，可以先隐藏自己的需求，让对方先开口，并给其提供表明自己所有要求的机会，从而全面了解对方的需求，这时再根据其需求特点设置自己让步的范围，从而以最少的让步换取最大的前进。

3. 掌控全局，勿掉以轻心

以退为进，并不是说可以无休止地让步，而是有一定的限度。这个限度就是对全局的掌控，如果由于过多的让步，使己方的优势损失殆尽，主动权转移到对方手里了，这样的结果就只能是“一泻千里”、“只退不进”了。所以，在谈判中，要注意己方的让步次数和程度，千万不要掉以轻心，切记在让步的情况下，也要永远保持全局的有利形势。

4. 要实际，不放空炮

很多人认为让步就是在己方在乎的方面做出适当的让利，然而这种想法是不全面的。因为己方在乎的也许是对方不关心的，这种让步是无谓的，不但使己方有了一定的损失，而且不能使对方获益。所以每次让步都要考虑双方的需求，使己方尽量少损失，也能使对方获得某些好处。

5. 看准时机放“狠话”

当己方做出让步后，对方开始有相应的表态时，要注意观察时机，恰当的时候放出“狠话”，让对方措手不及，尤其是女性，在掌握时机方面应该有较强的能力。

有经验的谈判者都会想尽办法掌握对手的真正意图，摸清底牌，才能做出适当的让步，然后在适当时机放出“狠话”，以退为进。以退达到进的目的，是谈判中常用的一种技巧。

用事实和数据说话更有效

在谈判中，很多女性会苦口婆心地分析问题的利弊，让对方知道己方一些做法是为了实现双方的共赢。这种做法看似非常努力和用心，但是却收效甚微，因为对方只听到了道理，道理谁都懂，在没有看到事实之前，人们都是抱着一种半信半疑的态度去看待问题的，尤其是对手在劝说自己时，更会加倍注意。这时如果将事实摆在对手面前，相信不用己方再多费口舌，对方也明白自己的意思，这要比苦口婆心地劝说有效得多。

1. 使用既成事实让对方无可奈何

使用既成事实策略是一种比较有效而且让对方感到无路可走的方式。一些事情已经做完了，或者进展已经很多以至于让人别无选择，只有妥协。通过造成一种不可逆的状况并把对方推到一个死角，通过给对方施加既成事实压力和威胁来使对方屈服。

2. 利用对手的对手

在谈判中，可以用对手的竞争对手作为谈判的筹码。例如，在谈判进入比较具体的角逐阶段时，对方不肯做出让步，那么这时可以将其竞争对手的一些信息和数据提供给对方，并警告其如果不做出相应的让步，已方将考虑其竞争对手。这样一来，对方就会感到压力，从而不得不认真考虑已方的方案。

3. 以数据支持原则

有时候，自我坦白也是一种比较好的谈判方式。当对方要求已方做出某些牺牲时，可以将自己的原则讲出来，而这些原则不是凭空的，是以权威数据作为支持的。以数据和事实说话，提高权威性，无论什么时候都要以事实为依据。这里说的事实主要是指：充分运用准确的数据分析，如销售额分析、市场份额分析、品类表现分析、毛利分析等进行横向及纵向的比较。用事实说话，使对方没有办法过分夸大某些事情，从而坚守住你的原则。

4. 用事实和数据救火

很少有谈判是一顺到底的，多数情况还是磕磕绊绊，双方为了自己的利益博弈。既然情况是这样的，那么就难免出现已方一会儿处于上风，一会儿处在下风的情况。当已方处在下风时，一定要想办法扭转，用事实说话是很不错的一种方法。有些人会因为脾气比较急，在眼看对手占了上风时，就会出言不逊，结果不但不能扭转形势，而且容易使谈判无果而终。这时，应该保持冷静，在自己的大脑里搜索可以使用的案例，用事实说话，当一些比较有说服力的事实摆在对手面前时，形势会瞬间扭转。

作为女性，感情丰富是可以理解的，但是情绪用事就应该尽量避免了，所以在谈判过程中，一定要控制好自己的情绪，虽然很多时候可以用情绪感染对方，但是用事实说话总是首要的、最有效的方案。

沟通软硬兼施，掂量对方"吃软"还是"吃硬"

在谈判的过程中，一些人喜欢用比较柔和的方式，有的人则喜欢用强硬的方法，不管选择哪一种，都与一个人的性格及其为人处世的风格相关。在谈判的过程中，要针对不同的谈判对象采用不同的方式方法，如果对方比较喜欢温和的谈判，那么就可以有针对性地采取比较温和的谈判方法；如果对方比较惧怕强硬，那么可以考虑采用比较强硬的方法。女性的观察能力一般都是很强的，所以在谈判中可以掂量一下对方的性格，在沟通中软硬兼施。

1. 遇到平稳和谐型对手时要理性

当遇到的谈判方比较安静，比较喜欢以一种严肃、平稳的方式讲道理时，作为女性，可以比较好地以一种理性的方式和对方进行脑力上的角逐。由于对方不喜欢吵吵闹闹的谈判，所以己方也可以在比较安静的环境中冷静地思考，这样的谈判大多会出现很多意见激烈碰撞的情况，但是人们通常不会失态，而是寻找问题的解决方法。所以谈判桌上基本看不到人们吹胡子瞪眼睛的场面，而是像两个高手在过招，风平浪静中看不见双方的你来我往、激烈对决。在与这种对手文明过招的同时，可以在态度上由软转硬。例如，当谈判进入白热化时，双方会为了一个问题纠缠不清，这时除了比较有礼貌地讲道理外，还可以用一些威胁性的手段，逼对方就范。

2. 遇到过激冲动型对手时应软硬兼施

有一种谈判对象在谈判时喜欢用气势压倒对方，他们习惯在谈判时通过激烈的辩论将谈判推向高潮，把握主动权，最后抓住对手的漏洞，取得谈判的成功。这种谈判通常在表象上表现为双方在语言上"大打出手"，刀光剑影，异常激烈。在面对这种对手时，可以选择硬碰硬，但是一定要理由充分，争取达到让对方哑口无言的效果，否则双方会陷入无止境的争吵中。如果不能达到使对方心服口服的效果，最好采用软硬兼施的策略，自己在示弱后，使对方放松警惕，然后抓住对方的疏忽，给对手致命一击。

3. 遇到多变型对手时应顺水推舟

除了上述两种风格的谈判对手外，还有一些人是随着谈判的进行有不同的表现，对这样的对手通常可以相机而动，软硬兼施。谈判时，当对方咄咄逼人时，可在坚持原则的条件下采取顺水推舟的方法，等到对方锐气减退时，己方再发起反攻，争取反败为胜。

通俗地讲，软硬兼施策略又叫“红白脸”策略。白脸就是指态度强硬，寸步不让，但又处处讲理，绝不“蛮横”。一般表现为嗓门比较高，讲话时唾沫横飞，不一定是非常严肃地板着脸，但是立场一定是坚定的。红脸则是态度比较温和，能够营造一种比较和谐的氛围，使人在心理上的冲击较小。“红白脸”的转换要把握好火候，转变要有理、有节。

巧妙转移话题，缓解谈判尴尬

谈判过程中，对方会问及一些需要己方直接答复但己方又不方便直接答复的问题，这时如果直接答复，对方会满意，但是己方无形中会受到损失，但是如果直接拒绝，对方也会下不来台，谈判便不能顺利地进行下去。这时可以用转移话题来化解难题，缓解谈判尴尬，这是一种非常有效的应对办法。

某些国家的国会质询问答时，经常可以看到这种场面：被某党议员们严厉追问的另一政党的议员们，不慌不忙地、轻易便将话题移开：“关于这件事，正如先生所言，的确非常有道理，但是，暂且先谈刚才那个提案……”、“正如您所言，这是非常重要的问题，所以稍后调查再作报告，在这之前先……”、“这些宝贵的意见且先搁置，我们换个角度来看……”，等等。就这样巧妙地转移的主题，诱导出利于自己的结论的答辩确实有很多。这也可称为一种“转移话题法”，在话题要走向不利于自己时，转换话题的一种技巧。

人们辩论时精神会高度紧张，他们突然被另一个毫不相关的话题影响时，注意力会很快被吸引过去。尤其是女性，在处于非常紧迫的心理状态时，无意中被提示一句另一方向的话时，不知不觉中便会把注意力转向另一个方面去，所以这种方法在越是紧张的场面越能发挥效果。其实，话题的转移有相当的难度存在，需对语言有驾轻就熟的技巧。但如果“转移话题”的是高手的话，大概可以不动声色地做到。

用转移话题的谈判技巧能够很好地打破僵局。这种方法，常常使谈判绕了一个圈子，多走了一些弯路之后又成功地到达了终点，达成双方都能接受的协议。话题转移得巧妙，不仅能调节气氛，还能为谈判扫除障碍，铺平道路。

欲擒故纵，令你突出重围

欲擒故纵中的“擒”是目的，“纵”是方法。古人有“穷寇莫追”的说法，一方面是说把敌人逼急了，敌人会拼命反扑，这样的情况多会使己方遭受较大的损失；另一方面，这种做法不是不追，而是在心理上对敌人展开攻势，使其在最后自投罗网。在谈判中，欲擒故纵的使用，往往会让对方感到自己不是非常在乎，这样一来，对方就失去了激情，从而压制了开价的胃口，确保己方在预想条件下成交。欲擒故纵的策略有很强的实用性，但是在使用的时候要注意一些问题：

1. 给对方希望

这一点是非常重要的，因为如果没有希望，对方是不会继续坚持下去的。所以在实施欲擒故纵的策略时，一定要注意给对手留有希望。这种希望通常可以表现为一些比较实际的利益和好处，看上去只要再努力一下就能得到了，这是“纵”的基础和前提条件，否则对方可能会在己方离开谈判桌时真的选择放弃。希望留下后，就开始“故纵”，这时要注意一点，就是要选择适当的借口，不让对方轻易得到，也不能让对方轻易放弃，如此这般，当对方再一次得到机会时，就会倍加珍惜，努力争取。

2. 态度要得体

在施行策略时，要注意言谈和举止，要不卑不亢，十分得体。这样，会给对方留下一个好的印象，同时也为“擒”增加了成功的筹码和保障，因为没有人喜欢谈判对手对自己进行无情的拒绝或者使人气愤的蔑视，甚至是让人难以忍受的侮辱。所以，在欲擒故纵时，要注意避免在感情上伤害对方，否则会使矛盾的焦点发生转移，给谈判策略的实施带来不必要的麻烦。另外，务必使自己的态度保持半冷半热、不紧不慢的状态。例如，日程安排上不显急切，在对方激烈强硬时，让其表现，采取“不怕后果”的淡定态度等。

3. 用诱饵擒住对方

在留下希望，故意去“纵”后，对方想必已经开始为了希望而蠢蠢欲动了，这时对方通常会选择留下，然后说出进一步商谈之类的话。这时，己方可以选择用一些实惠去诱惑对方，激起对方更大的兴趣，从而使对方真正被“擒”住。这里要注意的一点是，诱饵必须能获得对方的信任，如果对方不相信诱饵的存在，那么他们会感觉不值得去争取，从而不会再主动起来。所以，诱饵最好是一些能让人信服的内容，或者是通过非官方、非正式渠道传播，或第三方之口发布的消息。

欲擒故纵在谈判桌上往往体现为“撤”，然而离开谈判桌，并不是因为你不想做成这笔生意，而是想做成某笔交易，却装出满不在乎的样子，将自己的急切心情掩盖起来。一种若即若离的方式给对方希望，又不让对方轻易得到，似乎只是为了满足对方的需求而谈判，这会让对方一时摸不透你的心思。如果此时对方非常急切地想达成合作，那么就会非常主动，急于谈判，主动让步，从而实现先“纵”后“擒”的目的。女性在很多时候是口是心非的，所以在采用欲擒故纵策略时，应该比较得心应手。

巧用激将言语刺激对方达成协议

有一种心理战术叫做“激将法”，也就是通过刺激性的话或者反话鼓动人去做某事。通常这种手段利用了他人的自尊心和逆反心理积极的一面，以“刺激”的方式，激起不服输情绪，将其潜能发挥出来，从而得到不同寻常的说服效果。谈判中，可以借用这种手段，通过刺激对方使对方达成协议。

用语言刺激，要注意观察，首先是对方的性格，做事的风格，其次还要注意对方的身份。一个人的性格特点一般会通过其自身的言谈举止、表情等流露出来。那些性格比较直爽的人通常表现为快人快语、眼神犀利、直来直去、情绪波动大，这样的人也往往是比较急躁的人。这类人是激将法实施的首选对象。激将法就是要用话语去刺激别人，让别人放弃理智，凭一时的感情冲动去做事，加上这类人平时就是容易失去理智的人，所以更加适用于激将法。

口出狂言、自吹自擂、好为人师，这样的人往往是骄傲自负的人。这样的人也会成为激将法的选择对象，不过要从正面恭维开始，一些称赞的话会让其飘飘然，逐渐放松警惕，这是他的虚荣心正在作怪。这时，你若说他帅，他会不停地摆造型。

懂礼貌、讲信义、实事求是、心平气和、尊重别人的人往往是谦虚谨慎的人。这类人没有急躁的情绪，也不会高傲自大，不会轻易地钻入圈套。所以在使用激将法时要注意内容的选择，一定要考虑到其人本身对事件的关心程度，另外就是事件本身是否能禁得住推敲。用事实逐步引起对方的注意，然后引起对方的兴趣，使其为了兴趣而去争取，然后在恰当的时候用语言进行刺激，从而使其在内心中产生一种争强好胜的冲动。

激将法的基本道理是使人的好胜之心被激起，从而使情感因素战胜了理智，把什么都置之度外了，然后去争一些在其他人看来似乎并没有多大意义的事。女性在平时的情感要比男性细腻，因此，在观察和把握人物的性格时也有一定的优势，在谈判桌上使用激将法应该有比较好的效果。

重视对方，所以不可轻易答应对方

在谈判中，一定要注意不能轻易地答应对方，因为一个没有经过仔细考虑的小小承诺往往会为己方招致不可估量的麻烦或者损失。作为谈判任何一方的代表，最想达到的目标无非是为己方争取到尽可能大的利益空间，所以在战略上可以藐视敌人，但是战术上一定要予以重视。只有重视对方，才不会轻易答应对方。

有的时候，谈判对方会释放所谓的“善意”，似乎在伸出橄榄枝，将利益让给己方。这时有的谈判者看到了希望就感觉谈判没有这么难，胜利马上就到手了，因此轻易地答应了对方，结果没有料到这是一个陷阱，最后导致己方蒙受了损失。所以要重视对方，不要轻易地相信对方，识别真假才是要做的。

根据马斯洛和尼尔伦伯格的需要理论，谈判目标是属于自我实现的需要，它是建立在满足较低层次的其他需要的前提下，才得以实现。因此，谈判过程中，作为东道主的热情接待，安置舒适安全的环境，谈判前的叙情寒暄、私下的友好往来，谈判过程中的温、谦、礼、让都应是真诚的。除非你想刺伤对方，故意造成谈判破裂。可是，要知道，在谈判活动中谈判人员接纳真诚的承受力是因人而异的。一些老练的谈判对手会利用你在真诚面前的脆弱心理承受，假意逢迎迷惑你。

日本人十分擅长在一些商务谈判中运用这类手段去迷惑对手。例如，他们会派专人到机场恭迎前来谈判的人，然后将来访者安排在高级宾馆，又非常热情地宴请款待。每一句话、每一个行动看上去都是极其真诚的，让你盛情难却。日本人的谈判方式就是让你充分体验他们的盛情，让你根本没有什么能去抱怨的，让你既难以推脱，又难以承受。所以如果和日本人谈判，要注意重视他们的行为，从而不会麻痹大意，采用一定的措施为自己解围，避免耽误谈判。

由于其生理机制及社会原因，在性格上，女性比较细腻，所以在辨别对方是否是真挚的情感方面有一定的先天优势，这使得她们在谈判中不会轻易地被情感因素左右，时刻保持警觉，当发现对方的行为有较强的欺骗性时，她们会有所觉察，从而采取一定的措施，避免上当受骗。其次，在语言方面，女性在语音语调、词汇选择、句法结构等方面都有区别于男性的特点和风格。这使得她们能够在发现欺骗行为后，比较好地进行化解，该指出的指出，该拒绝的拒绝，而且比较委婉恰当，不会露出马脚。最后，在肢体语言的选择上，女性较男性而言体态更丰富优雅，且能传达出更多层次的意义。这些都使女性能够在谈判中重视对方，并且让对方感受到这种重视，从而在谈判活动中发挥积极的作用。

用语凝练又玄妙，充满余味耐人寻

用语凝练是指用语要简洁，而玄妙是指其中要暗藏玄机，让人回味无穷。凝练而又玄妙的用语可以使你的话简洁而不简单。在生活中，你会发现有些人说只说了一句简单的话，却意味无穷；有些人说了半天，却句句是废话。其中的奥妙之处就在于用语是否凝练与玄妙。

小红和小雪同在一家公司上班，她们都有着优异的业绩和很高的学历。小红平时话多，遇见谁都能侃侃而谈很长时间，而小雪则相对内向一点，在重要场合，她每说一句话都会先思考再说出来。在公司领导的眼里，小红是一个开朗、健谈的姑娘；小雪是一个内向保守型的姑娘。

有一次，公司和另外一家生产同类产品的公司因另外那家公司涉嫌侵犯专利权的问题产生了纠纷，但是公司领导又不希望跟竞争对手闹得太紧张，于是决定采取和谈协商解决的办法来处理。公司领导考虑到小红开朗和健谈的特点，于是挑选小红作为公司的谈判代表参与谈判。

在会场，双方寒暄之后，小红说：“贵方生产的产品已经侵犯了我方的权利，希望贵方能够给予赔偿。”

说完小红把包含赔偿金额及事项的文件递了过去。

对方代表说：“这个数额太高，我方很难接受。”

小红态度变得有些强硬，说：“这个数额已经是最低的了，如果不能够接受的话，那么我方将把贵方告到法院上。”

对方代表心里暗想：告到法院上，你们也不划算，你们公司也有过侵犯其他公司权利的事情。

对方代表不屑一顾，有些嘲笑道：“请便！”于是小红一时无语，最后只能结束谈判。

正当公司领导为这事发愁的时候，小雪主动请缨，公司领导犹豫了一下，最后同意了小雪的请求。

在谈判桌上，小雪只说了一句：“如果贵公司不同意我方提出的赔偿金额，我方将会不惜一切代价保护我们的专利不受侵犯。”

谈判对方犹豫了片刻，终于同意在谈判协议上签字。

不难看出，小红之所以会失败，原因是她没有抓住对方的心理；小雪之所以会成功，不是因为她的语言表达能力比小红强，而是因为她知道对方也是有弱点的，然后用一句充满玄妙的话语引起对方的思考，让对方误以为自己的弱点已经被小雪掌握了，所以同意签订协议。因此，谈判时用语凝练又玄妙是相当重要的。既然如此，如何才能做到用语凝练又玄妙，充满余味耐人寻呢？

1. 谈判前充分酝酿

凝练的语言不是一下就能说出来的，即使是谈判高手，在发言前也需瞬间酝酿一下，只有这样，说出来的语言才最有力度和深度。比如在上述例中，小雪虽然平时说话很少，但是她每说一句话都是通过充分酝酿才说的，在谈判中，小雪一句话就将对方镇住了。因此，发言前充分酝酿对于训练凝练而又有玄妙的语言是必不可少的。

2. 巧妙运用字眼阐述意图

要练成凝练而又玄妙的语言，巧妙运用字眼必不可少，有时，同样一句话用不同的语言表达出来效果是不一样的。比如在上例中,小红和小雪的意图都是想让对手在协议上签字。在对手拒绝的情况下,小红采取的是直接说明她想采取的方式是将对方公司告上法院,但是自己公司也有把柄落在别人的手里,所以得不到想要的效果;而小雪是抓住了对方既然侵权必定理亏,对方必然有弱点,所以才说将会不惜一切代价保护自己的专利不受侵犯,最后迫使对方签字。

3. 平时注意积累

在生活中,有很多话让人听后回味无穷,对于这些话,如果能在恰当的时间、恰当的地点、以恰当的方式将它说出来,必定会取得事半功倍的效果。那么,要怎么积累呢?具体来说,平时不妨多听听言简意赅而又有幽默感的人说的话或者上网搜集一些妙语。

第十五章
贴心电话，“心机”女人练就电话口才

电话是现代人使用最为广泛的通讯工具，电话不仅可以联系业务，还可以联络感情，作为女人，练就电话口才是很重要的，这对于工作、情感等需要交际的方面都是有实际意义的。电话虽小，玄机不少，例如，在电话中变化自己的音色，接电话时把握好声音的“柔度”，微笑着通话给对方一种轻松的感觉等。本章就将为读者朋友详细介绍练就电话口才的一些方法。

小电话里面的大玄机

随着社会的发展，电话已经成为人们互相沟通不可缺少的工具，它不仅成功拉近了人们之间的距离，而且给工作、生活带来了巨大的便捷。电话虽小，但其玄机不小。在打电话时，针对不同的人要采取不同的通话方式。例如，在给家人打电话时，不需要太多的顾虑，心里想什么就可以说什么。在给朋友打电话时，可以根据朋友的亲疏远近来选择合适的讲话方式。在给同事或者领导打电话时，又有相应的通话方法。所以小电话里有大玄机，下面就将针对这些不同的情况逐个分析。

1. 感情的联络

电话有一个很大的作用，那就是联络感情。一个人在外时间长了会想家，但是由于路途遥远，或者一些其他的因素不可能乘坐交通工具回一趟家，这时，电话就起到了一个非常重要的作用。那么给家人打电话时，没有什么要顾忌的，所以只管把自己的想念之情表达出来就可以了，然而，也要注意让长辈放心，嘱咐晚辈在家要听话。一个电话，耳边那熟悉的声音将双方遥远的距离瞬间缩短，心一下就拉近了。

当给朋友打电话时，有时是因为很久没有联系了，心中有思念，还有就是有一些事情需要朋友帮忙。在表达想念之情时，可以很诚挚地进行沟通，人们都会被真感情打动，这对于情感的维系和加深有很积极的作用。作为女性，在求朋友帮忙时，不要太谄媚，也不要过于生硬，要比较随和自然，将自己的难处详细、清楚地告诉朋友，让朋友先将事情了解清楚。同时，自己要有一个良好的心态，如果朋友能够帮，自然感到高兴，但是朋友拒绝或者不能帮，也不要沮丧。

在给自己的男朋友打电话时，主要的内容就是促进感情。这时除了甜言蜜语，还要注意一些技巧的使用。不要过于甜蜜，如果甜蜜的话一直充斥着双方的通话，那么很可能会造成双方在一段时间内没有话说，虽然心里都是很想念对方，但是却不知说些什么。也不要过于矜持，作为女性，男方主动是很自然的，但是也不要过于吊对方的胃口，要时不时地用积极的话语去回应，如果一直冷冰冰地和对方打电话，对方可能会退缩，最后逃跑。

在和丈夫通电话时，主要的内容就是家庭的维系、情感的经营。这时对丈夫要温柔，话语的内容要选择比较能够让对方感到温暖的话，使丈夫能够感受到妻子的爱，感到为这个家奔波十分值得。当然，平时也可以用一些比较轻松的话语，从而使双方的情感生活充满乐趣，不会感到厌烦。

2. 工作的沟通

作为女性，在和同事通电话时，主要的内容是工作。这时要注意自己说话的内容，不要把对工作、对领导的不满和同事讲个不停，也许开始时同事会同情，会安慰，但是时间长了，内心多多少少会产生一些消极情绪，从而不利于工作中的配合。尤其要注意的一点是，在和男同事通话时，要注意话语的分寸。不管自己有没有男朋友，都要注意维护自己在他人心中的良好形象，不要自毁前途。

在和上司通电话时，虽然要严肃认真，但是不要太紧张，要自然放松，将自己的意思和领导进行良好的沟通，有问题要及时地提出，主要着眼于将工作做好。在和下属通电话时，除了要将工作的内容进行清楚明了地表达外，还要注意语气，可以严肃，树立自己的威信，但是不要太生硬，以免给人一种不近人情、不好沟通的感觉。

电话虽小，但是隐藏的玄机不小，打电话时要注意根据不同的通话对象选择不同的通话方式，从而达到最好的通话效果。

变换你的音色，达到意想不到的效果

在不同的情境下，转换不同的音色可以传达不同的情感，可以营造相应的氛围，从而达到自己想要的谈话效果。例如，当与熟人打电话时，没有人会板着自己的面孔，一本正经地去说些什么，所以一般情况下会采用一种比较调侃的语气和音色。然而当一个人想向熟人传达一些比较正式的事情时，他会将自己的音色转换成比较正式的感觉。当然还有很多其他的情况，下面就将对这些情况逐一分析。

1. 调侃与正式

调侃的语气比较适用于轻松的场合，比如自己和对方的心情都很好，而且双方又比较熟悉，这种调侃的语气，能使双方进行比较良好的交谈。而当一个人在与他人就某些比较重要的事进行交谈时，就会选择比较正式的语气，使对方对自己正在讲的话语比较重视。在这两种音色进行转换时，可以产生两种效果。一种是调侃的语气转向正式的语气，这时人们会将放松的神经紧绷，集中自己的注意力，然后同样比较正式地去看待你所讲的话。另一种就是正式的语气转向调侃的语气，这种转换会让对方感到事情已经解决完，或者没有必要那么紧张，从而也以一种比较轻松的语气与你交谈。这种先紧后松的方式，往往可以使对方的精神松弛，这时想进行一些攻心术，就可以从轻松的调侃再转向比较严肃的谈话，然后给对方一个猝不及防。

2. 同情与悲伤

同情的音色能给人一种表现出对对方的不幸感到惋惜或者怜悯的感觉。这样的语气往往能在对方情绪低落时给对方一种轻柔的抚慰，尤其是女性，在用这种音色和对方说话时，对方的内心通常都会感到一些安慰，受伤的心能得到暂时的安宁。悲伤的音色则能够给对方带来一种自己非常委屈或者难过的感觉，在女性使用这种音色时，通常能获取对方的一种同情。所以平常讲话的音色转换成同情的音色时，可以产生关心呵护的作用，使对方对自己有一种感激或者是好感。平时的音色转换成悲伤的音色时，通常可以使对方感到惋惜或者是催生怜悯之情。这种转换可以应用于对方咄咄逼人而自己又没有什么办法时。作为女性，这种转换通常可以使对方软下心来，从而为自己争取时间。

3. 气愤与开心

气愤的音色能让对方感到自己正在生气，对于某些事情感到不满。当你平时的语气转换成这种语气时，对方会有两种反应。一种是知难而退，觉得不要逼人太甚，从而转换自己的态度，做出一些让步。另一种是以怒制怒，就是在对方听出有气愤语气的时候，自己也会发火，然后和你进行争吵。这种转换比较适用于情绪发泄或者关系破裂时，一般情况下要根据实际情况慎用。开心的音色能给人一种轻松愉悦的情感，这种音色通常都能使人积极向上，以同样快乐的语气进行交流。当愤怒的音色转换成开心的音色时，对方会出现长出一口气的情况，特别是当男朋友尽力去劝说或者哄自己的女朋友时，女友的这种转换无疑意味着自己的成功。而当开心的音色转换成气愤的音色时，则会让对方感到自己说的话似乎不是很恰当，从而进行自我检查，以便使谈话回到正轨。

打电话时，不同的音色会产生不同的通话效果，而不同的音色进行转换，又可以产生一些让人意想不到的通话效果。所以，注意把握音色的转换，可以把握通话的节奏，达到自己想要的效果。

女人接打电话要把握好“柔度”

女性如水，女性就是温柔的代名词。女性的温柔是一种境界，它能折射出一个女人的品质修养、兴趣情调。在女性的声音里，温柔是一个很大的特色。但是女性在接电话时，要注意自己的语气，尤其是温柔程度。因为不同的通话对象需要用不同的“柔度”，从而能够达到一定的通话效果，也避免一些不必要的麻烦。

1. 家人

在和家人打电话时，女性可以根据自己的感觉调整声音“柔度”，大多数情况下可以不用怎么控制，尤其是和父母通电话时，可以尽情地耍泼撒娇，因为在父母面前，孩子永远是孩子。如果自己在离家很远的地方工作，自己用温柔的话语和父母通电话，可以让父母知道孩子在外很安全，心里感到放心踏实。在和自己的兄弟姐妹通话时，也可以尽情地温柔，这样能让兄弟姐妹之间的感情更加融洽。

2. 朋友

在和朋友通电话时，要注意根据性别和亲疏程度调整自己话语的“柔度”。在和同性朋友通电话时，如果对方是自己的闺蜜级好友，那么可以适当加强温柔度，这样能够让对方感到双方的情感处在一个比较良好的阶段，从而对友谊的维持有促进作用。如果对方并不是非常亲密的好友，那么可以适当调低声音的“柔度”，从而能使自己和对方保持一个比较正常的交流状态。在和异性朋友打电话时要特别注意，声音的“柔度”一定要把握在合适的范围之内，如果对对方没有其他的想法，那么就中规中矩，把“柔度”调整至较低的程度，这样才不会产生误会，避免带来麻烦。

3. 同事

在和同事尤其是异性同事通电话时，“柔度”要适当，不要太柔，如果太温柔，对方可能会多想，那么当自己并没有其他意思时，双方很容易产生误会。在和自己的上司通电话时，更是要注意，否则不但会使上司认为自己的人品有问题，而且会使自己的名声受到损坏。在和自己的下属打电话时，也要把我好“柔度”，不要过于生硬，不然会让下属感到难以接近，当然也不要过于温柔，否则比较难以树立威信。

温柔之情，是上天赐予女人的奇世瑰宝。卢梭说过，“女人最重要的品质是温柔”。马克思也认为，“女人最重要的美德是温柔。”总之，温柔之美是女性美的最基本特征。日常生活中，常常听到这样对女人的赞美：“这个不怎么漂亮的女人，却有一种说不出来的特别气质和魅力!”其实，大家看到的是女性身上的温柔之力。温柔的女性像绵绵细雨，润物于无声，总是给人以温馨柔美之感，令人心荡神驰、回味绵长。所以女性要利用好自己的柔美优势，把握好打电话的“柔度”，达到理想的通话效果。

聪明女人接电话讲艺术

电话打来的时候，人们通常会有几种反应。一种是没等响第二声就马上接起，并且在说话时语无伦次；一种是在响过三声后不紧不慢地接，然后比较慢声慢语地讲话；还有一种是看着打来的电话，并没有接听的打算，最后选择直接挂断或者干脆不接。来电话时人们不同的反应，从一个侧面反映了人们不同的内心活动。电话来了，要接，而且要接得艺术，展现女人的聪明才智。

如果在酒店前台工作，那么在电话响时，务必在三响之内接听。因为如果接听较慢，让客户久等，会使人觉得酒店的工作效率较低。然后不要在接听后等着对方说话，而是要主动说话，例如："你好，这里是××酒店，请问我能帮您什么忙吗?"给人一种亲切感，从而首先留下一个良好的印象。另外，不要一再询问对方，例如"你是谁?"、"哪个单位的?"、"你找××什么事"，等等，都是十分不礼貌的。

在接电话时，还要注意语言的应用。语言太严肃生硬会造成紧张，太随便又会影响通话效果。可以换位思考一下，当你打电话给别人，结果对方说话很生硬，问了句"你找谁"，接着又说"他不在"，然后"咣当"一声把电话挂了，很不礼貌，那么你的心情会是什么样的？另外，当你打电话时，对方接起电话后，一边听电话，一边在做其他的事情，你根本没有受到重视，此时你的心情又是什么样的？所以，要将心比心，在接听电话时，要使用礼貌用语，用比较合适的语气，从而为双方进行进一步的交流打下基础。

打电话的语气是另一个比较重要的方面，不同的语气可以传达不同的情感，这种情感能够感染对方，好的情绪能促使交流顺利地进行，而坏情绪则会阻碍双方的沟通。话语的亲切、语气的平和可以让人们心里感到舒适，从而产生一种非常轻松愉悦的情感。电视剧《公关小姐》中曾多次出现公关经理周颖接电话的镜头，她拿起电话后总是十分亲切地说："您好，我是公关部周颖。"这样接电话的方式自然会让客户感到满意。

如果是公司的业务员，要在一定程度上熟悉客户和上司的声音，这样能够很好地调整自己的心态，采取相应的语气和态度，使客户满意、上司放心。在这里除了语言、语气的应用，还有就是要注意聆听。聆听能让对方感到自己受到了尊重，这样可以为双方的交流营造良好的氛围。在客人讲完之前，千万不要打断对方，因为这是非常无礼的行为。如果没有听清楚，可以礼貌地要求对方重复一遍，以免搞错了对方的意思。

做一个聪明的女人，在接电话时，要注意语言、语气、态度的调整，要讲究艺术，从而达到理想的通话效果。

分清对方身份，接打电话知礼仪

电话是现代社会不可缺少的重要通讯工具。在使用电话时，一些电话礼仪是很必要的，因为这关系到个人的修养、公司的声誉、单位的信誉等。所以，作为女性，能够懂得分清对方身份和接电话的礼仪可以起到为自己加分的作用。

1. 接电话前做好准备

如果在公司做文职人员或者在一些酒店做前台接待等工作，在接电话前，最好在桌子上准备笔和纸。因为如果对方需要留言时手边没有记录的工具，就不得不要求对方稍等，而让对方等待是很不礼貌的，所以，最好避免此类现象出现。另外，在接电话前，要注意停下手边与电话无关的事情，不然，一边接电话一边做手上的事情，是对打电话者的不尊重。在接电话前可以给自己心理暗示，这种积极的心理暗示能够给自己一个好心情，在接电话时能很好地感染对方，从而使双方的谈话在比较轻松的氛围下进行，有利于沟通。

2. 接电话中工作到位

接听电话是很关键的一步，因为进行良好的沟通、给对方留下好印象就在这步进行。首先，要注意接电话最好在三声之内。其次，接起电话时要注意语气和语调，要让对方感到你的热情和诚挚，能在你的声音中听出你的微笑，这样对方会感觉你非常乐意帮助他，从而给对方一个轻松的心情，为双方的交流做好了准备。说话不要太快。一方面，这样会让对方听不清，遗漏较为重要的信息；另一方面，这样会干扰对方，尤其是在对方的情绪不是很稳定的时候，会对接听者有意见，从而使自己陷入被动。再次，要注意发音清晰，接听电话过程中绝对不能喝茶、吃东西等，即使一点懒散，对方都能听出来。接电话时最好不要靠着椅子，而要坐姿端正。最后，要注意措辞，用语要礼貌，例如在称呼对方时，要注意根据身份的不同进行转换，从而把握谈话节奏。要将自己的本职工作做到位，使对方能够感受到你是一个负责人的人，从而产生信任感。接听电话是非常重要的一步，也许之前的准备工作没有做好，但是只要电话还没有接起就还有挽救的机会，所以一定要在接听电话时把握好接电话的礼仪，把工作做到位。

3. 挂电话前核实信息

在挂电话前，要注意保持良好的心情，然后迅速检查自己所记录的内容是不是有疏漏，如果需要进一步核实，可以礼貌地将自己记录的内容向对方重复一遍，从而避免不必要的错误，耽误工作。在挂电话时要说一声“再见”，然后等对方挂电话后自己再挂，不要说完再见就挂断。

电话礼仪是现代社交很重要的一环，要注意分清对方的身份，把握好接听电话的礼仪，从而进行良好的沟通，将工作做到位。

电话里的“客套话”不可或缺

“客套话”是指为表示客气所说的话如“劳驾”、“借光”、“慢走”、“留步”等。这些话在平时看来，字面意义不大，但是在交流中起到的作用却是不容忽视的。打电话同样是一种交流，尤其是并不熟悉的人之间的通话，客套话可以成为促进双方情感的有效手段，给双方留下比较好的印象。作为女性，客套话更是能体现其知书达理的一面。

小张是一名比较上进的青年，但是不善言谈。由于工作需要，她去考驾照，有很多问题想请教教练，于是就打电话给教练。教练很耐心地解答，但是小张除了听就没有别的话说了，偶尔只能说一句请教练多多关照等。很多时候教练说完了，突然安静下来，小张总是感到气氛十分尴尬。

其实小张的问题在某些程度上是许多人身上都存在的,如果她能在教练解答完问题后说一声"嗯,您经验就是丰富"、"您说得对,我还得加把劲儿,不能给您丢人啊"、"教练,我这人比较笨,您多多包涵啊"之类的话,也许气氛就能很好地调节过来了,教练没准就会在这些话语的基础上想到更多平时聊天所说的打趣的话,从而使双方的交流更进一步。

打电话不仅要把自己想表达的内容完整详细地表达出来,而且要加入一些客套话,因为这是调节氛围、促进交流不可或缺的因素。

打电话也能取得他人的信任

很多时候,通过打电话来获取他人的信任是很重要的。例如,打电话联系客户,那么,怎么通过电话取得客户的信任,从而促进业务的发展是很值得关注的。作为女性,情感一般比较细腻,所以在打电话时应根据对方所讲内容和讲话时情感的变化来选择语言和语气,从心理上揣摩对方,从而采取相应的策略,以博得对方的信任。

1. 分析问题

当对方打电话时表示遇到了一些问题时,应帮助对方从比较客观理性的角度去分析,能够有比较好的效果。例如,当一个人在面对一个选择性的问题时一直犹豫不决,选哪一个都觉得不合适。作为倾听者的你,可以帮助其将每一个选项的利弊都分析出来,然后让其自己做出决定。切记在这个过程中一定要实事求是,根据实际情况,并且不要加入任何主观色彩。因为只有你以一个旁观者的姿态去帮助其分析问题,才能真正博得其认可和信任。

2. 指出错误

有的人认为取得他人的信任就要讨好他人,这种想法有道理,否则关系不好,对方怎么能听进你的话呢?但是这又不是问题最主要的解决方案,因为人都是会思考的,都有理性的一面,很多时候,人们会看问题的根本。如果只是一味地去讨好对方，看到问题也不在电话中指出来，最后，对方会觉得这个人很假、很虚伪。所以搞好关系仅仅是其中的一步，要对问题有清醒的认识和分析，才能真正获取对方的认可。这就要求人们要能指出错误，因为这才是能够帮助对方的最有意义的方式。平时人们都在讲，只有朋友才会对你真，真诚地指出错误所在正是“真”的一种表现。在这里要注意一点，就是要指出货真价实的错误，另外要在指出错误时注意话语的选择，否则会引起对方的误会，以为你在挑对方的毛病，反而会影响彼此间的关系。

3. 解决方案

在帮助对方分析问题和指出错误后，如果可以帮助其提供良好的解决方案就更好了。当一个人发现自己的问题所在又不知道怎么去解决问题时，不要袖手旁观，这样会让对方认为你在看对方的笑话。这时可以帮助其想一些解决问题的方法，但是这里要注意的一点就是这种解决方案要切实可行，而且要注意提出时的措辞和语气，要建议性的，不要命令性太强。当你的解决方案能够有效地发挥作用时，对方对你的信任感会成倍地增长。

4. 积极鼓励

每个人都有迷茫和彷徨的时候，这时如果能够通过电话进行鼓励，那么效果不会差。一个电话、几句言语，对方得到的是莫大的支持和享受。例如，当一个人问：“你相信我能成功吗？”你说：“别人不敢说，但你一定可以。”想必这时他已经感受到了一种力量，这就是一种心灵的沟通。

获得别人的信任其实就是在给自己鼓掌。这个世界有太多的人、太多的角色、有太多的诉说，通过电话将自己的语言能力发挥出来，取得他人的信任是很有可能的，也是很必要的。

积极地引导，让电话沟通更有效

打电话沟通，有说的就有听的。作为说话者，可以自由发挥，如果没有话题的限制，就可以尽情地去讲。然而作为倾听者，想让对方说出那句自己想要的话,这时就不能让讲话者继续发挥了。那么怎么才能让对方说出自己想听的话呢？下面就介绍几种引导的方法。

1. 提问

作为女性,在引导对方说话时,可以采用提问的方式。因为女性的声音有比较温柔的特点,另外,女性的那种好奇能够激起说话者解答的兴趣,尤其当被询问者是男性时,这种现象尤为明显。通过提问来引导,很多时候可以是明知故问。但是这种提问,不是漫无目的地随意提问,而是那些让对方感兴趣的、比较能够彰显其能力的提问。比如对方获得成功的经验、最关心的问题等。这种提问能够激发对方的兴致,从而使其进行滔滔不绝地讲述。此时此刻,对方的精神是处于放松状态的,这时可以针对性地提出自己想要知道答案的问题,获得答案的难度会相对较低。提问是了解对方心思的一大利器,也是接近那些难以接近的人的最好办法。通过巧妙提问,让对方多多谈论自己。要知道,人们在谈论自己的时候,总是高兴的、投入的,只要对方高兴了,便容易与你形成互动。

2. 提醒

在打电话聊天的过程中,对方会说到一些话题,那么针对这些话题做出适当的提醒也是引导的一种办法。当然这个方案需要自己认真地倾听。例如,如果你找下属询问他们有关新项目的计划方案,还没等他们说,你先说出了你自己的一大堆想法,例如你的期望是什么、你对进程的安排怎样、你对方案的初步设想是什么等,等你说完之后,你的下属就没有什么要说的了。也许他们有很多自己的想法,但是你先说了一大半,如果他们想的和你所说的有出入,他们可能会顾忌你的面子而不愿意说,或者因为害怕得罪上司而不去说,所以这并非明智之举。因此,要有一个倾听的过程,对方说得多,你了解的也就越多,然后在适当的时候进行提醒,从而起到引导的作用。

3. 根据心理活动引导

有时,引导要根据讲话人的心理活动进行,这样比较有针对性,效果也比较好。

打电话时注意积极地引导,可以使通话按照自己的设想进行,收到良好的沟通效果。

电话沟通有禁忌

在打电话的过程中，要注意一些问题，尤其是和客户的沟通，有许多不能去做的事。例如，和客户争辩、质问客户、用命令的口吻等，这些都是电话沟通中的禁忌，一旦把握不好就可能产生误会，甚至矛盾，从而使沟通不了了之。

1. 忌争辩

女性是温柔的代表，在与他人进行电话沟通时，尤其是和客户沟通时，一定要注意保持理性和克制，不要和客户争辩。在客户有不同的见解时，要允许他自由地发表。即使对方说得不对，也不要急于去争。有时，一些女性会在某些问题上坚持己见，并通过凌厉的言语攻势使自己在争论的过程中占得了上风，并在最后获得了胜利，然而客户却一气之下选择了离开，商机丢了，公司损失了利益，得不偿失。

2. 忌质问

有很多人喜欢在电话中质问对方，其实这是一种十分不礼貌的行为。在与人沟通时，要有一颗包容的心，要尊重对方，无论对方说什么，都不要去质疑。尤其是与客户交流中，有的人会在一番努力后收效甚微，然后开始公开地质问："您为什么不买？"有的人还会问："您为什么对我们的产品有成见？"还有的人甚至会问："您凭什么说我们的产品不好？"诸如此类的质问都是一种非常突兀的、不礼貌的表现，是对人的不尊重。这样的行为是会伤害对方的。所以作为女性，一方面要保持自己通情达理的优点，另一方面要保持清醒，控制自己的情绪。

3. 忌命令

在与人打电话时，要注意自己的态度，切记语气要柔和，采用征询、协商或者请教的口气，不要生硬，更不要用命令或者批示的口吻与人交谈。有的女性比较喜欢女强人的角色,于是在和人交流时总是用一种比较强硬的口吻,总是给人一种命令的感觉。这样的女性具有较强的威慑力,但是有一点要清楚,那就是当其面对客户时,对客户指手画脚、下命令或者指示都是会令客户反感的,客户不会乖乖地去聆听命令,他们会选择离开。

4. 忌炫耀

有的女性虚荣心很强,很喜欢炫耀自己,尤其是自己取得的一些成绩,她会不遗余力地让别人知道。在打电话时,她们会将自己值得夸耀的事争分夺秒地告诉对方,让自己心里有一种满足感,然而殊不知对方并不喜欢接受这种炫耀。所以要摆正自己的心态,如果有实力,锋芒露三分,不要尽显,这样一方面能显示自己的能力,另一方面还能赢得对方的尊重。

打电话有很多的禁忌,这些禁忌会使对方有反感或者不利于沟通的进行,所以在打电话时要注意尽量避免这些禁忌。

参考文献

咖啡猫女.女人口才全攻略:做一个会说话的聪明女人[M].北京:中国纺织出版社,2010.